# L'Architecture verte

James Wines

# L'Architecture verte

Edité par Philip Jodidio

TASCHEN
KÖLN LONDON LOS ANGELES MADRID PARIS TOKYO

À ma fille Suzan Wines

Pour être informé des prochaines parutions TASCHEN, demandez notre magazine sur www.taschen.com ou écrivez à TASCHEN, 82 rue Mazarine, F-75006 Paris, France, Fax: +33-1-432 67380. Nous nous ferons un plaisir de vous envoyer à domicile notre magazine gratuit rempli d'informations sur tous nos ouvrages.


Hohenzollernring 53, D–50672 Köln
**www.taschen.com**

Rédaction: Caroline Keller, Nicola Senger, Cologne
Collaboration: Christiane Wagner, Stuttgart
Design et mise en page: Marion Hauff, Milan
Traduction française: Nicole Stephan-Gabinel, Munich

Printed in Italy
ISBN 3–8228–6346–7

# Sommaire

*On reconnaît difficilement les démons de sa propre création.*
Albert Schweitzer

## Préface

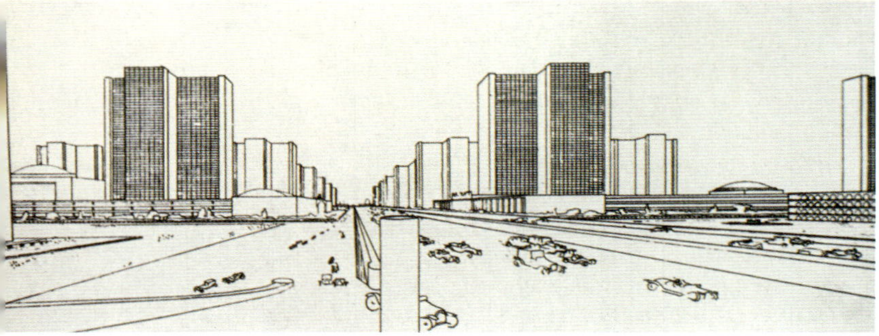

*Pages 6/7*
**Cité italienne sur la colline**
Italie du Sud
vers 1400

*Pages 7 et 8*
**Plan Voisin**
Le Corbusier
Paris, France
Projet, 1925

Si l'architecture du XX^e^ siècle a commencé par célébrer l'ère industrielle et technologique, il lui a fallu très vite répondre aux exigences nouvelles de l'information et de l'écologie.

Le présent ouvrage entend explorer l'une des questions les plus complexes et les plus épineuses qui se posera à l'humanité au cours du siècle à venir : comment construire un habitat humain en harmonie avec la nature ? Le but de ce livre est d'offrir non pas des remèdes utopiques aux dommages causés par l'industrialisation du bâtiment et par le gaspillage des ressources naturelles durant les 50 dernières années, mais une base de discussion susceptible de générer un dialogue fécond. Ouvrir le débat, proposer des voies d'exploration nouvelles, définir d'autres directions dans le domaine du design « vert » : telle est son ambition.

Le sommaire comprend un panorama de l'architecture « verte » au XX^e^ siècle, une histoire de l'habitat écologique du néolithique à nos jours et une présentation des architectes des années 90 qui ont cherché à modifier les relations entre réalisations architecturales et environnement. L'ouvrage offre un bref aperçu des œuvres construites ou projetées par ces designers qui, avec plus ou moins de succès, se sont occupés de questions telles que la technologie environnementale, les économies d'énergie, la notion de « durabilité » et de la traduction de ces données en une architecture qui soit un art. Trop souvent l'architecture dite « verte » pâtit du conflit entre, d'une part, un sens aigu de sa mission et un engagement remarquable en faveur des principes du design écologique et, de l'autre, une attitude facilement moralisatrice, doublée d'une incapacité à conférer à ses nobles objectifs une expression artistique à la hauteur de ses prétentions. Alors qu'on dispose à l'heure actuelle de nombreuses publications traitant de la révolution du design écologique sous ses aspects scientifiques et techniques, le présent ouvrage a opté quant à lui pour une approche conceptuelle, philosophique et esthétique du problème.

En 1923, le grand pionnier de l'architecture moderne, Le Corbusier, saluait une « nouvelle époque » et affirmait : « Une grande époque vient de commencer. Il existe un esprit nouveau ! L'industrie, envahissante comme un fleuve qui roule à ses destinées, nous apporte les outils neufs adaptés à cette époque nouvelle animée d'esprit nouveau. » (« Vers une architecture », Paris 1958, p. XXVI) 75 ans plus tard, nous ne voyons plus dans cette vague formidable qu'une ennemie de la nature et un problème de portée planétaire. La construction d'habitats engloutit un sixième des ressources mondiales en eau douce, un quart de la production de bois et deux cinquièmes des combustibles fossiles et des produits manufacturés. L'architecture est donc devenue l'une des principales cibles de la réforme écologique. Indifférents à ces statistiques peu encourageante, la majorité des architectes continuent à concevoir des bâtiments appartenant par leur style, leur esprit et leur technologie industrielle à la « nouvelle époque » prophétisée par Le Corbusier. Malheureusement, cette source d'inspiration est désormais ternie, voire discréditée, par les réalités environnementales actuelles.

Alors que Le Corbusier se référait uniquement à la maison quand il parlait de « machine à habiter » – reconnaissant ainsi sa dette à l'égard de l'industrie –, une nouvelle génération d'architectes étend cette idée à la Terre tout entière – « machine à habiter » par excellence –, et considère l'habitat humain comme une extension du concept de Gaia, la Terre en tant qu'organisme vivant. Si les designers, au début de ce siècle marqué par le machinisme, ont forgé pour l'habitation des paradigmes convaincants en s'appuyant sur les mécanismes de la production industrielle, on imagine aisément l'immense potentiel créatif que pourraient libérer à l'avenir les idées élaborées à partir de la nature. La science de l'écologie, qui a radicalement élargi notre vision de l'environnement naturel en nous proposant des aperçus nouveaux sur son fonctionnement, nous fournit les bases d'une nouvelle iconographie architecturale.

Comprendre en quoi une prise de conscience plus aiguë des données géocentriques influence l'architecture des années 90 est donc le champ d'investigation du présent ouvrage. « L'art de construire à l'ère de l'écologie » renouvelle la manière de penser les relations entre architecture et environnement, explore de nouvelles sources d'inspiration quant à la forme et au contenu et confirme que l'art de construire se trouve à l'orée de transformations révolutionnaires appelées à changer radicalement notre mode de vie.

**« Strip architecture »**
Las Vegas, Nevada,
États-Unis
1970

**Vue aérienne de Caracas**
Venezuela
1993

**Plan pour la célébration du 200ième anniversaire de Philadelphie**
Robert Venturi
Benjamin Franklin Avenue,
Philadelphie, Pennsylvanie,
États-Unis
1976

*L'expression ‹contrôle de la nature› témoigne d'une arrogance née d'une mentalité de l'âge de pierre et d'une vision égoïstement anthropocentrique.*

Rachel Carson

## Avant-propos

Comparé à la crise qui affecte l'environnement, tout autre problème, qu'il soit d'ordre social, politique, économique ou scientifique, paraît insignifiant. Il est évident que des questions qui nous semblent aujourd'hui brûlantes – les droits de l'homme, la paix au Proche-Orient, un vaccin contre le sida ou l'endettement public – passeraient à l'arrière-plan si le réchauffement planétaire, la surpopulation, la pollution, ou encore la famine et le manque d'eau causaient notre mort.

Malheureusement, les prédictions apocalyptiques formulées par quelques-uns de nos meilleurs spécialistes de l'environnement ne rencontrent guère d'écho et il existe toujours quelque bonne raison pour minimiser les dangers. L'Homme serait appelé à dominer la Terre : quelle est l'entreprise humaine qui ne repose sur cette prémisse inébranlable – et fallacieuse ? L'homme aurait le droit, au nom d'un principe supérieur, de barrer les rivières, de polluer l'atmosphère, de souiller les plages, de contaminer les sols et, d'une manière générale, de détruire la nature. Conformément à ce scénario, j'ai écrit cet ouvrage consacré à l'architecture environnementale et traitant de ce que devrait être le rôle de l'architecture des Temps nouveaux, placés sous le signe de l'écologie.

À bien des égards, la publication arrive à la fois trop tôt et trop tard. Dans la perspective du design, ce livre arrive trop tôt. Car si quelques réalisations contemporaines méritent les qualificatifs d'écologiques et de durables, la plupart des architectes actuels, dans leur choix en matière d'interprétations visuelles restent empêtrés dans le langage stylistique d'un XX^e^ siècle désuet qui tend à brouiller les choses plutôt qu'à conforter une conception progressiste de l'architecture écologique. Mais d'un autre côté, cet ouvrage, qui se donne pour mission de prôner certaines réformes urgentes, arrive trop tard : la majeure partie de la profession, en effet, ignore toujours l'ampleur des dommages qu'elle inflige depuis des décennies à la planète et à ses ressources. Du reste, si on se demande de quand date le besoin d'une philosophie architecturale orientée vers l'environnement, les principaux messages de cet ouvrage auraient dû être énoncés il y a un demi-siècle.

De nombreuses publications abordent la thèse de l'architecture « verte » comme s'il s'agissait simplement d'un ensemble de problèmes parmi d'autres, et auxquels les technologies de pointe trouveront des solutions. Il est évident que certaines innovations dans le domaine de l'écologie – matériaux recyclés, vitrages isolants (« intelligents »), méthodes de construction moins coûteuses en énergie, collecteurs solaires utilisant la technologie photovoltaïque – vont dans le bons sens. Cependant, la plupart, en mettant l'accent sur les moyens, tendent à faire oublier le but poursuivi. Ce but, cette mission consiste en un engagement collectif des sociétés, où qu'elles soient, afin de lutter ensemble pour une cause commune et de renouer les liens avec l'environnement naturel.

Pour en revenir à une iconographie née au début de l'ère industrielle, et qui caractérise toujours de nombreuses réalisations architecturales dites écologiques, on justifie souvent l'attachement à des formules expressément technologiques en se référant à la bonne cause : exploitation de l'énergie solaire, conservation des ressources, qualité de l'air. Mais il existe aussi tout un fatras d'accessoires stylistiques poussiéreux dont il convient de se débarrasser si l'on veut que s'épanouisse un langage architectural nouveau.

Le présent ouvrage est une modeste tentative d'approche du design « vert » en réponse au besoin d'une philosophie écocentrée dotée d'une large assise – un processus critique que j'avais entamé dans un ouvrage antérieur, intitulé « Dé-Architecture » et publié en 1987. Ce livre était conçu comme une protestation face à l'omniprésence de certains types de structures dérivées du modernisme et à l'anonymat oppressant des espaces urbains et périurbains qui en découle. Il introduit sur les relations entre l'architecture et son environnement un certain nombre de propositions esthétiques et de réflexions critiques.

« Dé-Architecture » doit beaucoup à l'essai pionnier de Robert Venturi, paru en 1966 : « Complexity and contradiction in architecture » (intitulé en français : De l'ambiguïté en architecture ; paru en 1971 en France). Cet ouvrage fécond a ouvert les yeux des designers sur les surprenants parallèles que les images de la communication de l'architecture historique (tant civile que religieuse) offrent avec celles des structures commerciales contemporaines et des édifices vernaculaires américains, parallèles que les tenants de la modernité orthodoxe avaient exclus de leurs considérations. Reprochant aux architectes leur rigidité et leur attachement aveugle à un vocabulaire « décrochez-moi-ça », Venturi leur faisait prendre conscience de la puissance d'une architecture de signes et de symboles et leur montrait les implications profondes de l'iconographie populaire qui fleurit le long des grandes artères et rues commerçantes américaines.

Les triomphes initiaux de l'architecture moderne ont été inspirés par le rêve industriel. Du début du siècle aux années 30, les architectes ont cru passionnément en une corrélation directe entre le moteur à explosion et les exigences spirituelles qui nourrissaient leur conception de l'habitation. Aujourd'hui, il suffit de considérer ce que cette conception a produit dans toutes les métropoles pour constater combien ces idéaux ont dégénéré dans l'usage répétitif et borné qu'en ont fait des adeptes médiocres de la modernité. Tant que les constructions, conçues comme de « big events » isolés, seront la traduction monumentale de l'ego de leurs auteurs, on ne cessera de répéter les mêmes erreurs.

La thèse fondamentale de mon livre était qu'en les dernières années du XX^e^ siècle, l'architecture devait concevoir un environnement fondé sur des idées nouvelles. Posant pour prémisse que la société occidentale est entrée dans l'ère de l'information, il proposait que l'architecture rompe avec les conventions du design moderne (aussi rigides dans leurs prescriptions doctrinaires que l'avait été l'académisme autrefois objet de tant de critiques), et retrouve un contenu qui refléterait un passage radical à de nouvelles sources d'inspiration.

« Dé-Architecture » soulignait qu'au cours de la dernière décennie, l'inconscient collectif de nos sociétés et, en réalité, toute notre perception du monde a été remodelé par l'omniprésence de la télévision, du cinéma, des médias et de l'informatique. D'où l'apparition d'un système de références subliminales qui n'ont plus grand-chose à voir avec les forces industrielles et technologiques qui ont forgé l'économie, les structures sociales et l'habitat du début de notre siècle. Ainsi, la sacro-sainte géométrie architecturale de « cubes, cônes et sphères » de Le Corbusier – et son enthousiasme du même ordre pour les prodiges mécaniques que sont l'automobile, l'avion et le train – a connu une telle vogue parce qu'elle renvoyait métaphoriquement au nouvel âge de la machine des années 20. Mais aujourd'hui que l'architecture a totalement assimilé le langage technicisé, ces images sont privées de leur pouvoir d'évocation. En outre, nous en sommes à l'ère de l'information et l'héritage du modernisme est trop spécifique, trop encombrant pour exprimer l'immatérialité et l'esprit interactif que nous devons aux médias, à Internet et aux satellites de communication.

La révolution de l'information qui a eu lieu au cours de ces dernières années, donne à penser que le principal message de « Dé-Architecture » résidait dans le transfert de priorités proposé : passer de structures conçues comme des objets abstraits et se suffisant à eux-mêmes, à des édifices qui seraient des « zones de filtrage » permettant de recevoir, d'absorber et de transmettre des sources extérieures d'in-

**Façade indéterminée**
SITE
Houston, Texas, États-Unis
1975

**Musée aérospatial**
Frank O. Gehry
Los Angeles, Californie, États-Unis
1982–84

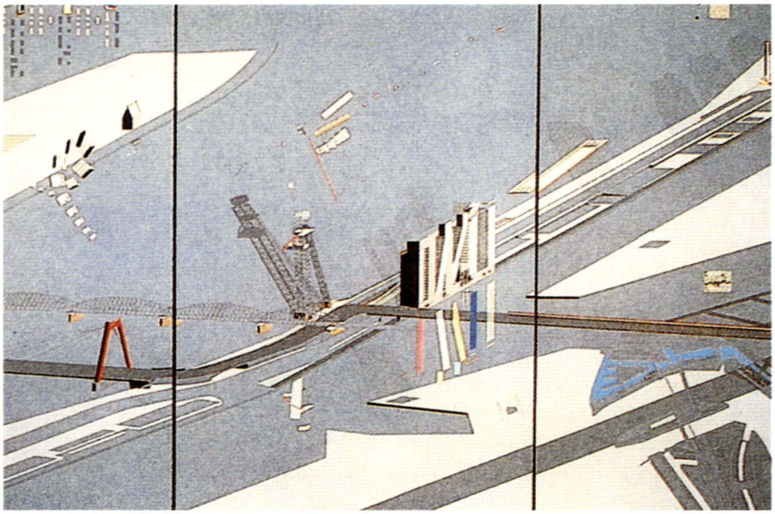

**Immeuble d'habitation**
Rem Koolhaas
Rotterdam, Pays-Bas
Projet, 1982

formation. Cette conception peut être considérée comme une préparation logique aux idées avancées dans le texte suivant sur l'architecture environnementale. Le présent ouvrage constitue une évolution par rapport aux perspectives philosophiques de « Dé-Architecture ». En l'an 2000, la préoccupation majeure de l'art de construire est de savoir comment concevoir un habitat humain ouvert aux principes écologiques et comment traduire ce message dans une iconographie architecturale nouvelle.

Tandis que le discours architectural des années 70 et 80 (y compris mes propres contributions) avait tendance à traiter l'art de construire comme un objet isolé, enfermé dans sa propre obscurité théorique, je préfère voir aujourd'hui dans mes écrits d'alors une transition préparant l'approche actuelle, marquée par l'urgence absolue d'une initiative écologique. Cette fermeture de l'architecture est amplement comparable à la tendance qui, en psychologie, fonde ses analyses sur une psyché qui serait le sanctuaire de l'introspection et du narcissisme. Aujourd'hui au contraire, le champ en rapide expansion de l'« éco-psychologie » repousse ces limites puisqu'on a découvert que les désordres mentaux sont fréquemment une conséquence de l'aliénation de l'homme coupé de ses racines naturelles. Dans un sens comparable, l'architecture, élément fondamental de cette matrice qui permet la vie humaine, peut difficilement se permettre d'ignorer cette vaste toile de fond environnementale et s'obstiner dans son splendide isolement.

La reconnaissance universelle du pouvoir des données écologiques est en passe d'influencer tous les domaines de notre activité. Le président du Worldwatch Institute, Lester Brown, décrit ce moment historique comme « ... rien de moins qu'une révolution environnementale, une mutation économique et sociale comparable dans sa portée à la révolution agricole et à la révolution industrielle. » Pour dire la chose carrément, ceci signifie jeter par-dessus bord les pensées égocentriques qui caractérisent la plupart des réalisations architecturales du XX^e^ siècle pour leur substituer une approche socialement plus responsable et écologiquement intégrée. La thèse fondamentale est que l'architecture est investie d'une mission primordiale : d'égocentrique elle doit devenir écocentrique.

Peu d'ouvrages traitent de l'architecture écologique par le biais d'une approche philosophique. Cette pénurie tient en partie à la gravité évidente de la crise environnementale et au fait que la plupart des auteurs estiment beaucoup plus important de prononcer des mises en garde apocalyptiques que de s'attarder à des réflexions théoriques. Il est difficile d'ignorer que les sociétés industrialisées, où qu'elles soient, semblent suivre une trajectoire suicidaire, qui ne peut qu'aboutir à la dévastation de la planète. Cette prise de conscience inspire des centaines de publications sur la réforme écologique et ses rapports avec toutes sortes d'aspects de la sauvegarde de la vie – y compris la conservation des ressources naturelles, l'utilisation des sols, le traitement des déchets, les législations, l'économie politique et les politiques de santé. Mais remodeler la manière que les sociétés contemporaines ont de penser la Terre, créer – défi redoutable ! – une plate-forme d'où pourraient émerger des philosophies et des religions écocentriques, on y songe bien peu. Une exception notable : le livre de Charles Jencks paru en 1995 sous le titre « The Architecture of the Jumping Universe ».

La thèse de base de Jencks est que certains concepts issus de l'astrophysique – en particulier la théorie des quanta et celle du chaos – de même que la révolution cybernétique et les technologies informatiques ont donné naissance à une architecture de la « cosmogenèse », qui se reflète dans le design de certains édifices contemporains. Partant d'une large base théorique, il donne également leur place à des notions écocentriques, anthropocentriques et morphogéniques pour expliquer la réalisation d'immeubles présentant des éléments géométriques discontinus et des formes organiques courbes. Tout en reconnaissant la réalité des désastres écologiques qui nous entourent, il continue cependant à mettre l'accent sur le territoire éculé du design formaliste où les innovations architecturales sont surtout jugées en fonction du travail sur la forme et le volume, critères qui sont ceux de l'art abstrait traditionnel. Jencks reconnaît de riches associations métaphoriques dans les œuvres d'architectes tels que Rem Koolhaas, Peter Eisenman, Santiago Calatrava, Frank O. Gehry, Coop Himmelb(l)au, Daniel Libeskind et autres, toutes tirées de son catalogue de références cosmologiques.

Se préoccupant de stratégies formelles labyrinthiques et des similarités superficielles entre les diagrammes astrophysiques et les influences du ruban de Mobius sur l'architecture actuelle, l'auteur ne fait que peu de différences entre les édifices qui apportent une remarquable contribution à l'environnement et ceux qui ne présentent que des traits sculpturaux outrés. En réalité, ses structures favorites sont trop souvent celles qui utilisent des matériaux écologiquement agressifs : acier inoxydable, essences d'arbres menacés de disparition, ou métaux tels le titane, le cuivre et l'aluminium dont la fabrication s'accompagne de retombées toxiques beaucoup trop importantes. Jencks, qui semble se satisfaire aisément de justifications purement stylistiques de ses métaphores cosmogéniques, néglige par ailleurs le rôle infiniment plus crucial que revêtira l'architecture au cours du nouveau millénaire en tant que présence à la fois écologiquement responsable et symboliquement communicative. Dans sa course folle à travers l'univers, il paraît oublier que la terre se dérobe sous ses pieds. À force de scruter le cosmos en quête de métaphores exotiques, il néglige, semble-t-il, la double capacité de l'architecture à traduire les enseignements de la nature en termes d'habitat durable et de grand art. À la différence d'un grand nombre de mes confrères écologistes davantage tournés vers la pratique et qui ont tendance à sous-estimer la valeur du discours philosophique, je me range résolument aux côtés de Charles Jencks dans sa recherche d'une nouvelle cosmologie en architecture. Mon approche se distingue cependant de la sienne dans la mesure où elle renverse les priorités : cherchant des idées valables pour notre planète, je pense qu'il faut placer la nature au premier rang de nos préoccupations – avant de s'envoler vers les galaxies.

En plus d'étudier les idées et les positions géocentriques d'hier, d'aujourd'hui et peut-être de demain, la présente publication analyse des projets architecturaux récents qui ont contribué à introduire ces changements dans la pensée environnementale. Comme je l'ai remarqué plus haut, plutôt que de me concentrer sur les innovations technologiques – domaine largement traité par d'autres auteurs –, j'aborde le sujet d'un point de vue conceptuel, esthétique et philosophique. Mon objectif, en discutant d'œuvres contemporaines, est d'identifier les motivations qui ont présidé à toute approche architecturale et semblent ouvrir des voies prometteuses à un ART de construire répondant aux exigences de l'ère écologique.

*C'est la vie qui a raison, l'architecture qui a tort.*

Le Corbusier (vers la fin de sa vie)

## La riposte de la nature : un bref panorama de l'écologie au XXe siècle

Considérés dans une perspective écologique, tous les grands courants architecturaux des 20 dernières années ont émis des messages erronés. L'attachement obsédant des designers à un langage dont les images renvoient au rêve industriel et technologique du début du XXe siècle a généré un style marqué par toutes sortes de réminiscences – carburateurs, derricks, paquebots, fusées, de l'usine au dirigeable en passant par les turbines, stations spatiales, etc. Ce style suscite une vaste gamme d'associations, à l'exclusion toutefois de celles qui ont un rapport avec la Terre elle-même. Les influences exercées par le néo-machinisme de notre époque ont toutes deux points communs : elles gaspillent les combustibles fossiles et relèvent d'une conception technocentrique et anthropocentrique de l'habitat humain. Si l'on demande à un architecte d'imaginer un immeuble futuriste dans le « monde de demain », le résultat, à quelques exceptions près, sera invariablement une esquisse avant-gardiste qui pourrait être née sous le crayon d'un constructiviste russe des années 20. À partir des années 70, en particulier, la mise en valeur de détails high-tech – structures apparentes, utilisation à grande échelle de glaces, treillis en acier, poutres triangulées, porte-à-faux, etc. – est devenue plus ou moins synonyme d'aspect progressiste en architecture. Outre ses conséquences désastreuses sur l'environnement (et bien loin d'être progressiste), cette iconographie vieille de près de 90 ans, inspirée de l'industrialisation, est devenue le fondement d'un nouvel académisme, équivalent contemporain de l'ancienne tradition des Beaux-Arts.

Comparer le style omniprésent de l'architecture ordinaire à l'académisme des années 1890 n'a rien d'arbitraire. Au tournant du siècle, la tyrannie institutionnalisée a été âprement critiquée par les pionniers de l'ère moderne, qui l'accusaient de n'être qu'un pastiche rétrograde et inutile des formes du passé. Les contraintes académiques étaient alors rejetées devant l'irruption d'une ère nouvelle de technologie séduisante, d'idéaux utilitaristes et de réformes sociales. Aujourd'hui, une critique aussi radicale estimerait que tout ce qui a trait à l'iconographie industrielle, au design formaliste, aux prolongements du modernisme et du constructivisme, à l'oubli du paysage et à l'absence d'engagement environnemental en architecture est l'expression rétrograde d'une nostalgie des temps passés. L'iconographie de l'ère industrielle est l'antithèse d'une architecture adéquate à l'orée de la révolution écologique.

Ce qui ne signifie pas, bien sûr, que l'architecture doive du jour au lendemain jeter le bébé avec l'eau du bain (comme l'ont fait malheureusement les tenants de la modernité avec la tradition) et renoncer à tout aspect high-tech dans ses réalisations sous prétexte d'actualiser son style en lui donnant un « look » écologique. En revanche, ceci implique que la profession devra, bon gré mal gré, réviser radicalement ses priorités puisque les tendances les plus avancées du design ne tarderont pas à ébranler le statu quo. On peut affirmer sans risque de se tromper que, face à la poussée irrésistible du mouvement écologique, l'architecture changera plus radicalement au cours des deux décennies à venir qu'elle ne l'a fait en ces cent dernières années. Rompant avec les motivations stylistiques et théoriques habituelles par lesquelles les designers cherchent à s'affirmer, la conception des bâtiments sera finalement obligée de prendre en compte la limitation des ressources naturelles et les impératifs géocentriques.

Notre époque lance des défis d'une importance sans précédents à l'architecture. Et si le rythme accéléré des changements effraie

**Projet pour une cité nouvelle**
Iakov Georgievich Chernikhov
Projet, 1933

**Immeuble ITT**
Ludwig Mies van der Rohe
Chicago, Illinois, États-Unis
1944

**Immeuble d'habitation**
Rem Koolhaas
Rotterdam, Pays-Bas
Projet, 1982

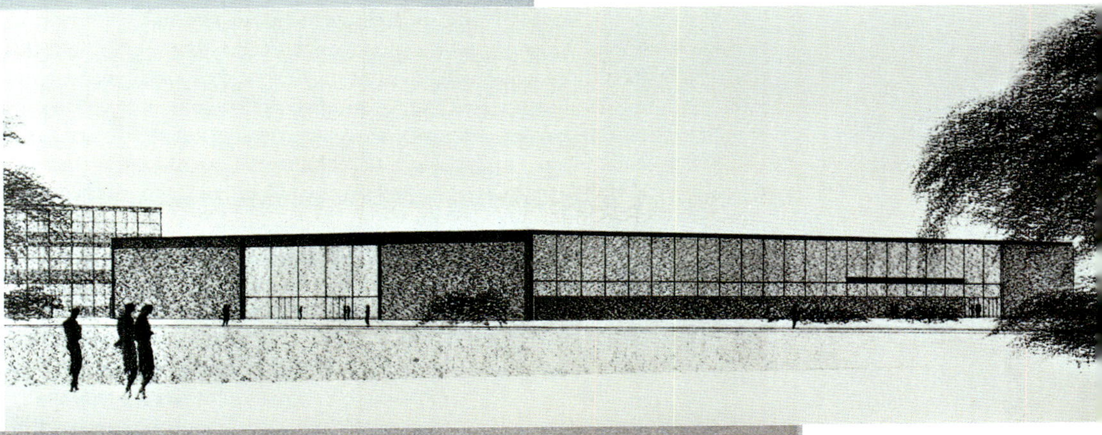

**Immeuble de la Caisse d'Épargne**
Otto Wagner
Vienne, Autriche
1903–12

**Palais Stoclet**
Josef Hoffmann
Bruxelles, Belgique
1905–11

**Immeuble Carson, Pirie & Scott**
Louis Sullivan
Chicago, Illinois, États-Unis
1899–1904

aujourd'hui de nombreux architectes – qui craignent d'être critiqués sur leurs choix stylistiques, il n'existe cependant aucune raison de ne pas aborder avec optimisme une révolution qui annonce une grande ère de créativité. Pour la première fois en 70 ans, nous avons l'occasion d'inventer l'avenir en assumant nos responsabilités aux plans sociologique et écologique. Les influences industrielles et technologiques qui ont présidé à la naissance du siècle s'enracinaient dans des transformations d'ordre culturel et économique. Il n'est donc pas étonnant que les architectes se réclamant alors de la modernité aient rarement prêté attention à l'effet de leurs réalisations sur l'environnement ou sur la psychologie de citadins coupés de la nature. Seules l'invention formaliste et fonctionnaliste et les nouvelles technologies les intéressaient et si, par hasard, quelques voix s'élevaient pour critiquer les résultats de leurs efforts, ils attribuaient ces réactions négatives à l'ignorance d'un public philistin, attaché à des valeurs rétrogrades. Cette dramatique erreur de jugement de la part de la profession est à l'origine des problèmes environnementaux auxquels nous devons faire face aujourd'hui. En demeurant attachée à un catalogue de standards totalement étrangers à toute notion de responsabilité écologique, l'architecture s'est privée de sa source d'inspiration la plus riche ; elle a infligé d'incalculables dommages à l'environnement et s'est coupée de la « clientèle » qu'elle a pour vocation de servir.

À l'heure actuelle, l'architecture environnementale en est au stade de l'ère moderne en ses débuts, lorsque tous les éléments stylistiques hérités du passé n'étaient pas encore évincés par une esthétique technologique plus puriste. Les travaux réalisés par exemple au début du siècle par des architectes tels que Josef Hoffmann, Otto Wagner, Adolf Loos, Peter Behrens, Auguste Perret et Louis Sullivan se réfèrent encore – et rendent hommage – à un modèle urbain inspiré du XIXe siècle. Bien que se voulant très nettement moderne, le message des temps nouveaux n'a pas chez ces architectes l'effet brutal que l'on observera plus tard chez Le Corbusier, Ludwig Mies van der Rohe, Theo van Doesburg et Gerrit Thomas Rietveld. Lorsque la modernité sera arrivée à maturité, les parallèles entre la production industrielle et son expression formelle seront irrévocables et aisément perçus. D'une manière analogue, les dix prochaines années verront à coup sûr des produits plus spectaculaires qui, issus de la technologie environnementale, des sciences de la Terre et d'un paysage naturel, présenteront une iconographie architecturale parlant clairement le langage d'une nouvelle époque, celle de l'écologie.

Dans la mesure où l'on considère que la Terre est la « machine à habiter » par excellence, la définition de l'habitat fonctionnel forgée par Le Corbusier, s'applique aussi, avec des implications plus larges encore, à l'ère écologique. Si les designers des années 20 et 30 ont été capables d'élaborer un langage architectural convaincant à partir des conquêtes industrielles (relativement limitées, comparées à l'inventivité de la nature), on imagine aisément le potentiel d'idées que recèle l'univers – tant terrestre que cosmique. Pourquoi les merveilles naturelles que nous dévoilent l'écologie, l'hydrologie, la géologie ou les révélations de la biophysique et de l'astrophysique n'inspireraient-elles pas l'architecture avec autant sinon davantage de force que la géométrie structurelle d'une grue ou certaines conventions stylistiques dérivées du cubisme ? Cette suggestion heurtera sans doute les milieux les plus réactionnaires de la profession, qui rejettent systématiquement toute référence narrative,

**Maison Schröder**
Gerrit Thomas Rietveld
Utrecht, Pays-Bas
1924

comme portant atteinte à la pureté de la forme abstraite traditionnelle. Or, actuellement, c'est précisément cette résistance au changement – vide de contenu, esclave de la technologie et irresponsable du point de vue écologique – qui fonde la pensée architecturale la plus rétrograde.

Même les avocats les plus progressistes d'un design écologique continuent à s'interroger sur la manière de concilier la technologie environnementale, la préservation des ressources naturelles et les contenus esthétiques, alors qu'en l'absence de ces trois composantes, une architecture réellement capable de vaincre l'éphémère a peu de chances de s'imposer. De fait, si certains édifices du passé ont pu survivre, ils le doivent au fait qu'ils ont su opérer la fusion de l'art et de la nature. C'est parce qu'ils étaient à la fois écologiques et beaux qu'ils ont été jugés dignes d'être préservés. De nos jours on parle beaucoup de « durabilité » dans le domaine architectural. Mais ce discours insiste davantage sur la permanence, considérée comme la première qualité requise – que sur les méthodes spéculatives et le choix de matériaux et de systèmes structurels dont la durabilité n'est nullement prouvée. En vertu de cette définition de la longévité, un modèle architectural offrant de parfaites garanties de durabilité devrait inclure toute structure vieille de 600 ans, en bon état matériel et encore en usage. Certaines cités italiennes perchées sur leur colline, dont les splendides édifices du XIII^e siècle seraient abondamment dotés de technologies informatiques et de techniques de télécommunication les plus sophistiquées, en fourniraient un bon exemple. Les raisons de cette longévité sont simples : le site choisi pour l'édification de ces cités pittoresques répondait parfaitement à sa mission défensive ; les murs, naturellement thermo-régulateurs, étaient construits avec des matériaux disponibles sur place ; enfin, les espaces intérieurs – non morcelés comme ils le sont aujourd'hui par un travail plastique excessif – ont été capables de s'adapter aux différents usages qui en étaient faits au cours des siècles. Mais la raison essentielle de cette réussite réside dans la valeur artistique de ces villes, jugée digne d'être préservée. En revanche, on pourrait multiplier les exemples éclatants d'édifices « verts » contemporains, qui, bien que présentant des caractéristiques sophistiquées répondant aux exigences écologiques les plus sévères, n'ont pas supporté l'épreuve du temps ni témoigné d'une grande qualité esthétique. Et, de fait, lorsqu'on visite un « édifice écologique » vanté à grand renfort de publicité et de brochures énumérant ses vertus écologiques, on constate fréquemment qu'il ne dénote pas la moindre tentative de la part du designer de transposer ces louables efforts en termes artistiques. « Vert » peut-être, mais combien ennuyeux !

Quittant le domaine spirituel pour en revenir aux applications concrètes de la notion de « durabilité » dans l'architecture écologique, nous constatons avec étonnement que les différents éléments qui constituent la technologie environnementale sont rarement considérés par les architectes comme des matériaux artistiques bruts. Des techniques de pointe en matière d'environnement – verre isolant, panneaux photovoltaïques, systèmes de filtrage de l'air, matériaux de construction recyclables, etc. –, qui pourraient concourir à l'image d'une architecture conçue comme un art, sont généralement traitées comme de simples éléments de design « installés » plutôt qu'« exprimés », puisque sans référence à leur origine naturelle, leur action bénéfique sur la vie ou le message contenu dans l'édifice.

De même que le concept de « durabilité » demeure confus, toute la question environnementale souffre de problèmes de définition, de terminologie et de la manière dont en traitent les médias. Le mot « vert » lui-même court le risque d'être dénaturé par la publicité dont il s'accompagne et vidé de son sens comme l'ont été, il y a quelques années, des termes aujourd'hui démodés tels que « postmodernisme » et « déconstructivisme ». Selon les architectes qui s'occupent depuis longtemps de design écologique, la mainmise de la publicité sur ce thème (et les fréquentes erreurs d'appréciation du problème réel) a amené certains avocats de l'environnement à prendre leur distance par rapport à une presse omnivore qui transforme très vite des idées fécondes en une rhétorique stérile. Néanmoins, le mouvement écologique a besoin des médias pour rappeler en permanence à la communauté planétaire la précarité de son sort si les atteintes à notre fragile écosystème se poursuivent au même rythme.

Les craintes que font naître les agressions infligées à l'environnement par l'humanité sont loin d'être récentes. Ainsi Platon, déjà, déplorait la disparition, autour d'Athènes, des collines verdoyantes et des forêts dont le bois était indispensable aux constructions navales et aux besoins domestiques : « Ce qui reste maintenant, comparé à ce qui était, ressemble au squelette d'un homme malade. Toute la bonne terre grasse a été emportée, ne laissant derrière elle que l'ossature nue du sol », écrit-il à propos de cette zone méditerranéenne autrefois fertile et que l'homme a transformé en un désert où des ports autrefois florissants sont désormais ensablés, et où des cités proches d'Athènes, sans plus d'accès à la mer, se retrouvent au milieu de terres arides incapables de nourrir leur population.

Dans les temps anciens, la nature était généralement considérée avec un respect mêlé d'effroi. Les hommes se sentaient démunis face à ses forces écrasantes. Mais dans le sillage des grandes découvertes scientifiques des temps modernes accomplies entre le XVI$^{e}$ et le XVIII$^{e}$ siècles, les sociétés occidentales et leurs économies fondées sur le profit, commencèrent à croire que la nature pouvait être maîtrisée par la science au bénéfice exclusif du commerce. Le technocentrisme supplanta alors l'ancienne déférence qui liait les hommes à leur environnement. Au XIX$^{e}$ siècle, voire avant, des artistes, des écrivains et des philosophes, inquiets de l'énorme croissance industrielle en vinrent à idéaliser les civilisations passées – y compris la Grèce antique –, dans lesquelles ils voyaient des modèles de communion avec la nature. Percy Bysshe Shelley et William Blake, suivis de Ralph Waldo Emerson, sont dans la littérature anglo-saxonne les représentants de ce courant romantique. Parallèlement, les parcs à l'anglaise répondaient à la nostalgie d'un Âge d'or en mettant en scène des ruines artificielles nichées dans une verdure exubérante. Henri David Thoreau s'efforçait de recréer des liens entre nature et société et des peintres comme Gustave Courbet, William Turner et John Constable mettaient l'accent sur le mystère de paysages menacés par les techniques industrielles. John Ruskin reprochait aux technocrates leur arrogance et leur mépris de l'être humain dans un monde dominé par la machine alors que John Muir se faisait le champion éloquent de la nature en plaidant la cause des grandes étendues forestières du continent américain. Vers la fin du XIX$^{e}$ siècle, le mouvement Arts and Crafts et l'Art nouveau furent les derniers courants architecturaux à célébrer les liens qui unissent l'architecture et les formes naturelles. La bataille, ensuite, fut définitivement perdue.

Avec ses arguments imparables sur la pertinence de l'iconographie industrielle, un répertoire d'éléments facilement imitables et un manifeste futuriste séduisant, le design moderne fit table rase de ces considérations prétendument d'un autre âge.

La résistance qui s'exprima avec le plus de force fut celle d'un novateur unique en son genre : Frank Lloyd Wright (1867–1959), dont l'œuvre a formulé les principes fondamentaux d'une architecture intégrée dans son contexte.

**Le tombeau d'Akhenaton**
Thèbes, Égypte
vers 1323 av. J. C.

**Le chariot à foin**
John Constable
National Gallery, Londres, Angleterre
1821

Cet impressionnant génie s'est fait le prophète de tout le mouvement écologique. Dès 1910, c'est-à-dire bien avant que le mot « écologie » n'entre dans le langage courant, Wright a compris à quel point des édifices peuvent devenir des extensions de leur environnement par le biais de formes reflétant la topographie du lieu si on utilise des matériaux de construction pris sur place. De même, il a associé aux objectifs fonctionnels de l'architecture des processus naturels comparables aux comportements humains fondamentaux : recherche de lumière, d'obscurité, de nourriture et de protection.

Wright est en outre la force pionnière qui a ouvert la voie à l'« architecture organique » (notion à laquelle se réfèrent maintes thèses du présent ouvrage). À ses yeux, « l'architecture moderne est tout simplement quelque chose – n'importe quoi – construit à notre époque, mais l'architecture organique est une architecture provenant de l'intérieur et projetée vers l'extérieur. Organique signifie intrinsèque, au sens philosophique du terme, une entité – là où le tout est à la partie comme la partie est au tout, et où la nature des matériaux, la nature des intentions, la nature de l'exécution tout entière s'impose clairement comme une nécessité. C'est de cette nature qu'émane le caractère qu'un créateur peut donner à sa construction dans chaque situation particulière. »

Pour des raisons qui ne sont autres que la pusillanimité et le caractère superficiel des modes stylistiques, ses idées seront oubliées à mesure que le modernisme gagnera en influence. Ce désintérêt est peut-être dû aussi au fait que l'œuvre de Wright comme celle de certains artistes, Pablo Picasso (1881–1973) ou Henri Matisse (1869–1954) par exemple, ne peut être copiée sans que cette imitation verse aussitôt dans la caricature. La parodie était donc inévitable et elle a engendré plusieurs générations de pastiches « à la Wright ». Dans ce même temps, sa croisade en faveur d'une architecture organique a été étouffée par le bric-à-brac de motifs propres au design académique : cubes, cônes, sphères rapides et faciles à réaliser, maillages répétant à l'infini leur structure monotone, tandis que la profession demeurait indifférente aux signes alarmants émis par l'environnement. L'œuvre d'architectes tels que Le Corbusier, Mies van der Rohe (1886–1969), Rietveld (1888–1964) et Constantin Melnikov (1890–1974) se présentait sous un « emballage » plus accessible. Plus facilement imitables, leurs réalisations paraissaient d'un formalisme et d'une correction théorique plus rigoureux que la philosophie romantique des « maisons de la Prairie » de Frank Lloyd Wright, géocentrée, multidimensionnelle, fruste dans sa robustesse. Cette faiblesse philosophique est admirablement énoncée dans la réponse ironique apportée à l'aphorisme de Le Corbusier définissant la maison comme une « machine à habiter » : « Oui », dit Wright, « comme le cœur humain est une pompe aspirante. »

Dès les années 20 et 30 du XX^e^ siècle, l'effet destructeur de la logique technocentrique suscite les critiques de quelques esprits éclairés mais les architectes sont peu nombreux à leur prêter l'oreille. C'est au plus tard à ce moment-là qu'une forme industrielle aseptisée, l'absence de tout élément plaisant tel que la présence d'un paysage devinrent synonymes de design progressiste. Cette approche minimaliste convenait parfaitement aux promoteurs qui, travaillant dans le bas de gamme, étaient sans cesse en quête de techniques de construction bon marché, fonctionnelles et rapides. La rhétorique idéologique des architectes et les motifs commerciaux des sociétés d'urbanisation ont camouflé alors les effets destructeurs de cette prolifération de « pureté » sur la psyché humaine et l'équilibre écologique. Ce n'est que sporadiquement que se firent entendre des contestations plus vigoureuses. Ainsi en 1938, Lewis Mumford publia « The culture of cities » (La culture des cités), ouvrage dans lequel il s'occupait des constructeurs américains : « À mesure que s'étendent les surfaces asphaltées et bétonnées, c'est la nature qui est refoulée de plus en plus loin ; toute cette routine aggrave encore le divorce d'avec la terre ; tant l'abattoir que le cimetière sont mis à l'écart, relégués le plus loin possible, et les processus qu'ils abritent dissimulés de la même façon. » Prenant pour cible les banlieues, Mumford évoque avec férocité les conséquences psychologiques de leur affligeante monotonie : « Matériaux, modules, plans, élévations standardisés – tels sont les ingrédients de l'architecture de notre époque industrialisée : cherchons-nous à y échapper, nous obtenons nos banlieues avec leur vie de surface ; les acceptons-nous, nous obtenons ces vastes aires anonymes de grise monotonie ... Les seuls qui puissent jouir à fond de cette architecture standardisée, ce sont des habitants standardisés. »

En 1962, le livre de Rachel Carson, « Silent spring » (Le printemps silencieux), joua un rôle déterminant dans l'éveil de la conscience écologique. Alors que certains savants et un petit nombre d'hommes politiques courageux avaient mis en garde contre les dangers encourus lorsqu'on néglige l'environnement, l'auteur réussit à convaincre le public de la réalité d'une apocalypse écologique et d'une conspiration

**« Falling Water », Maison Kaufman**
Frank Lloyd Wright
Bear Run, Pennsylvanie, États-Unis
1935–39

**Maison Farnsworth**
Ludwig Mies van der Rohe
Plano, Illinois, États-Unis
1946–51

**Pavillon allemand**
Ludwig Mies van der Rohe
Exposition universelle,
Barcelone, Espagne
1929

industrialo-militaire. L'effrayante liste qu'elle dresse des conséquences catastrophiques des pesticides, des déchets industriels et de la pollution atmosphérique sur la vie humaine alerta une génération entière sur des dangers imminents. Le livre de Carson tirait la sonnette d'alarme et joua un grand rôle dans la mobilisation de la jeunesse en faveur de l'environnement.

Aux États-Unis, la première prise de conscience écologique à l'échelle nationale coïncida avec l'émergence des mouvements de jeunesse des années 60. À l'époque, malheureusement, la cause écologique fut associée dans l'opinion publique au radicalisme politique, à des revendications extravagantes en matière de protection de la nature et l'idée que la sécurité de l'emploi serait compromise si l'on préservait la Terre au lieu de la piller. Pour les citoyens conservateurs, l'image de ces communautés qui vivent à l'écart, installées sous des dômes géodésiques et composées de ce que la presse nommait avec mépris des « hippies », des écofreaks, cultivant des légumes biologiques, donna une vision déformée de la révolution écologique. En outre, le discours de lutte des années 60 désignait les gouvernements et l'industrie comme des conspirateurs irresponsables guidés exclusivement par l'appétit du profit et sacrifiant la vie humaine et celle de la flore à leurs propres objectifs immoraux. La majorité des Américains voit en ces invectives (justifiées ou non) une menace pour leur mode de vie traditionnel et un appel à se sacrifier dans le seul but de sauver des animaux et des arbres.

L'erreur des militants radicaux de cette époque, aveuglés par leur combat contre l'ordre établi, est d'ignorer, en s'isolant dans leurs communautés (et nonobstant les panneaux solaires utilisés et leurs habitats couverts de terre), le premier principe de l'écologie, la loi des systèmes intégrés. Le concept de coopération interactive, fondé sur les modes de fonctionnement de la nature, est de toute évidence l'antithèse de l'individualisme et d'un comportement isolationniste. Résultat : tandis que le mouvement de la jeunesse bénéficiait d'une vaste publicité favorable à ses convictions, ces intégristes de l'écologie perdaient peu à peu de vue les grands objectifs écologistes. Le refuge typique offert par la « Drop City » n'était pas vraiment une réponse viable en tant qu'habitat biologique – quelle qu'ait été la valeur de ses motivations. Pour ces raisons et d'autres motifs, le mouvement écologique des années 60 ne réussit jamais à exercer sur le gouvernement et le public l'influence dont il avait rêvé.

Au cours des années 70 et 80, les États-Unis optaient pour une politique conservatrice

**« Lollipop Trees » à l'extérieur du Centre Lincoln**
New York, New York, États-Unis
1990

**Vue aérienne sur une banlieue**
États-Unis
années 70

basée sur l'exploitation totale des ressources, une économie ultralibérale et, en matière d'environnement, un égoïsme suicidaire. Le mouvement écologiste fut condamné à vivoter. Il ressuscita vers la fin des années 80, porté par une presse favorable à sa cause et par l'inquiétude croissante d'une population qui a été témoin entre-temps d'une succession de catastrophes écologiques – fuites de substances radioactives, inondations, récoltes catastrophiques. Même les détracteurs les plus acharnés du mouvement écologique durent se rendre à l'évidence : Mère Nature était en train de reprendre ses droits et il était plus sage de coopérer avec elle que de tenter de s'y opposer. Le gaspillage des ressources naturelles qui résulte de la politique menée par des administrations très profilées sont alors âprement critiquées. On assiste à une levée de boucliers dans le public, qui tient désormais des cibles concrètes, responsables d'une série de désastres écologiques dus à la négligence des hommes politiques et auxquels les médias ont donné un large écho. Tout ceci apportait de l'eau au moulin des écologistes et relança l'activisme d'une nouvelle génération.

Au début des années 90, il n'est pas un pays dans le monde qui ne soit victime de quelque catastrophe écologique grave : vagues de chaleur, pollution des sols, sécheresse, marées noires, épidémies. La révolution des nouveaux moyens d'information finit par propager l'idée d'une menace qui émanerait de « forces invisibles » agissant au sein de la nature, et une bonne partie de l'opinion est prête désormais à admettre l'existence des forces visibles et invisibles décrites par la science. Quels que soient les sacrifices requis pour sauver l'environnement, ils commencent à paraître moins douloureux que la perspective d'une extinction totale de l'espèce.

Jusqu'ici, dans la mesure où certains éléments appartenant aux années 80 continuent à faire sentir leurs effets destructeurs, on n'a pas réussi à organiser un mouvement écologique unitaire à l'échelle mondiale ni à définir une politique commune. Le principal obstacle à tout progrès dans ce domaine est évidemment le caractère conservateur des programmes politiques et économiques. Néanmoins, les mouvements de retour à la nature, les organisations militantes et les partis « verts » sont en mesure d'exercer des pressions considérables sur les gouvernements. Dans toute

l'Europe on constate la croissance des partis «verts». Le nombre d'organisations qui s'engagent pour la défense de l'environnement a augmenté d'une manière stupéfiante par rapport aux années 70; des associations tels que Greenpeace, Environmental Action, The Sierra Club, Friends of the Earth et The Nature Conservancy voient leurs rangs se gonfler. Enfin, d'après un sondage Gallup récent, 77% de la population américaine adulte se dit favorable à l'écologie.

La philosophie et l'écopsychologie aussi ont été touchées par la révolution «verte». Le psychologue Theodore Roszak appelle à une extension du mouvement environnemental, qui devrait, selon lui, inclure un «constat d'impact psychologique» faisant apparaître un rapport de cause à effet entre certains troubles mentaux – voire une large gamme de dysfonctionnements de la société – et une perte de contact avec la Terre. Cette préoccupation relativement nouvelle en psychologie nous éloigne de la psychanalyse freudienne et de sa conception anthropocentrique du «soi» vu comme un sanctuaire et élaborant des stratégies de défense contre une nature hostile. «Normalement, il n'y a rien dont nous soyons plus sûrs que du sentiment de notre être, de notre ego ... qui s'affirme en se distinguant de tout le reste», déclarait Sigmund Freud dans les années 30.

Les concepts d'ego et de libido – par lesquels passerait obligatoirement le diagnostic des troubles mentaux – sont désormais concurrencés par un type d'analyse ouverte qui ne sépare jamais la psyché humaine du réseau beaucoup vaste des forces environnementales. C. G. Jung lui-même, pourtant plus réceptif que Freud à l'idée d'influences extérieures s'exerçant sur la psyché, a fondé son concept d'inconscient collectif sur une série de symboles d'origine culturelle comportant très peu de références à la Terre. Il est curieux de constater que Jung voyait dans les rêves de ses patients contenant des références à des immeubles et à des intérieurs le désir de retrouver la sécurité du ventre maternel ou comme une tendance à élever des murs protecteurs autour de leur psyché. Or, pourquoi ne pas considérer ces images d'espace-refuge comme la manifestation d'un instinct universel qui cherche à retrouver un sanctuaire dans les failles protectrices de la nature, ou comme l'expression du besoin sublimé de retourner aux origines de l'habitat humain?

Plutôt que de continuer à chercher des réponses triomphalistes dans l'impasse de l'ego, l'écopsychologie a pour mission fondamentale d'aider les hommes à mesurer l'ampleur du fossé qui s'est creusé entre eux et leur environnement naturel et de les guider dans la recherche des voies qui leur permettraient de le combler. Ce vaste horizon offert à l'esprit est comparable aux territoires maintenant explorés par les écologistes les plus radicaux, qui affirment que retrouver une intimité avec les systèmes intégrés de la nature est la seule manière de sauver l'humanité de la mort. Loin d'être une hyperbole apocalyptique visant un effet dramatique, cette sombre vision résulte d'une conviction philosophique et scientifique de plus en plus partagée, selon laquelle la fin pourrait être plus proche que nous ne l'imaginons, si le monde technologique continue de favoriser une consommation dont rien, apparemment, ne peut arrêter la croissance et à mesurer tout succès à l'aune exclusive du profit.

Face à ce scénario de fin du monde, les discours philosophiques structuraliste, poststructuraliste et postmoderniste présentent

**Naufrage du pétrolier «Aegean Sea»**
La Coruña, Espagne
1992

*Page 26*
**Architecture «mobile»**
Cohos Evamy Partners
Alberta, Canada
1967

**Commune**
années 60

**« Strip architecture »**
Los Angeles, Californie, États-Unis
années 90

une caractéristique étrange : l'œuvre théorique d'auteurs éminents – hommes de lettres, critiques ou philosophes – ne manifeste aucun intérêt pour l'écologie. Si l'on considère leur recherche de nouvelles définitions de sens en linguistique, dont il est fait tant de cas, on s'aperçoit que le principe des mécanismes de codage repose toujours sur la psychologie de Freud et que les sources de références demeurent essentiellement la culture et la politique de consommation. Les théories structuralistes de Jacques Lacan et de Claude Lévi-Strauss par exemple, qui ont mis en question les capacités du langage à communiquer la pensée avec précision, ont utilisé les relations entre « structure de surface » (signifiant) et « structure de profondeur » (signifié) comme des outils d'analyse permettant de comprendre les rituels des interactions sociales et les fondements de la psychologie. Des écrivains poststructuralistes tels que Jacques Derrida et Michel Foucault ont eux aussi étudié la signification et la continuité dans le langage humain en identifiant des inversions de langage qui, d'une certaine façon, font écho aux recherches scientifiques sur la théorie du chaos. Dans le but de tester la fiabilité du langage lui-même, Derrida a traité différentes lectures conventionnelles de pièces littéraires en se servant de la tactique de la déconstruction. Selon un processus analogue, Foucault analyse les erreurs, les confusions et les fausses interprétations dans la « systématicité des pratiques discursives » en soulignant les contradictions d'interprétation entre continuité et discontinuité, entre dire et faire, entre raison et folie. Dans les études sémiotiques de Roland Barthes et de Baudrillard, le concept signifiant/signifié inclut l'iconographie des signes, des symboles, des rituels et des systèmes de la culture pop, conçue comme un seuil de compréhension à partir duquel on peut explorer les territoires ambigus entre réel et imaginaire. Baudrillard décrit un monde où la culture issue de la consommation a généré une facticité dangereuse qui rompt avec la réalité et crée une condition universelle où la simulation devient la nouvelle réalité. Avec l'expansion prodigieuse des médias et de la révolution cybernétique – ultimes manifestations d'une désespérance extatique face à des stimuli excessifs –, la perte de sens risque de déboucher sur une dévaluation catastrophique du langage. Mais ces démonstrations provocatrices oublient – omission primaire – que le jour où les ressources fossiles seront épuisées, et ce jour viendra forcément (les prévisions les plus optimistes font état de réserve pour une centaine d'années), les réseaux de distribution électrique n'auront plus rien à distribuer, les systèmes de pouvoir seront paralysés et la nature prendra sa juste revanche. Ce jour-là, ces petits jeux d'intellectuels risquent fort de paraître dérisoires.

En somme, les thèses de ces éminents penseurs s'alimentent aux mêmes sources anthropocentriques que la culture populaire (mode, publicité, cinéma) et les politiques fondées sur le racisme et le sexisme. Dans une perspective littéraire, elles sont passé à côté de ce que le poète Jay Parini décrit comme « l'univers concret de rochers, d'arbres et de rivières qui se cache derrière la prolifération sauvage des signes ». Bien que l'on puisse argumenter que tous les efforts humains sont un prolongement de la nature et font donc partie de l'écologie au sens large, il n'en reste pas moins que la philosophie post-moderne s'est désintéressée des paradigmes de nature écologique et de leurs liens avec le langage et la psychologie en tant que source majeure

*On peut semer la ruine dans le domaine spirituel comme on le fait pour l'environnement.*
*On peut abîmer les hommes comme on abîme un paysage.*
Ada Louise Huxtable

d'idées pour une analyse et une théorie comparatives. Ces penseurs phares sont restés confinés dans un champ de références centré sur l'ego et non sur l'éco.

Les « deep ecologists » (écologistes profonds), dont le mouvement reprend les propositions radicales élaborées au début des années 70 par le professeur norvégien Arne Naess, proposent une vision diamétralement opposée. En soutenant, dans une intention polémique, que l'espèce humaine ne mérite pas plus le respect, la protection ou la perpétuation que n'importe quel autre organisme, Naess a suscité des vocations écologistes par légions. Les deep ecologists, qui opèrent parfois comme les troupes de choc de l'action environnementale, n'épargnent personne. Ils imputent à l'humanité entière la crise actuelle, en soulignant que l'industrie ne peut se développer et continuer de polluer sans la complicité des consommateurs. La seule façon d'éviter la catastrophe écologique serait de lancer une campagne d'information massive dénonçant les errements de la technologie.

Pour retrouver les sources où s'enracine ce mouvement, il faut remonter à des religions tournées vers la nature, comme le bouddhisme zen et le taoïsme, ou à des penseurs qui se sont souciés de l'environnement tels saint François, Spinoza et, plus récemment, Rachel Carson. Le but premier de ce mouvement est de modifier les paradigmes qui ont perverti les valeurs et les systèmes économiques de la société contemporaine, et ses rapports avec la nature.

En 1967, l'écrivain Lynn White, anticipait la contestation radicale des deep ecologists en identifiant dans le christianisme l'archétype d'une religion anthropocentrique et l'illustration précoce de l'hypothèse arrogante selon laquelle la nature est au service de l'homme. Selon lui, cette religion à vocation universelle a plus fait pour promouvoir l'idée absurde que l'homme doit domestiquer la terre que n'importe quel autre courant de pensée. Au même titre que le culte de la consommation, elle serait responsable d'une campagne visant à convaincre les hommes que le « toujours plus » est un bien en soi. White prétend que, comme toute autre entreprise de marketing, le christianisme a fait sienne l'équation selon laquelle une population sans cesse croissante représente plus de clients et plus de pouvoir. Or, il n'y a pas un spécialiste de l'environnement qui, entre temps, n'ait mis en garde contre les dangers de la surpopulation, premier facteur sur la liste des absurdités susceptibles de provoquer l'apocalypse finale.

**Quartiers insalubres de Caracas**
Venezuela
1970

**Hypermarché américain**
États-Unis
1996

**Sécheresse**
Sénégal
1997

Ces théories tirent leur force pour une bonne part des faits et des chiffres sur lesquels elles reposent et des options pratiques et spirituelles qu'elles proposent dans le cadre d'un projet de vie, qui ne soit plus soumis à l'éphémère. Si Arne Naess se montre très pessimiste quant aux chances de survie de l'humanité – d'après lui, l'apparition de terribles maladies tel que le sida pourrait être une réaction de la nature visant à réduire la population, voire à éliminer l'homo sapiens (considéré, dans un scénario écologique plus large, comme le cancer de la terre) –, il se fait par ailleurs l'apôtre d'un nouvel âge, où l'homme pourrait gérer la Terre d'une façon intelligente à condition qu'il accepte l'humble rôle qui est le sien : un petit rouage dans l'ensemble de l'écosystème. Naess appelle donc à remettre en cause d'une manière radicale les structures sociales et à prendre en compte ce qu'il appelle « le Soi écologique ... de la nature et dans la nature à partir des origines mêmes de notre moi. ... La société et les relations humaines sont importantes, ajoute-t-il, mais notre moi est bien plus riche dans les relations qui le constituent. » « Ma relation au lieu est une partie de moi-même ; si ce lieu est détruit, quelque chose en moi aussi est détruit », écrit Naess à propos de l'identification parfaite des aborigènes à leur environnement.

La position de la deep ecology est la plus radicale et, intellectuellement, la plus convaincante qui ait été définie dans les années 90. Elle se démarque des tendances au repli et à l'individualisme des années 60 qui étaient autant de réactions de défense face à la destruction de l'environnement, puisqu'elle milite au contraire pour une écodémocratie à l'échelle planétaire, décentralisée et soucieuse de participation. Malheureusement, ce nouveau modèle est dangereusement concurrencé par l'ancien qui n'a rien perdu de sa popularité. De toute évidence, la plupart des événements positifs survenus à la fin des années 80 – l'effondrement du communisme dans les pays de l'Est, l'unification de l'Allemagne, la réduction des arsenaux nucléaires et l'émergence des économies du tiers-monde – ont été récupérés et les réalités nouvelles ne sont que des caricature du modèle occidental qui prône la consommation à outrance et les technologies dispendieuses, et encourage la prolifération des hypermarchés et des « fast food ». Paradoxalement, l'explosion de l'information qui, d'un bout à l'autre de la Terre, fait prendre conscience des vertus de la démocratie, n'a pas réussi à affranchir la lutte en faveur des droits de l'homme et de l'environnement des démons du capitalisme.

Optimiste envers et contre tout, Naess a le sentiment cependant qu'une nouvelle « écophilosophie » (ou « écosophie ») pourrait remplacer l'écologie initiale, qu'il considère comme une science limitée : « J'entends par écosophie une philosophie de l'harmonie ou équilibre écologique. Une philosophie est une forme de sagesse (sophia). Ouverte au plan normatif, elle pose des règles et des postulats, énonce des priorités et des hypothèses sur la marche du monde. La sagesse est une politique, une prescription, et non une simple description ou prévision scientifiques. » Il semble donc que son mouvement se fasse moins le prophète de la fin du monde que l'apôtre d'une nouvelle cosmologie géocentrée – à la manière, peut-être, d'une nouvelle religion qui serait plus proche des idées révolutionnaires, des croyances et des politiques susceptibles de sceller l'alliance entre l'humanité et la nature, et plus proche des réponses permettant la vie sur terre.

*Nous savons au fond de nous-mêmes que notre façon d'exploiter l'environnement de notre planète a quelque chose de dément.*
Theodore Roszak

Ce résumé des idées et des questions qui animent le mouvement écologique ne fait que survoler un débat extrêmement complexe, qui recouvre une variété infinie de réactions émotionnelles, de théories philosophiques, de positions politiques et de programmes d'action. L'exigence minimum est un consensus mondial sur l'ampleur du problème. Afin de contrebalancer un optimisme qui frise parfois l'euphorie, et pour en revenir à la réalité des problèmes environnementaux, il n'est pas inutile d'évoquer certaines statistiques alarmantes.

■ Ressources en eau

Le niveau des nappes phréatiques baisse dans le monde entier et de nombreux pays, au Proche-Orient, en Afrique et sur le sous-continent indien sont en état de « stress hydrique » ; autrement dit, ils prélèvent de l'eau à un rythme plus élevé que son renouvellement naturel ; la surpopulation et le développement économique de ces régions amplifient la crise. D'autres statistiques dérangeantes révèlent qu'un cinquième de l'humanité doit se contenter d'une eau impropre à la consommation et que les activités de construction dans leur ensemble absorbent un sixième des réserves mondiales d'eau.

■ Plomb dans le carburant

La plupart des pays en voie de développement ne participent pas aux efforts engagés pour réduire la teneur en plomb des carburants. Dans pratiquement l'ensemble de la Chine, de l'Afrique et des pays d'Europe de l'Est – où la circulation automobile se développe très rapidement –, la teneur en plomb peut attendre 0,15 gramme par litre. En fonction des caractéristiques topographiques et climatiques, cette teneur peut engendrer de graves désordres organiques et mentaux.

■ Érosion des sols

La couverture végétale – meilleure garantie contre l'érosion – régresse d'une manière dramatique dans le monde entier. Une agriculture et une industrie agressives affaiblissent la capacité naturelle de régénération des sols. La Chine est le pays le plus touché par cette crise : chaque année, 3,5 milliards de tonnes de terre finissent dans le lit des rivières et des lacs. Le stockage naturel de l'eau dans les sols diminue en conséquence : 3,9 milliards de mètres cubes sont perdus par an, une perte que reflète l'augmentation du nombre des barrages et des réservoirs.

■ Forêts tropicales

Chacun sait que les forêts tropicales sont essentielles à la régulation du climat et à la vie de toutes les espèces. Or, au cours de la seule décennie passée, l'agriculture, l'élevage et l'industrie du bois ont fait disparaître, pour satisfaire leurs besoins, plus de 8 % des forêts tropicales – dont la surface est passée de 1,9 milliards d'hectares, en 1980, à 1,7 milliards en 1990.

■ Le nucléaire

Il existe de par le monde plus de 430 réacteurs nucléaires en service. Tous devront être arrêtés un jour ou l'autre au cours des 35 années à venir. Le coût de cette opération s'élèvera approximativement à 900 millions de dollars par réacteur – en admettant qu'on utilise la technologie la moins chère. Rien qu'en Grande-Bretagne, les 54 réacteurs qui devront être arrêtés d'ici 2060 impliquent une dépense de 16 milliards de livres. Et on ne dispose pour l'heure ni de plan de stockage définitif et sûr ni de décharges à même de recevoir les déchets con-

**Déforestation**
Tofino Creek, Canada
1993

taminés dont la masse augmente de 10 000 tonnes par an. Il faut plus de 150 ans pour démanteler avec succès une centrale nucléaire (à moins d'engager des dépenses exorbitantes en utilisant la robotique). Or la durée de demi-vie de la substance radioactive la plus dangereuse, le plutonium, est de 29 000 ans. Autrement dit, aucun être vivant ne pourra s'approcher de ces déchets radioactifs durant un laps de temps équivalent à l'histoire entière de la civilisation. Pour ajouter quelques détails inquiétants : le plutonium, qui continue à être produit illégalement, pourrait facilement tomber aux mains de terroristes qui s'en serviraient comme d'un moyen de pression ; des industries et des gouvernements irresponsables continuent à prôner la construction de nouvelles centrales alors que – détail éclairant – la minuscule quantité de déchets nucléaires résultant des expériences originales d'Enrico Fermi (1901–1954), physicien italien et titulaire du prix Nobel, n'a toujours pas trouvé de lieu de stockage sûr.

- La croissance démographique

À l'heure actuelle, la population mondiale a largement passé la barre des 6 milliards d'individus et son augmentation moyenne est d'environ 90 millions d'être humains par an. Selon les estimations des Nations Unies, la croissance de population pourrait atteindre 11,9 milliards vers 2050, au plus tard soit 3 nouvelles Afriques. Si ces prévisions se vérifiaient, les besoins en eau, en espaces et en ressources naturelles seraient si énormes que le scénario d'une extinction massive deviendrait vraisemblable.

- Réchauffement planétaire

Le réchauffement du globe résultant de la présence de plus en plus massive dans l'atmosphère de gaz carbonique à effet de serre joue également un rôle privilégié dans les scénarios de fin du monde. Actuellement, les spécialistes estiment que la température moyenne du globe passera de 16 à 19 degrés Celsius d'ici 2100. Ce réchauffement entraînant la fonte des calottes polaires, le niveau des océans s'élèvera de 6 cm environ tous les dix ans. La plupart des grandes villes littorales seront alors submergées. D'une manière générale les modifications climatiques risquent de détruire en grande partie nos écosystèmes, de réduire considérablement la production alimentaire, de favoriser les épidémies, de provoquer des famines dans les zone arides totalement privées de leurs ressources en eau et d'augmenter la fréquence des inondations, des sécheresses, des tornades et des raz-de-marée.

Face à ces perspectives particulièrement inquiétantes, il faut en revenir à la question majeure posée par cet ouvrage : quel est le rôle de l'architecture dans ce contexte ? Qu'au cours du XX^e^ siècle l'environnement construit ait été davantage une partie du problème qu'une partie de sa solution est une réalité singulière. Le gaspillage irresponsable inhérent aux technologies de construction, de chauffage et de climatisation ne fait qu'ouvrir la longue liste des dommages que l'architecture inflige à l'environnement. Associée dans l'esprit du public à des intrusions agressives – les activités du bâtiment défoncent les terrains, font disparaître les forêts, bétonnent les biotopes, polluent les sols, défigurent les paysages naturels par leur géométrie impitoyable, etc. –, la profession a été âprement critiquée et désignée comme l'une des coupables principales. Être ainsi en première ligne peut devenir cependant un avantage. Car si l'on soutient que l'architecture a pour double mission de contribuer à résoudre les problèmes d'environnement et de célébrer visuellement les résultats de cette action, elle peut devenir le porte-parole par excellence de l'écocentrisme et de l'écosophie. La révolution environnementale ne peut raisonnablement faire qu'un pas à la fois et l'architecture est l'un des témoins les plus visibles de ce progrès. Ce rôle dévolu à l'art de construire confirme les vues désormais plus modérées d'Arne Naess que les « prophètes annonciateurs de la fin du monde agacent à présent et qui se dit certain du rôle, certes modeste, que nous avons à jouer dans la construction d'un avenir meilleur qui n'est pas très éloigné ».

**Centrale nucléaire**
Sir Basil Spence
Trawsfynydd,
Pays de Galles
1959

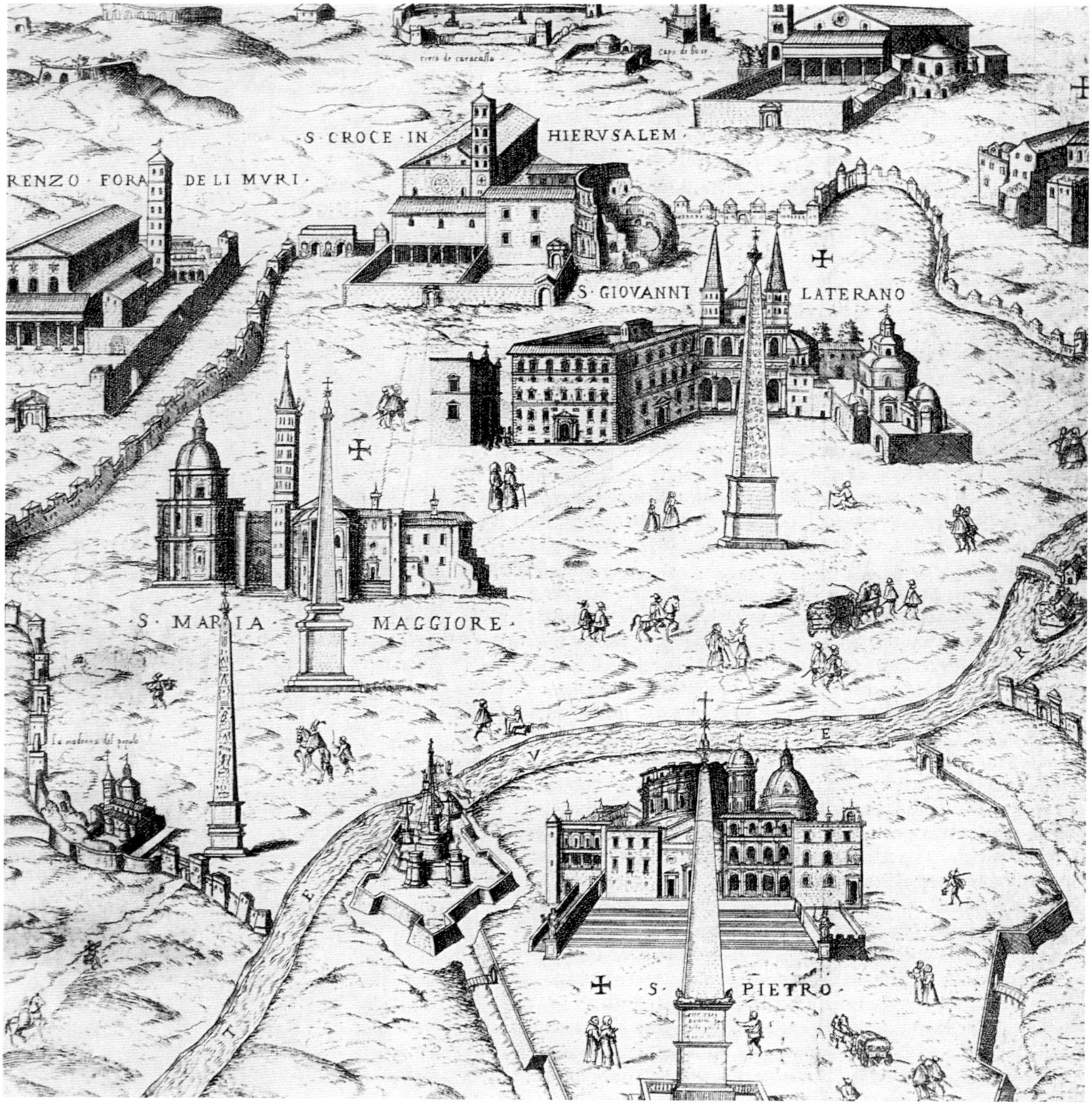


**Plan pour la Rome de Sixte Quint**
G. F. Bordino
Rome, Italie
1588

*Exploiter la Terre est une chose, mais c'est tout autre chose que de recevoir ses bienfaits et de s'initier à la loi de ce don de manière à se faire le berger de l'être et à respecter l'inviolabilité du possible.*

Martin Heidegger

*Nous savons que l'homme blanc ne comprend pas nos façons d'agir. C'est un étranger qui vient la nuit et prend à la Terre tout ce dont il a besoin. La Terre n'est pas son amie mais son ennemie, et quand il a achevé sa conquête, il va plus loin. Il vole la Terre à ses enfants. Son appétit dévorera la Terre et ne laissera plus qu'un désert derrière lui. Si tous les animaux disparaissent, nous mourrons d'une grande solitude spirituelle car tout ce qui arrive aux animaux nous arrive à nous-mêmes. Tout est lié. Tout ce qui touche la Terre touche les enfants de la Terre.*

Seattle, chef indien d'Amérique, 1855

## Écophilosophie et sociétés anciennes

L'architecture est l'un des domaines qui reflète le plus fidèlement les fondements philosophiques d'une civilisation. Ce qui ne signifie pas que les sociétés qui, par le passé, ont réalisé des monuments imposants, des jardins paradisiaques et un habitat durable ont été forcément un modèle de spiritualité, de générosité et de conscience écologique. Certaines monarchies connues pour leur despotisme ont aussi construit des édifices exceptionnels au plan esthétique et respectueux de l'écologie tandis que de remarquables démocraties n'ont laissé, en matière architecturale, qu'un néant désolant et une nature saccagée. Ce paradoxe est amplement illustré par l'action de Sixte Quint, pape des plus autoritaires, qui transforma la Rome du XVI$^{e}$ siècle, par une série d'interventions urbanistiques qui aujourd'hui encore font la beauté de la Ville éternelle. On pourrait opposer à cet exemple la désolation de certaines villes américaines du Middle West, qui alignent interminablement la monotonie pavillonnaire de leurs lotissements et de leurs centres commerciaux. En réalité, même lorsque les vraies motivations ou les raisons politique du mécénat ne transparaissent pas, les politiques de promotion ne se reflètent pas directement dans les réalisations architecturales, l'histoire véritable d'une société – cachée ou révélée, sincère ou hypocrite – est appelée à être lue par les générations futures. Les exemples les plus remarquables d'iconographie architecturale et d'urbanisme sont en général le fruit d'une union pleinement réussie entre les structures sociales, la politique gouvernementale, les rituels religieux et les relations que la population entretient avec son environnement. Ces réussites dénotent invariablement une forte motivation philosophique qui a inspiré et soutenu une civilisation.

À l'inverse, les réalisations architecturales et urbanistiques les moins convaincantes trahissent en général la faiblesse ou la corruption d'une idéologie.

À l'heure actuelle, écologistes, scientifiques, économistes, hommes politiques et prophètes autoproclamés de la fin du monde dressent une interminable liste de scénarios plus apocalyptiques les uns que les autres, et tous accusent l'humanité d'avoir manqué son rendez-vous avec une philosophie qui respecterait l'environnement. Ainsi que je le faisais observer plus haut à propos de l'écopsychologie et de ses conclusions troublantes, les sociétés n'ont jamais tant perdu le contact avec la Terre qu'en ce XX$^{e}$ siècle. Inverser la tendance est encore possible mais toute tentative en ce sens se heurte en général à des opportunismes politiques ou à l'ignorance des masses populaires, et les programmes environnementaux sont détournés de leurs fins au profit de considérations économiques. S'il est certain que les gouvernements actuels reconnaissent désormais plus facilement l'ampleur du désastre, leurs réflexions se haussent rarement au niveau philosophique et stratégique requis pour « renverser la vapeur » et trouver de vraies solutions. L'engagement demeure limité, comme en témoignent les conférences internationales organisées à la hâte par les gouvernements et les milieux d'affaires en quête d'une solution au problème du réchauffement général du globe qui est un fait avéré et non plus une simple théorie controversée. Or, même si les intentions sont excellentes, on achoppe toujours sur la notion de « progrès » et les compromis inévitables reconduisent le statu quo. Car le plus petit dénominateur commun finissant toujours par s'imposer, les réformes écologiques sont soumises à

**Intérieur d'hypermarché**
Ohio, États-Unis
1996

toutes sortes de contraintes à courte vue : marges bénéficiaires, valeurs boursières, marché du travail, PNB, etc. En revanche, il est rarement question de modifier radicalement les structures économiques, d'opter pour de nouvelles priorités et de reconvertir massivement la main-d'œuvre pour la préparer aux industries nouvelles et appelées à se développer, telles la gestion des déchets et les technologies environnementales en général.

Il existe cependant quelques raisons d'espérer. Les organisations gouvernementales internationales préconisent désormais une stratégie mondiale, en vertu de laquelle les résultats économiques d'une industrie privée ou d'une nation ne pourront plus être mesurés uniquement sur des critères de productivité ou d'accroissement des bénéfices mais aussi en fonction de leur impact écologique. Le coût d'une politique anti-écologique – réparation, entre autres, des dommages causés par l'exploitation à outrance des ressources naturelles et par la pollution – devra être pris en compte dans les bilans et déduit des profits, dans le court comme dans le long terme.

Mais tout ces gestes de bonne volonté ne sont finalement que des palliatifs d'ordre technologique et économique – face à un potentiel de risques dont la menace grossit de jour en jour. En réalité, le défi se formule en des termes plus catégoriques : il s'agit de mettre au point une philosophie écologique de portée mondiale et, sur cette base, de mettre en œuvre la mutation la plus révolutionnaire que les sociétés humaines aient jamais connue depuis l'invention de l'agriculture. Au risque de paraître attacher trop d'importance à cette question, je ne pense pas exagérer en disant que l'humanité, en définitive, ne sera sauvée que par une sorte d'« écoreligion » fondée sur une philosophie de la « connexion ». Cette fusion totale de l'esprit et de la nature est à la base de toute expérience écocentrée authentique. À de rares exceptions près, dont les civilisations aborigènes, l'existence humaine est gouvernée à l'heure actuelle par la seule obsession du profit et par une technocratie acquise à la consommation.

L'exploitation apparemment irréversible des combustibles fossiles, l'expansion des marchés et les avancées technologiques, compromettent, semble-t-il, toute solution de rechange. Dans ces conditions, suggérer que l'art de construire requiert une nouvelle philosophie qui puisse s'opposer à ces forces avides et transformer radicalement les critères du design ne suscitera probablement pas l'enthousiasme. Et pourtant, seule une approche écocentrée permettra à l'habitat humain de retrouver sa valeur iconographique et fonctionnelle.

Une position véritablement écologique voudrait qu'on revienne à des formes de civilisation, révolues ou encore vivantes, fondées sur cet état de connexion avec la nature. Le danger, ici, est d'idéaliser par nostalgie un type de société proche de celle des aborigènes, refermée sur elle-même et totalement coupée du monde actuel et de sa haute technicité. Mais par ailleurs, ces civilisations et leurs cosmologies sont riches d'enseignements sur l'évolution de l'habitat humain ou sur la façon de tenir compte du climat. Elles proposent aussi des idées, des comportements et des solutions techniques de même que de simples méthodes qui ont fait leurs preuves et peuvent être introduites dans nos habitations. Mais plus important encore : l'étude de ces civilisations nous aiderait à repenser notre relation avec la Terre.

Il faut en effet nous rendre à l'évidence : les sociétés organisées – autrement dit fondées sur une forme de partage des ressources et un système de gouvernement quels qu'ils soient – existent depuis moins de 30 000 ans ; l'habitation construite, lorsqu'elle est conçue par un « designer », n'existe que depuis 10 000 ans environ ; enfin, l'imbrication complexe de structures que nous appelons « civilisation » et qui s'est épanouie grâce au concours absolument exceptionnel de conditions climatiques favorables, ne compte que 15 000 ans d'existence. Or le caractère le plus constant de la nature est de composer un scénario brutal et inhospitalier d'éruptions volcaniques, de raz-de-marée, de périodes glaciaires et d'émissions chimiques mortelles. Le genre humain, en son stade le plus avancé, a donc eu la chance de la connaître sous son meilleur jour, mais il serait naïf de croire que cet intermède paradisiaque va de soi et nous est éternellement garanti.

Des civilisations anciennes et quelques cultures encore existantes, que nous qualifions avec condescendance de « primitives », ont compris le côté exceptionnel des bienfaits de la Terre. Et leur crainte d'en être privées était assez forte pour les amener à imaginer, telle une « police d'assurance », des rituels d'action de grâce visant à amadouer les forces de la nature et à s'assurer leur bienveillance durable. À l'heure actuelle, les sociétés occidentales ne respectent l'environnement ni n'observent aucun rite de ce genre. La Terre leur apparaît plutôt comme un compte en banque bien garni, ce en quoi elles se trompent. Elles se bercent de l'illusion que l'on peut tirer des chèques à l'infini sur ce compte sans penser à le réapprovisionner (ni même à payer les intérêts de l'emprunt). Mais la nature exprime son refus de cette exploitation scandaleuse à travers le réchauffement planétaire, des épidémies, etc. Les sociétés industrialisées en sont scandalisées et se lancent dans quelque opération de diversion, généralement plus destructrice encore.

Alors que le mouvement écologique peut se prévaloir aujourd'hui d'avoir sensibilisé les consciences aux dangers qu'impliquent le technocentrisme et l'absurdité d'une prétendue « conquête de la nature », les sociétés industrielles n'offrent aucun projet allant dans le sens de la connexion sur laquelle repose la philosophie des cultures aborigènes. L'anthropologue David Croft établit un lien entre ce vide spirituel et notre définition de l'âme : « Là où les sociétés occidentales se réfèrent à l'âme pour distinguer les humains des non-humains, des groupes aborigènes d'Australie, tels les *Aranda* s'en servent au contraire pour établir un lien avec d'autres espèces. ... Contrairement au schéma dominant dans les sociétés occidentales, la responsabilité morale loin d'être circonscrite à l'homme, inclut d'autres espèces et jusqu'au paysage. »

Développant l'idée d'une éthique environnementale dans le monde industrialisé, Holmes Rolston III s'interroge : « Jusqu'où doivent aller les hommes dans leur relation avec la nature pour accepter les limites qu'elle leur impose ? Un état d'équilibre, par exemple, est-il compatible avec un progrès sans fin ? Exige-t-il la croissance zéro, voire une réduction de notre niveau de vie ? Pour répondre à ces questions, il nous faut dresser l'inventaire de nos ressources potentielles en matériaux et en énergie, mais nous devons aussi subordonner à des principes la progression constante de la technologie, le développement illimité de la science, les améliorations de tout genre et

**Hutte néolithique**
vers 3000 av. J. C.

**Habitats troglodytes**
Cappadoce, Turquie
vers 1000

l'habileté humaine à tourner les limites de la nature. Les porte-parole de l'environnement formulent des hypothèses qui rappellent curieusement les débats soulevés par la détermination géographique. L'environnement physique détermine-t-il d'une manière significative le caractère d'une société ? Or il est évident que les hommes doivent se plier à certaines données naturelles, écologiques, et agir en conséquence. »

Si l'on considère l'architecture comme une chronique des relations entre l'homme et son environnement, il convient d'en retracer l'évolution au cours des millénaires. Bizarrement, l'histoire de ces relations ne témoigne d'aucun perfectionnement continu : jamais une civilisation n'a été initiée par les générations suivantes pour la seule raison qu'elle offrait un modèle écologique accompli. Bien au contraire, en fonction de la force de sa philosophie (ou de sa peur de la nature), chaque civilisation croît et décline selon son aptitude à établir un équilibre avec la nature, et ce en dehors de toute logique chronologique et de toute structure rationnelle. Une seule constante émerge : les civilisations les plus dilapidatrices semblent toujours s'acheminer vers un suicide environnemental.

Tout l'habitat humain a été, à l'origine troglodytique, une tradition qui a survécu sagement dans certaines parties du monde. Des historiens de l'architecture estiment à tort que l'homo sapiens n'a atteint son plein développement mental et ses pleines facultés d'organisation que lorsque sont apparus des édifices indépendants et la hiérarchie sociale que ces structures isolées impliquaient. Il est indéniable que l'apparition de la maison et puis le regroupement des habitations en village, conjointement aux balbutiements de l'agriculture (première innovation réellement radicale dans l'histoire), représentent un progrès culturel. Mais ce phénomène est plus lié à la nécessité et aux premières tentatives faites par l'homme pour maîtriser la nature qu'à un engagement philosophique ou écologique.

Maintenant qu'il est établi que les peintures rupestres découvertes en France ont été exécutées il y a de plus de 17 000 ans, on peut imaginer que le rôle de ces réalisations extraordinaires n'était pas très éloigné de celui que tient aujourd'hui Internet. Autrement dit, ces cavernes peintes possédaient une signification iconographique au même titre que des édifices indépendants, voire un statut de monuments sacrés. Ceci implique l'existence d'une société très évoluée et très organisée pour laquelle l'abri humain, loin d'être imposé, était vu comme un prolongement de ses dons. Une architecture définie par l'indépendance de ses réalisations et qui s'impose à l'environnement n'est pas forcément synonyme de progrès culturel. Par ailleurs, lorsque cette définition d'architecture est devenue le critère et l'expression du contrôle exercé sur la nature, les édifices ont été transformés en véhicules de propagande au service du pouvoir politique, de la conquête de la planète et des doctrines religieuses fondées sur la supériorité humaine et sur des divinités égocentriques conçues à l'image de l'homme. Dès ces origines lointaines, l'architecture a été le plus puissant messager de l'anthropocentrisme, et depuis, elle n'a jamais cessé d'assumer ce rôle.

Les habitations troglodytiques et les constructions utilisant l'argile durcie au soleil et d'autres matériaux indigènes sont respectueuses de l'environnement. Les grottes et abris creusés dans le sol – y compris les sites troglodytes du Shanxi et du Gansu en Chine, les sites rupestres de Cappadoce en Turquie, le village de Matmata en Tunisie ou l'oasis de Siouah en Égypte – tirent parti avec virtuosité de tout ce qu'offre la nature. Ils ne s'imposent pas d'une manière agressive à leur environnement, n'ont aucune incidence négative sur l'écologie locale et sont peu coûteux en énergie puisque le matériau qui délimite l'espace – terre, roche – garantit une température confortable et permanente. Les constructions en argile n'ont besoin que du rayonnement solaire qui durcit les briques. Il n'est pas nécessaire, ici, de recourir à des combustibles fossiles ou au bois. En outre, le matériau luimême – l'argile – est disponible en abondance dans les régions qui l'utilisent et ses propriétés isolantes sont particulièrement appréciables sous des climats chauds et arides. Ces types d'architecture remontent à la préhistoire. À l'origine, ils répondaient purement et simplement aux besoins de leurs constructeurs, qui faisaient appel à leur intelligence pratique en utilisant les ressources locales. Au fil du temps, cependant, ces formes d'habitat, de plus en plus soumis à des rituels, sont devenues l'objet d'une volonté artistique – une évolution que reflètent les splendides peintures pariétales des églises souterraines de Cappadoce ou les étonnantes tours-minarets des mosquées du Mali (Afrique). Dans ces exemples, la force fondamentale du message esthétique dérive du sentiment que tout détail architectural est une extension de son contexte. Alors que les éléments fonctionnels énoncent sans ambiguïté le rôle d'abri de ces constructions – contrairement à l'orthodoxie du design moderniste – les relations entre la forme et l'usage ne semblent jamais avoir été la motivation première. Curieusement, ce que nous enseigne ce type d'architecture est à l'opposé des exigences contemporaines en matière de durabilité (qui, bien souvent, ne sont que le camouflage écologique d'une ambition d'investissement à long terme). Bien que ces structures soient réalisées avec des matériaux durables et selon des principes écologiques solides, elles semblent être en permanence l'objet d'une mystérieuse métamorphose. Comme si elles ne cessaient

**Caverne avec peintures pariétales**
Lascaux, Dordogne, France
vers 17000 av. J. C.

**La Grande Mosquée**
Djenné, Mali
vers 1400, reconstruite en 1906–07

d'émerger de la terre et d'y retourner, selon un cycle sans fin qui les porte au niveau de la pure spiritualité.

Le point de départ de notre débat – à savoir que sans un consensus minimum sur la philosophie environnementale, l'architecture est condamnée à agresser l'environnement et à ne produire que des absurdités iconographiques – doit être exprimé maintenant en fonction des conditions actuelles. Les économistes et les responsables politiques ont probablement raison lorsqu'ils soutiennent que tout changement doit partir du monde tel qu'il est (et non d'une vision idéalisée d'un passé qui n'a plus rien à voir avec la réalité actuelle). Appliquant ce principe à l'architecture, ils feraient valoir que, en dépit de la richesse de leur enseignement écologique, les priorités et les cosmologies des nomades, des aborigènes et d'autres civilisations peu avancées sur le plan technologique ne peuvent être reprises dans notre monde industrialisé auquel se posent des problèmes d'un tout autre ordre – explosion démographique et interdépendance des combustibles fossiles et des communications. Le pôle opposé, représenté par les tenants de la deep ecology, affirme au contraire que c'est seulement en inversant radicalement les notions de technocentrisme et d'anthropocentrisme que l'humanité a encore une chance de survivre.

Ce point de vue repose sur des arguments qui ne manquent pas d'éloquence : le réchauffement du globe, les différentes catastrophes naturelles dont le coût est de plus en plus lourd et les défaillances de plus en plus fréquentes des réalisations technologiques. Alors que l'accélération de la croissance économique se poursuit au même rythme, les systèmes d'alimentation électrique considérés comme les plus performants sont sujets à des pannes répétées et ce, dans le monde entier. Or, le jour où l'électricité fera défaut, notre monde s'arrêtera de tourner. La Terre, alors, comme l'ont prédit la plupart des prophètes religieux, « appartiendra aux humbles ». Les écologistes radicaux ont envisagé l'éventualité que « la Terre en soit réduite à son état primitif », et cela, vraisemblablement, plus tôt qu'on ne l'imagine. Ils ont donc proposé des mesures extrêmes (mais presque toutes impossibles à mettre en pratique) pour préparer l'humanité à ce jour – pas si lointain – où « la facture lui sera présentée ».

À mi-chemin entre la poursuite des agressions technologiques à grande échelle et le retour au mode de vie primitif des nomades, il doit exister une approche raisonnable et réalisable. La tâche n'est pas sans exigences radicales. Du point de vue architectural, ces défis impliquent de reconsidérer de fond en comble le processus de formation et les critères conventionnels du design. Ainsi, de même que le commerce et l'industrie doivent admettre que la protection de l'environnement et le recyclage sont plus rentables qu'une expansion incontrôlée, l'enseignement de l'architecture doit embrasser l'intégralité de la révolution écologique au lieu de s'en tenir à des valeurs traditionnelles improductives. Or, comme dans le monde des affaires, les intérêts au sein de l'architecture sont si solidement établis et les changements nécessaires si exigeants qu'ils ne laissent d'autre choix que l'action révolutionnaire.

Constatons d'emblée que les architectes sont aujourd'hui confrontés à une réalité noire et si décourageante, qu'ils seront forcer de modifier leur rôle et leurs productions. Car il est évident que le jour où, les sources d'énergie faisant défaut, l'électricité viendra à manquer, toute discussion sera purement académique puisque les sombres prophéties des deep ecologists seront confirmées. Néanmoins, il est possible d'envisager le maintien de l'approvisionnement électrique si on recourt d'une manière intelligente à des énergies de remplacement, si l'on met un terme aux pollutions qui ont sévi durant ces cent dernières années, si la technologie environnementale devient l'une des plus intenses sources de profit des entreprises au cours du prochain millénaire et enfin, si la révolution de l'information sert la cause de l'écocentrisme en diffusant les données sur la crise écologique et sur ses solutions. Il reste à souhaiter que toutes ces conditions ne soient pas le fait d'un optimisme naïf.

L'histoire d'une véritable écophilosophie en architecture peut être vue comme une contradiction dans ses termes mêmes. Car si les habitats les plus respectueux de l'environnement ont été certainement ceux des civilisations nomades, ils méritaient parfois à peine ce nom : assemblages rudimentaires de branches ou de feuillages emportés par la première tempête ou simple protection contre les éléments offerte par la première grotte venue ou la première anfractuosité de rocher. Ces choix étaient étrangers à une architecture conçue comme une entité esthétique ou iconographique, et n'exigeaient rien des ressources naturelles. Ils étaient dictés par le besoin et non par une philosophie, la cosmologie tribale s'exprimant en général dans des rituels toté-

**Vue aérienne de Singapour City**
Singapour
années 90

**Abri d'aborigènes**
Territoires du Nord, Australie

miques plus qu'à travers des structures permanentes.

Les dolmens et les tumulus – monuments caractéristiques du paléolithique et du néolithique en France, en Grande-Bretagne, en Arabie et en Afrique – sont les témoignages les plus précoces de cosmologies réellement organisées qui reconnaissent à la nature la faculté de dispenser ses bienfaits ou au contraire de les refuser. Si l'on sait peu de chose sur la signification véritable de ces monuments des premiers âges, il est intéressant de noter que, contrairement à l'habitat néolithique relativement primitif – claies de branchages ou d'os recouvertes de peaux tendues ou de chaume – les sites commémoratifs étaient impressionnants. Les anthropologues s'accordent à penser que ces sociétés étaient caractérisées par une interprétation relativement complexe de la nature, par une agriculture évoluée, par un ensemble de prescriptions sacrées répondant à des croyances religieuses et astrologiques, à des rites funéraires et à ce que le philosophe Edmund Burke appelait au XVIII$^{e}$ siècle « une terreur du sublime ». Dans son remarquable traité publié en 1757, « Philosophical enquiry into the origin of our ideas of the sublime and beautiful » (Recherche philosophique sur l'origine de nos idées du sublime et du beau), Burke note que « tous les édifices conçus pour susciter l'idée du sublime doivent être sombres et terrifiants ». Et tel est, en effet, la caractéristique de presque tous les monuments imposants, depuis les alignements de pierres levées de Stonehenge jusqu'aux grandes cathédrales gothiques. La déférence face à l'inconnu et la crainte d'une nature susceptible de se venger sont des tendances universelles qui constituent un point charnière dans la philosophie écologiste. De fait, la réaction de l'homme peut prendre deux directions opposées : humble coopération ou résistance agressive. Dans les sociétés les plus anciennes, la peur a sans doute prévalu. Ce que nous savons de certaines traditions orales (le meilleur exemple étant les récits aborigènes d'Australie sur le « Dream Time », l'Age du Rêve) semble confirmer que les mythologies les plus anciennes ont été dominées par des légendes évoquant des catastrophes naturelles ; la meilleure assurance contre de tels événements était alors d'apaiser les dieux par des cérémonies.

Il n'y a pas 20 ans, le monde occidental ne voyait dans la société aborigène qu'une banale population de primitifs errant dans un environnement inhospitalier, adorant des totems et réglant son comportement sur de fumeuses élucubrations métaphysiques. Mais l'influence croissante du mouvement écologique et l'intérêt nouveau pour une intimité retrouvée avec la nature, garante de la survie de l'espèce humaine, ont changé nos perspectives : les aborigènes d'Australie, dont la société est devenue un objet d'études pour les anthropologues sont désormais les héros d'une politique environnementale saine. À mesure que les Occidentaux réalisaient que leur mode de vie était en péril, du fait même de ses excès, ils se sont mis toujours davantage en quête d'alternatives de vie susceptibles d'apporter une solution à la crise. La manière dont les aborigènes se situent dans l'univers est aux antipodes de tout ce que professe la civilisation technocentrique. Elle illustre très précisément la distance qui sépare le monde prétendument civilisé des processus intégrés, indispensables à la vie.

Lorsqu'une catastrophe naturelle – tremblement de terre, inondation, tornade, etc. – bouleverse le cours habituel des choses, la société occidentale se montre d'abord sidérée par tant d'« insolence » de la part de la nature. Puis elle désigne des coupables (incurie des

**Stonehenge**
Salisbury, Angleterre
vers 3200–1600 av. J. C.

**Enceinte circulaire mégalithique**
Avebury, Grande-Bretagne
vers 3000 av. J. C.

*Laissons faire un peu la nature, elle entend mieux ses affaires que nous.*
Michel de Montaigne

pouvoirs politiques, incompétence des techniciens), réclame des solutions technologiques et, enfin, condamne l'événement en le qualifiant de « cataclysme naturel ». Ces réactions illustrent à la perfection la distance qui sépare l'homme moderne de son environnement, et sa dangereuse ignorance. Un aborigène ne comprendrait pas un mot de cette mentalité de victime, absurde à ses yeux. Lui conclurait simplement que ces catastrophes ne sont pas forcément naturelles et qu'il s'agit le plus souvent de désastres causés par l'homme. Et, de fait, il est évident que si l'homme n'avait pas bétonné les zones naturelles des crues des rivières, l'eau pourrait s'y répandre et y pénétrer, épargnant ainsi les villes. Évident aussi que si l'on n'avait pas construit trop vite sur les pentes de collines situées précisément sur une ligne de faille, des habitations ne dévaleraient pas ces mêmes pentes lors d'une secousse sismique. Évident enfin que si les promoteurs n'avaient pas élevé des grands ensembles bas de gamme sur des plages tropicales dans une zone d'ouragans, les immeubles ne seraient pas régulièrement balayés par les tornades.

L'un des traits marquants de la civilisation aborigène est le totémisme, qui veut que tout membre de la tribu reçoive à sa naissance une âme et une identité appartenant à la nature. La Terre et ses richesses sont une partie intrinsèque de l'être, et il est clair que cette conception animiste du monde exclut toute atteinte à l'environnement car celle-ci signifierait aussi une agression contre soi-même. Les totems sont plus que des objets. Le totémisme comprend des rites spirituels, une tradition orale, des sociétés de culte à l'intérieur des tribus et la tenue de réunions dont les participants évoquent les chemins parcourus par l'âme dans le passé et convertissent les souvenirs en mythologie. Il s'agit avant tout de préserver les mythes de la tribu et de consolider la croyance selon laquelle chaque individu a son origine dans la nature. Les aborigènes considèrent que leurs relations à l'environnement constituent un cheminement unique et harmonieux à travers une hiérarchie de totems qui les relient à leurs origines ancestrales. Cette cosmologie leur assigne une place au sein de la grande unité qu'est la Terre et leur impose des types de comportement respectueux de l'équilibre écologique.

La notion la plus complexe proposée par la civilisation aborigène – et que ceux qui sont étrangers à ce monde ne comprendront sans doute jamais totalement – est celle du Dreaming, du Rêve. Il ne faut pas prendre ce mot au sens où l'entendent les Occidentaux. Il ne s'agit ni d'un état hallucinatoire ni d'une pratique psychothérapeutique permettant d'accéder au subconscient. Dans une étude consacrée aux civilisations non occidentales, James Cowan en propose l'analyse suivante : « Le Rêve est, avant tout, un état métaphysique au cours duquel les principes divins agissent, sous les avatars des héros totémiques, le mythe étant le véhicule par lequel ils s'expriment. ... Aucune autre condition n'exprime de manière plus saisissante les relations d'un aborigène avec le Rêve que son identité totémique. Il s'agit, en effet, d'une d'identification à ‹ quelque chose d'autre › que lui-même, qui permet au membre de la tribu de transcender la réalité ordinaire par un acte d'union. Son totem est à la fois son alter ego, son autre moi,

**Habitations lacustres**
Hollywood Hills, Californie, États-Unis
1995

et un emblème métaphysique qui lui dicte les orientations de sa vie ... Ne pas avoir de double dans le monde, ne pas avoir d'ombre, signifie vivre une existence inférieure, prisonnière de l'ici et du maintenant, privée des plausibilités mystérieuses qui, dit-on, se sont manifestées durant l'âge du Rêve. »

Le phénomène du « Dream Time » a, semble-t-il, des implications tant métaphysiques qu'écologiques. On lui a découvert des parallèles dans les sciences et les philosophies modernes, où les concepts du Temps s'accompagnent d'hypothèses sur la condition de l'être, de l'« étant », selon lesquelles nous sommes des nœuds d'énergie associés en vertu des lois de la physique, de sorte que notre existence serait en fin de compte un conglomérat de particules éternellement recyclées. Le Rêve présenterait aussi des analogies avec ce que les scientifiques occidentaux appellent un espace courbe, éternellement recommencé et opérant ainsi la fusion entre le passé, le présent et l'avenir au sein d'un devenir sans fin. La notion d'existences parallèles dans le monde immédiat et dans un infini hors du temps, telle que la conçoivent les aborigènes, offre des similitudes frappantes avec certaines thèses les plus sophistiquées de l'astrophysique moderne.

Le système d'identité totémique – double appartenance de l'âme a un individu et à son alter ego dans la nature – a des implications étonnantes quant à l'environnement. « Cet acte d'identification symbolique à la nature embrasse les tempéraments humains dans toute leur diversité, explique James Cowan. C'est un système remarquable ... Ce qui est à l'œuvre ici, même obscurément, est une forme de classification écologique qui soumet tous les phénomènes naturels à un schéma directeur. On pourrait, à partir de cette classification écologique, pousser les investigations afin de vérifier s'il existe dans la nature un principe d'appariement visant à préserver l'équilibre et l'harmonie entre les espèces. Dans l'alternative, les aborigènes nous offriraient un nouveau système de classification qui pourrait contribuer à protéger l'environnement. » La leçon la plus fructueuse de tout ceci est sans aucun doute que le totem assume le rôle d'une conscience qui gouverne les relations de la tribu et de l'individu avec l'environnement naturel. C'est un excellent modèle de contrôle social enraciné dans une civilisation et dans son « inconscient collectif ». Ce système est à l'opposé de la pratique écologique des civilisations occidentales qui se caractérise en général par une sorte de compromis plus ou moins volontaire ou par quelques concessions réticentes.

Face aux niveaux remarquables atteints par un petit nombre de tribus aborigènes grâce à leur sensibilité écologique et à leur ingéniosité, le palmarès écologique des Occidentaux fait malheureusement piètre figure. Mais les aborigènes ne sont plus que des sociétés résiduelles et vulnérables, telles des survivances de la préhistoire qui ont miraculeusement résisté dans des régions isolées d'Australie, d'Afrique, d'Amérique du Sud et du Nord. À l'heure actuelle, toutes succombent aux influences corruptrices de l'Occident (ce qui signifie, pour certaines, la perte définitive de leur culture). Paradoxalement, la nature semble nous offrir ces modèles de comportement écologique sain et en interdire l'accès en raison de notre comportement agressif et de notre aveuglement. En 1854, Søren Kierkegaard avait observé précisément que tel serait le conflit fondamental du monde moderne : « Détruisez votre primitivité et vous ferez très probablement votre chemin dans le monde, peut-être même remporterez-vous de

**Cavernes décorées de fresques aborigènes**
Territoires du Nord, Australie
Repeintes tous les ans

**Constructions en argile**
Village berbère, Tunisie

grands succès – mais l'Éternité vous rejettera. Acceptez votre primitivité et vous ferez naufrage dans ce monde temporel, mais vous serez accepté par l'Éternité. »

Si nous en revenons maintenant à l'histoire, plus linéaire et plus familière, des sociétés occidentales du néolithique à notre époque, on observe une constante : la présence d'un anthropocentrisme de plus en plus obsessionnel. En fonction des climats locaux, de la topographie, des ressources disponibles et des influences politico-religieuses, on trouvera sans doute des remarquables exemples de cultures en harmonie avec la nature. Malheureusement, ces réussites incontestables sont sporadiques. Nous admirons volontiers les architectures d'argile du style dit « soudanais », qui confèrent aux villes d'Afrique et du Proche-Orient poésie et spiritualité ; nous sommes séduits par les jardins persans et par les cités médiévales italiennes perchées sur des collines ; et nous en concluons que leurs constructeurs étaient les précoces messagers d'une mission écologique. Et de fait, la fusion magistrale des édifices et de leur contexte, l'utilisation virtuose des matériaux locaux, la mise en œuvre novatrice d'une technologie encore rudimentaire, et la conversion de tous ces facteurs en art forcent l'admiration. Néanmoins, la réalité historique nous enseigne que ces réussites exemplaires résultaient plus souvent de techniques de construction dictées par la nécessité que d'efforts conscients de design environnemental. Pour une bonne part, la beauté exceptionnelle de ces réalisations est simplement la conséquence indirecte du manque de machines actionnées par l'énergie produite à partir de combustibles fossiles, et de l'absence de matériaux de construction industriels (et donc impersonnels), une beauté qui, finalement, émane de toute architecture née d'un travail manuel.

Les conditions climatiques favorables, dont le monde ancien a presque toujours bénéficié, ont renforcé l'illusion d'un possible contrôle de la nature par l'homme. Les catastrophes naturelles qui se produisirent de temps à autre – tremblements de terre, tornades, éruptions volcaniques – étaient mis au compte des dieux exprimant leur mécontentement. Elles renforçaient donc la croyance en l'existence de divinités que les humains devaient craindre et révérer. C'est sur cette hypothèse simple que fut édifiée toute la superstructure des civilisations primitives. Qu'elle soit mésopotamienne, égyptienne, sumérienne ou hellénique, chacune de ces civilisations avait besoin, pour apaiser les dieux, d'émissaires intercédant au nom du peuple auprès des puissances surnaturelles. Il en résulta l'élaboration de hiérarchies sociales où les prêtres et les souverains avaient pour mission de satisfaire les dieux par le biais de cérémonies rituelles et la place des structures fiscales massives pour financer les édifices sacrés et les fonctionnaires à la tête du système.

C'est à Jéricho que l'on trouve les plus anciens témoignages (8000 av. J. C.) d'une civi-

**Jardin persan (dessin)**
vers 1400

lisation agricole et politique évoluée. Cette communauté, la première dont la permanence soit documentée, était un centre marchand. Jéricho était un des plus importants fournisseurs de céréales du monde antique et ceux qui contrôlaient la production et le stockage étaient investis de pouvoirs surnaturels (indice probable d'un anthropocentrisme naissant). Les greniers à grains étaient donc considérés comme des lieux sacrés. Le sens d'une saine gestion de l'environnement semble avoir été très développé. Les fouilles ont montré un système élaboré de canaux d'irrigation, un équilibre entre les surfaces cultivées et les surfaces laissées à l'état de nature et une grande maîtrise des principes de la conservation des sols.

Lorsque Jéricho tomba aux mains des Sumériens, vers 3000 av. J.C., la catastrophe écologique était programmée. Poussés par l'appât du gain et le désir de donner au commerce des céréales des dimensions nouvelles, les envahisseurs étendirent à tel point le réseau des canaux que les surfaces agricoles diminuèrent. Rien n'ayant été prévu pour éliminer les dépôts salins laissés par les pluies saisonnières et les crues, le drainage – d'une importance vitale –, ne se fit plus, les canaux s'embourbèrent et de vastes étendues fertiles furent rapidement perdues. Une économie agricole autrefois florissante fut ruinée en un temps record. Or les erreurs commises ici l'ont été par des gens familiers des dons de la nature, auteurs de jardins d'une ingéniosité remarquable et dont l'économie était fondée sur une utilisation judicieuse de l'eau. Et soudain ces mêmes personnes sacrifient tous ces acquis à un profit éphémère. Un scénario que nous connaissons bien! Toute l'histoire des civilisations est défigurée par ces «trous noirs» écologiques, qui se forment en général lorsqu'une société a fait la preuve de ses capacités à bâtir, à planter, à récolter, à irriguer, et à ménager les ressources naturelles: soudain, la génération suivante se saborde en un suicide collectif.

Dans les civilisations anciennes, l'architecture domestique était rarement la cause de problèmes écologiques (hormis ceux liés aux questions sanitaires et à l'élimination des ordures). En réalité, bien des innovations proposées par cette architecture sont des modèles d'intelligence écologique, que les architectes contemporains continuent d'étudier. Les idées qui inspiraient les plans des villes et les constructions étaient relativement simples et leur influence durable sur les processus de construction «verte»; les standards artistiques résultaient presque toujours d'un consensus

**La création du monde (mosaïque)**
Saint-Marc, Venise, Italie
vers 1200

**Parthénon**
Phidias
Athènes, Grèce
447–432 av. J. C.

esthétique affiné au cours des siècles. En outre, elles reflétaient l'intérêt général en matière d'iconographie, prenaient en compte les limitations des ressources naturelles et se référaient à des techniques de construction durables. En revanche, les visées ambitieuses du pouvoir politique ou religieux posaient bien davantage de problèmes puisque ces forces déterminaient les priorités sociales plus larges et contrôlaient l'économie. De plus, ce sont elles qui déterminaient – sciemment ou par omission – le contexte philosophique qui permet de juger l'héritage écologique de toute civilisation.

Poursuivant cette revue comparative des données écologiques telles qu'elles s'inscrivent dans les religions et les comportements sociaux de temps anciens, on constate une progression constante – même si parfois elle se fait par à coups – en direction d'une théologie anthropocentrique. Parallèlement, l'idée d'un dieu qui serait l'alter ego de l'homme apparaît comme par hasard au sein de différentes nations, en l'espace de quelques millénaires. L'enjeu semble avoir été le degré de confiance en la nature que les classes dirigeantes et le clergé étaient prêts à laisser à leurs sujets, comparé aux bénéfices d'une monarchie investie de pouvoirs divins. Certaines ont opté pour une « bureaucratie céleste », représentant tous les aspects bénéfiques de la nature sous forme de dieux séparés renvoyant au vent, à la pluie, à la fertilité, etc. Ces divinités pouvaient au gré de leur caprice dispenser ou refuser leurs grâces à moins d'être amadouées, mais tenaient les gens dans un état de crainte et de prière. Un autre choix consistait à investir un personnage particulier d'un statut divin, à créer un dieu-roi rassemblant en une seule main la totalité de la souveraineté religieuse et politique. Mais il arrivait aussi que le dieu-roi pratiquât une forme d'animisme – qui reconnaît une âme à d'autres créatures au sein de la nature –, et assumât une ou plusieurs identités anthropomorphiques, l'iconographie le représentait alors comme un être suprême situé à mi-chemin entre l'homme et l'animal.

Les sociétés égyptiennes, qui se sont développées entre 4000 et 2000 av. J. C. semblent avoir mis en œuvre un programme de production écologique fondé sur une compréhension profonde du fonctionnement de la vallée du Nil et la conscience que le sacrifice de ses rythmes saisonniers aux intérêts commerciaux entraînerait l'adhésion de l'ensemble de la société. On peut se demander ce qu'auraient fait les Égyptiens s'ils avaient disposé de grues et de nos bulldozers. Auraient-ils oublié leur respect de la nature pour détourner le cours du Nil, draguer son lit, construire des ponts et des barrages ? Mais ce ne sont là que vaines spéculations. Et la réalité veut que, durant des millénaires, la vallée du Nil ait été prospère grâce à une gestion judicieuse des sols et de l'eau, laquelle ne recourait à aucune technologie avancée, et grâce à des villes adaptées au climat, puisque le regroupement des édifices répondait à des principes solaires. L'autre extrême, ce sont les pyramides et les temples édifiés par les pharaons, dont la volonté de puissance s'affirme ici avec un excès dans l'ostentation jamais égalé.

Les associations anthropomorphiques proposées par la religion égyptienne semblent avoir été conformes aux aspirations de cette ancienne société puisqu'elles opéraient la transition entre une mythologie polythéiste enracinée dans la nature et un monothéisme qui situait le souverain au-dessus de celle-ci. Le système de divinités symboliques permettait de rendre hommage à toutes les grandes forces naturelles (et de garantir ainsi la fertilité continue de la vallée du Nil) ; en même temps, il dotait le pharaon de tous les attributs transcendantaux dont il avait besoin pour gouverner l'empire en tant que divinité suprême. Fondé sur des principes philosophiques complexes ce type de hiérarchie dérive certainement d'une théologie soucieuse de se prémunir contre tous les risques. Il permettait de justifier à la fois le respect dû à la nature et les agissements immoraux de la classe dirigeante. En outre, le foisonnement des représentations mythologiques – dieux anthropomorphes, jardins fabuleux, tables astrologiques, scènes de bataille, célébrations de héros, vie domestique, commerce dans la vallée du Nil – dénote une société qui a utilisé la richesse de son iconographie pour asseoir sa puissance.

Le bref épisode, où l'on voit le pharaon Akhenaton (1385 av. J. C.) « flirter » avec le monothéisme, atteste l'attachement des Égyptiens à ce système particulièrement efficace et d'une grande richesse iconographique. Le pharaon avait eu la « malencontreuse » idée de faire d'Amon, dieu du soleil, le dieu unique, mais les Égyptiens rejetèrent cette nouvelle théologie en moins d'une génération pour restaurer les anciens dieux sous Toutankhamon – bien que d'autres peuples, dont les juifs, aient alors pratiqué le monothéisme.

Cet examen des civilisations de l'ancien monde est riche d'enseignements si on ne perd pas de vue le contexte des politiques écologiques de notre époque. On s'aperçoit alors qu'on peut établir des comparaisons intéressantes entre ces communautés et leurs équivalents contemporains au sein des économies capitalistes. On peut essayer d'établir des

**Site archéologique de Tel es-Sultan**
Jéricho, Israël

modèles philosophiques susceptibles d'influencer utilement l'avenir du design architectural. Pour ce qui est des Égyptiens, le lien que leur religion entretenait avec l'animisme et les multiples divinités associées à tel ou tel autre phénomène naturel ont été des facteurs décisifs dans la formation de leur conscience écologique. Les Égyptiens posaient des limites impératives à l'exploitation de l'environnement et toute une série de cérémonies et de représentations rappelaient quotidiennement quelles étaient les règles du jeu et les sanctions en cas d'infraction. Aujourd'hui, nous ne disposons d'aucun système comparable. Les mises en garde répétées de la science et les rares programmes peu convaincants d'assainissement industriel constituent nos seules actions en faveur de l'environnement – des actions qui relèvent du rapetassage et non de l'engagement spirituel.

Pratiquement toutes les religions du monde ont, à un degré divers, des traits plus ou moins animistes. Et si elles ne peuvent rivaliser avec l'écocentrisme résolu des cultures aborigènes, elles accordent du moins une place importante aux plantes et aux animaux dans leur hiérarchie. Dans quelques cas, cette reconnaissance va jusqu'au statut divin, que traduisent les représentations anthropomorphiques bien connues d'hommes transformés en taureaux, en lions et en faucons des civilisations assyriennes, sumériennes ou égyptiennes.

D'autres iconographies sont davantage marquées par des références cosmologiques et géomorphiques. Tel est le cas, en particulier, de celles qui caractérisent les monuments néolithiques : menhirs, dolmens, tumulus et enceintes de monolithes verticaux appelées cromlechs. L'un des sites mégalithiques les plus remarquables, Stonehenge, aurait, suppose-t-on, été utilisé comme observatoire astronomique. Construit à l'époque néolithique, en 3200 av. J. C. environ, il n'a cessé d'être étendu et modifié au cours des 1 600 années suivantes. On sait fort peu de choses des civilisations qui sont à l'origine de ces réalisations grandioses ; en revanche, elle ne peuvent en aucun cas être attribuées aux sociétés druidiques qui, vraisemblablement, n'existaient pas encore lorsque Stonehenge a été édifié. On ne saurait toutefois mettre en doute que se révèle ici une civilisation qui avait mis au point une image extrêmement évoluée de l'univers et qui disposait probablement au sujet du cosmos d'une série de concepts abstraits anticipant les découvertes modernes de l'astrophysique. Ces alignements impressionnants de pierres levées, en rapport avec les positions du soleil et des étoiles, ont donné lieu à d'innombrables spéculations sur le niveau de connaissances scientifiques des hommes qui sont à l'origine de Stonehenge – on leur a attribué des pouvoirs surnaturels, ou pensé qu'ils pratiquaient l'alchimie. En tout cas, leur architecture est l'une des réalisations les plus convaincantes en matière d'implication environnementale et (comme cela a été mentionné plus haut) elle évoque on ne peut mieux ce qu'Edmund Burke appelait une « sublime terreur ». Les dimensions métaphysiques qu'elle suggère sont la preuve irréfutable que leurs auteurs y voyaient bien plus qu'une réponse directe à l'évidence tangible de la connexité avec la nature : ils reconnaissaient l'existence de forces cosmiques, symbole de la totalité des systèmes intégrés et exemple monumental de révérence éternelle face à l'Inconnu vaste et terrifiant.

En quête d'autres exemples d'engagement écophilosophique dans l'ancien monde, nous constatons que les Grecs de l'Antiquité ont joué un rôle décisif dans ce glissement, déjà constaté, vers l'anthropomorphisme. Au V^e^ siècle av. J. C., Leucippe et Démocrite décrivaient la matière comme composée d'atomes – anticipant ainsi, de façon prophétique, les propositions de la physique moderne. On voit naître une vision mécaniste de l'univers et cette idée que la science, par son approche non empirique du monde, représente un niveau supérieur (et donc plus pertinent) de connaissance phénoménologique. Le cerveau humain, dans ce contexte, était considéré comme le centre de l'univers et l'humanité se voyait investie d'un rôle analytique et con-

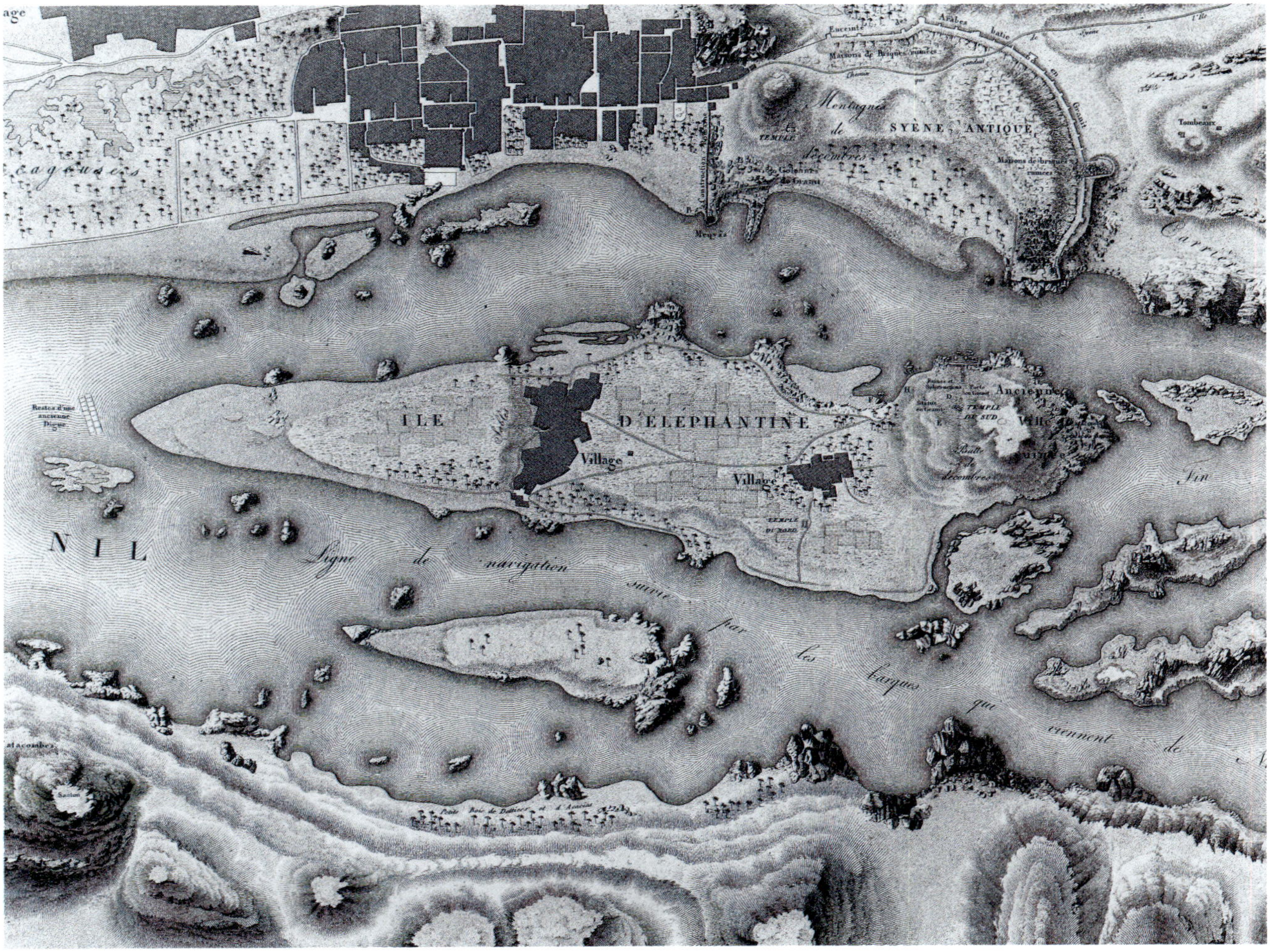


**Civilisation dans la vallée du Nil**
Île d'Éléphantine, près d'Assouan, Égypte
Dans: «Description de l'Égypte», 1809

**Anubis (papyrus)**
Égypte
vers 1500 av. J. C.

**Stonehenge**
Salisbury, Angleterre
vers 3200–1600 av. J. C.

**Le frise du Grand Autel de Pergame**
Pergamon-Museum, Berlin, Allemagne
180–160 av. J. C.

servateur. La philosophie grecque semble être ainsi à l'origine de l'idée, omniprésente dans la civilisation occidentale, que l'Homme est fait pour régner sur la nature.

L'atomisme enseignait aux Grecs que la matière est composée d'éléments ordonnés, le changement d'état n'étant rien d'autre qu'un réagencement de particules stables. À partir de cette hypothèse est née l'idée que les particules d'énergie composant les êtres humains (seules créatures à posséder une âme) étaient dans un état de perpétuel recommencement ; non soumises à la création et à la destruction de matière qui caractérise le reste de l'univers. Cette thèse, version progressiste de l'idée de « vie éternelle », étayée par une théorie scientifique, connut un grand succès car elle se présentait comme la justification idéale de la supériorité de l'Homme sur Terre. Bien que les Grecs, à l'instar des Égyptiens, aient possédé des légions de divinités dotées des attributs les plus variés, l'atomisme devint la base d'un nouveau champ d'investigation de la philosophie. Les atomistes classiques affirmaient que les éléments simples, les atomes, n'ont que trois propriétés : grandeur, forme et poids – excluant couleur, température, lumière et odeur, et récusant ainsi toute forme de statut à certaines qualités considérées probablement comme inférieures au sein de l'environnement naturel.

Cette idée de la supériorité de l'esprit sur la matière s'exprime dans tous les aspects de la civilisation grecque ; la construction de temples monumentaux où la forme, les proportions et la géométrie sont considérées comme les normes absolues de l'esthétique, le traitement du paysage comme surface fonctionnelle destinée à être exploitée (ce qui entraîna l'un des premiers désastres écologiques attestés dans l'histoire, à savoir la déforestation des environs d'Athènes), l'établissement d'un programme socio-politique qui étendait l'égocentrisme à des catégories bien plus larges de la population. Les Grecs, pères de la démocratie, ont ouvert la voie à ce qui deviendrait les droits et les libertés modernes : propriété privée, liberté d'expression, représentation parlementaire, égalité devant la loi, culte de l'individu. Mais ces titres de gloire – si admirables qu'ils soient à nos yeux d'hommes modernes convaincus des bienfaits de la démocratie représentative – ont grandement contribué à nous détacher de la nature. N'est-il pas ironique que ces libertés si chéries soient précisément celles qui sont le plus inextricablement impliquées dans le dépérissement de l'environnement. Pour rendre le paradoxe parfait, les réalisations architecturales civiles des anciens Grecs sont considérées en général comme le summum de l'art occidental et comme les symboles démocratiques par excellence. Ceci explique pourquoi les générations ultérieures ont toujours pensé qu'elles avaient été bâties dans l'intention de favoriser le dialogue avec le milieu environnant. Ce qui est vrai, à certains égards. Par sa majestueuse présence, par la perfection de son site et de son orientation, l'Acropole donne une réponse esthétique exemplaire à son contexte. Il n'en reste pas moins que ce groupe monumental dressé dans le ciel athénien constitue le germe d'une iconographie de pouvoir qui finira par donner naissance à l'interminable lignée de ces « citadelles », symboles de l'autorité anthropocentrique, qui abritent banques, bourses, tribunaux, gouvernements.

Après les Grecs, le concept de physique mécaniste s'associe avant tout au nom de René Descartes qui, au XVII^e siècle, posa en principe que l'analyse scientifique devait travailler sur des données quantifiables et non pas se satisfaire d'explications téléologiques pour comprendre l'environnement naturel – se contenter par exemple d'étudier uniquement les lois superficielles de la nature pour expliquer pourquoi les plantes cherchent le soleil, au lieu de se pencher sur la structure moléculaire de la feuille, qui explique le tropisme de celle-ci. Les mécanistes rejettent donc ce qu'ils considèrent comme les caprices de l'évaluation qualitative en faveur de la déduction mathématique et des modèles mécaniques. Le mécanisme fonde l'empirisme philosophique et scientifique et dédaigne les analyses reposant sur l'intériorité, la subjectivité et les réponses instinctives aux mystères de la nature. On sait que Descartes est l'auteur du « Cogito, ergo sum » (Je pense, donc je suis), qui pose les fondements de l'existentialisme et de toute une série subséquente de positions philosophiques égocentriques.

En Europe, au début du Moyen Âge, au X^e siècle au plus tard, la philosophie et les sciences léguées par l'Antiquité grecque avaient pratiquement disparu, éliminées par le christianisme en plein essor. L'atomisme et l'approche analytique des phénomènes constituaient un danger pour les doctrines de l'Église et furent ouvertement condamnés pendant des siècles jusqu'à l'avènement de l'humanisme, qui accompagna la Renaissance. En fait, la lutte contre les idées menée par l'Église médiévale était moins dictée par une hostilité envers Platon, Aristote, le polythéisme et la philosophie naturelle que par une volonté de puissance ne pouvant s'affirmer que dans le contrôle exercé sur des masses ignorantes. Dans ce contexte, l'acquisition de la connaissance et la divulgation de la science devaient être considérées comme des hérésies.

**Acropole d'Athènes**
Athènes, Grèce
V^e siècle av. J. C.

**La bourse de New York**
George Browne Post
New York, New York,
États-Unis
1901–04

**The Ancient of Days Striking the First Circle of Earth**
William Blake
Library of Congress, Washington D. C., États-Unis
1794

Au XIII$^{e}$ siècle toutefois, le platonisme et l'aristotélisme connaissent un vif regain d'intérêt à un moment où l'Église décide d'investir tout son pouvoir et toutes ses ressources dans la construction de cathédrales et dans la splendeur de la liturgie. La philosophie grecque faisant école, l'Église encourage un anthropocentrisme qui est à l'origine même du mépris de l'environnement que nous manifestons aujourd'hui. Dans ce sens, on peut dire que le Moyen Âge représente le moment culminant du divorce entre l'homme et la nature. Il est l'aboutissement d'un processus qui aura duré plusieurs millénaires : de la déification de la nature par les religions néolithiques en passant par le rationalisme grec pour arriver à sa désacralisation au profit du monothéisme, qui met en scène un dieu universel.

La version médiévale de l'anthropocentrisme était tirée d'une théologie où toute chose est considérée comme sujet entre les mains d'un Dieu tout-puissant. Dieu est l'architecte suprême et, par conséquent, tous les dons terrestres dispensés à l'humanité sont sa propriété légitime. L'Homme n'avait donc pas à prendre soin de la nature, il en était le simple bénéficiaire et n'était chargé d'aucune responsabilité particulière quant à sa sauvegarde. Son seul devoir était de chanter les louanges de Dieu, de se soumettre à la volonté de l'Église et de rejeter toute idée subversive. Dans son ouvrage « Religion and the rise of modern science » (La religion et la développement de la science moderne) (1972), Reijer Hooykaas explique ce rôle de Dieu gardien de la nature. « La Bible ne sait rien de la ‹ nature ›, elle connaît seulement des ‹ créatures ›, dont l'origine et l'existence dépendent entièrement de la volonté de Dieu. Par conséquent, le monde naturel est admiré comme œuvre de Dieu et comme preuve de l'existence de son Créateur, mais n'est jamais adoré. » Les chrétiens primitifs considéraient donc la nature avec une certaine distance et pouvaient mettre tout ce qui arrivait au sein de l'environnement sur le compte de la volonté divine.

Bien sûr, à l'époque, il est impossible que quelques esprits frondeurs n'aient pas posé une question très logique : « Pourquoi la population devrait-elle détruire des richesses qu'elle voit partout, de ses propres yeux, et adorer ce dont personne ne peut prouver l'existence ? » Mais en un temps où la puissance de l'Église médiévale était à son zénith, il s'agissait d'une hérésie, impitoyablement châtiée. En même temps, l'Église se voyait incitée à mettre en place l'une des iconographies les plus convaincantes qui aient jamais existé, destinée à impressionner les esprits et à dissiper les doutes – l'équivalent, si l'on veut, dans son fonctionnement et sa portée, des médias actuels. Les cathédrales gothiques, avec leurs surfaces narratives et leurs impressionnants espaces de dévotion, étaient les véhicules parfaits pour convoyer le grand message. La majeure partie de la population se composait de paysans illettrés, souvent réduits au servage, qui ne pouvaient qu'être subjugués par le miracle que représentaient ces édifices gigantesques. Masse écrasante, prouesses techniques, histoires inscrites dans la pierre et sur toutes les surfaces disponibles : la ferveur des croyants ne pouvait qu'en être stimulée, leur dévotion raffermie. Ces prodigieuses réalisations prouvent admirablement ce dont est capable un consensus iconographique, un art engagé sur le plan psychologique s'il est associé à un budget apparemment illimité : la communication de masse la plus efficace dont on puisse rêver. Il serait intéressant de se demander ce qui arriverait si

*Page 55*
**Cathédrale**
Sienne, Italie
vers 1250

**Cathédrale (détail)**
Lorenzo Maitani
Orvieto, Italie
vers 1310–30

l'on consacrait aujourd'hui autant d'efforts à la cause de l'environnement que l'Église du XIII$^{e}$ siècle n'en a consentis pour assumer la promotion du christianisme, en se servant de l'architecture de l'époque comme instrument primaire d'un message spirituel.

Après les civilisations occidentales, passons à l'Extrême-Orient. Les Chinois et les Japonais expliquent les rapports de l'humanité avec le monde en se basant sur le taoïsme et le bouddhisme zen : ces philosophies enseignent que l'existence vécue devrait être un miroir de l'harmonie infinie de la nature. Alors que les Grecs voyaient le monde à travers le filtre d'une analyse mécaniste et plaçaient au pinacle la géométrie, indice de la supériorité de l'Homme sur la nature, les religions asiatiques se réclament de l'anthropomorphisme et considèrent les trésors de la terre comme le reflet d'un paradis encore plus merveilleux situé au-delà de la vie terrestre. Le taoïsme, qui s'est répandu à partir du III$^{e}$ siècle av. J. C., enseigne que toute existence peut ressusciter sous une forme supérieure. L'animal peut renaître sous une forme humaine (ce qui, naturellement, renforce l'idée de la suprématie de l'Homme), quant à l'Homme, il peut renaître en tant que dieu. C'est pourquoi, durant son séjour sur terre, le croyant doit s'efforcer de vivre en harmonie avec la nature et mépriser les ambitions de ce bas monde pour se préparer à la métamorphose finale, où il connaîtra l'union avec le principe suprême, accédant ainsi à la béatitude.

Le taoïsme prône le non-conformisme, conteste les conventions morales et sociales, partant de l'idée qu'il s'agit là de contraintes aliénantes. Dans ce contexte, toutes les activités quotidiennes, toutes les réalisations techniques sont considérées comme appartenant à un ordre inférieur, y compris l'architecture. Au mieux, les réalisations architecturales doivent se soumettre respectueusement aux exigences du paysage et refléter les caractéristiques organiques et asymétriques que l'on attribue au paradis. Si les formes géométriques – ordinairement utilisées pour souligner un paysage ou créer un contrepoint visuel à la croissance naturelle non déterminée – font partie de l'architecture chinoise traditionnelle, elles sont l'antithèse philosophique de la conception grecque d'un ordre géométrique imposé au terrain. Le taoïsme cherche à fondre l'architecture et le paysage en une scénographie imaginaire et symbolise un concept théologique selon lequel l'esprit est une métaphore de la nature.

**Été japonais (dessin)**
Sesson Sukei
Musée national,
Kyoto, Japon
milieu du XVᵉ siècle

**Maison et jardin (dessin)**
Pékin, Chine
vers 500

Dans le Japon historique, le bouddhisme zen conçoit l'univers comme un système de parties reliées entre elles. Cette vision, traduite en architecture, exprime les relations intérieur/extérieur. De manière analogue au taoïsme, cette philosophie voit dans la structure de l'esprit une extension de tous les éléments composant la nature et l'univers. Le zen *Mandala* (un code théologique) propose une doctrine duale, le *Mandala* des Deux-Mondes – l'un étant le Monde de l'Esprit, l'autre celui des Manifestations. Le *Mandala* est la référence symbolique à un état psychique où l'esprit devient paysage et réalise la fusion avec la nature, atteignant un état parfait de paix et de spiritualité. Cette symbiose psychologique est importante. Le zen ne s'intéresse pas au « jardinage », en d'autres termes à l'étude de la nature dans une pure perspective observatrice ; il vise bien plutôt à l'acte d'union, où l'être ne fera plus qu'un avec la nature.

Les premiers adeptes du zen n'auraient pas compris l'idée occidentale de conquête de la nature. Selon eux, on ne peut « conquérir qu'un ennemi » et, la nature n'offrant rien que l'on puisse redouter, la Terre était considérée comme l'amie et la bienfaitrice suprême. Daisetz Suzuki le formule ainsi : « L'idée de conquête est haïssable. Si nous arrivons au sommet d'une haute montagne, pourquoi ne pas dire ‹ Nous sommes devenus amis › ? Rechercher des objectifs de conquête ne correspond pas à l'attitude orientale face à la nature. »

Dans les temples Ryoan-Ji et les jardins de rocailles de Kyoto, par exemple, le paradis est représenté par un groupe d'îles imaginaires en pierres horai, dont on disait qu'elles étaient peuplées dans l'autre monde d'êtres immortels et bienheureux. Les adeptes zen voyaient dans cet archipel imaginaire une « mise en scène empruntée », une représentation symbolique du dernier voyage du croyant vers l'éternité d'un jardin transcendantal.

Traduit dans l'architecture traditionnelle japonaise, ce thème de mise en scène empruntée, combiné au concept intérieur/extérieur, se trouve à la base de quelques-unes des relations entre les édifices et leur site parmi les plus intimes de l'histoire de l'humanité. Dans la maison japonaise traditionnelle, l'organisation de l'espace reflétait la théologie des deux royaumes et devait permettre un flux permanent de l'intérieur vers l'extérieur. Les murs étaient conçus comme des « membranes » séparant les deux domaines tout en garantissant l'échange. Tout comme l'intérieur évoquait un jardin, l'extérieur évoquait un salon, une « pièce à vivre ». L'architecture permettait de converser avec la nature. L'habitat traditionnel était un microcosme qui rassemblait toutes les expériences positives de vie et de communion avec le paysage. L'espace enclos avec ses jardins reposait sur l'idée que l'habitant pouvait rester en un endroit, voyager en esprit à travers le monde et, en récompense, jouir d'un prélude esthétique à ce que serait la vie au paradis.

L'expérience zen suprême est très éloignée des visions de l'existence tant téléologiques que mécanistes dans la mesure où elle se réclame de la gratuité, de l'absence de but. Daisetz Suzuki l'explique en ces termes : « ... l'essence de la vie religieuse est la libération de toutes les règles ou concepts imposant des conditions. Quand nous avons conscience d'un quelconque but dans nos mouvements, quels qu'ils soient, nous ne sommes pas libres. Quand la téléologie intervient dans notre vie, nous ne sommes plus des êtres religieux, nous devenons des êtres moraux. »

Dans une perspective occidentale, cette idée est évidemment synonyme d'anarchie, mais elle suscite quelques interrogations lancinantes sur notre engagement obstiné – de l'Antiquité athénienne à notre époque – en faveur du technocentrisme et de l'anthropocentrisme. En effet, ces notions de gratuité et de fusion avec la nature, appliquées à l'architecture actuelle, entrent fatalement en collision avec le dogmatisme obsessionnel du design formaliste/fonctionnaliste et ses engagements stylistiques high-tech.

Le Japon contemporain reflète bien peu de choses de la philosophie environnementale contenue dans le bouddhisme zen classique (et, de fait, il est plutôt devenu une version grotesque et hyperbolique de l'Occident technocratique). Mais l'héritage traditionnel continue à vivre dans quelques monuments préservés et des zones protégées. Il est en outre resté une religion vivante dans de grandes parties de l'Asie et l'équivalent le plus proche d'une version authentiquement spirituelle (et praticable) de l'écocentrisme à notre époque. Alors que nous pouvons éventuellement dédaigner les vertus écologiques insondables de la civilisation aborigène en argumentant qu'elles sont trop éloignées du contexte moderne pour être prises en compte, il est plus difficile d'ignorer l'enseignement zen. Cette religion est toujours une force agissante au sein de sociétés hautement sophistiquées qui répondent à notre définition du progrès et, même dans un passé très récent, elle a apporté la paix et l'harmonie spirituelle à de vastes parties de l'humanité en Asie.

L'influence de la philosophie zen ne cesse de se répandre dans le monde et il est peut-être pertinent de conclure sur ce thème. En effet, le zen a entraîné l'adhésion de plusieurs grands esprits, qui estiment que l'idée d'identification avec la nature est la seule chance de l'humanité. Au départ de cette revue globale de l'architecture écologique, il y avait l'espoir sous-jacent de trouver quelques signes prometteurs d'un consensus universel – une religion revitalisée ou réinterpretée peut-être – qui pourrait servir de base à un grand engagement planétaire en faveur de l'environnement. Le zen représente effectivement une promesse concrète – du moins pour ce qui est de ses principes éthiques et écologiques. Mais, il faut bien reconnaître que son impact est davantage une expression de la mentalité asiatique ; à l'Ouest, son statut reste marginal et il est peu vraisemblable que, dans un avenir prévisible, son message puisse illuminer et ébranler le monde entier.

Cette revue des civilisations du passé et des principes philosophiques qui ont modelé leurs relations avec la nature et l'art de bâtir se veut un résumé des attitudes les plus marquantes historiquement parlant face à l'environnement. Les omissions sont évidentes – par exemple le monde islamique n'est pas traité, de même que les civilisations incas et mayas, et celle des Indiens d'Amérique. Mais l'objectif principal était tout simplement d'identifier, par l'examen de situations archétypes, des éléments de changements clairement définis. Les résultats montrent que le degré de liberté personnelle consenti par une société aux individus qui la composent semble se traduire automatiquement par un impact négatif sur l'environnement. Comme nous l'avons vu au début de ce chapitre, il n'existe aucune réalisation prouvant que les régimes

**Jardin du Palais Royal de Katsura**
Kobori Ershu
Kyoto, Japon
1625–50

autocratiques et oppressifs aient causé plus de dommages à l'environnement que les démocraties animées des meilleures volontés. En réalité, c'est même souvent l'inverse. Mais il ne s'agit là, bien sûr, que d'une statistique qu'il faut resituer par rapport aux périodes historiques et aux données géographiques en question. Une seule chose est certaine – du moins pour le XX$^{e}$ siècle : la nature despotique ou libérale d'un régime n'a pas grand-chose à voir avec le problème. Pour ce qui est de l'impact environnemental, c'est au cours de ce siècle que les moyens de destruction ont été les plus divers, que les limites ont été le moins définies et que la reconnaissance des réalités est restée à son niveau le plus bas.

Si on considère les progrès spectaculaires réalisés au cours du XX$^{e}$ siècle dans le domaine de la science pure – physique et astronomie en particulier –, l'obstination à se cantonner dans une perspective technocentrique apparaît absurde, anachronique et sans doute fatale.
Face aux retombées sur l'astrophysique de la théorie de la relativité d'Einstein, face à l'étude de phénomènes tels que les « trous noirs » et aux nouveaux aperçus dans les lois thermodynamiques de l'entropie, on a peine à croire que toute la politique sociale, économique et environnementale de l'humanité puisse rester basée sur une vision empirique – homme contre nature – du monde. Définissant les limitations du technocentrisme (qui reste dominant dans les sciences autant que dans l'économie), l'écologiste David Popper les range en trois catégories ou niveaux :

« Le premier niveau est d'ordre ‹ idéologique › : actuellement, la science marque pour une part essentielle notre vision du monde et des relations de l'homme avec celui-ci ; ce faisant, la science classique a refoulé d'autres voies éventuelles de compréhension du monde. Elle a refoulé certains éléments fondamentaux de la connaissance naturelle comme le mythe, le folklore, la magie naturelle. La prééminence que nos sociétés accordent au scientifique nous montre à quel point.

Le deuxième niveau est d'ordre ‹ théorique › : la science englobe explicitement ou

**Maison et jardin de rocailles**
Kyoto, Japon
années 90

**Jardin de rocailles à Ryoan-Ji**
Daisho
Kyoto, Japon
1509–13

implicitement les concepts particuliers sur les relations entre l'homme et la nature – par exemple dans les théories de l'évolution.

En troisième lieu, elle implique le savant dans certaines positions méthodologiques qui décrivent en particulier les relations entre lui-même et le sujet – l'observateur de la nature – et l'objet soumis à observation. Et ainsi, au cours de ce processus – l'acte même – d'investigation, le savant définit sa relation avec la nature de façon particulière. »

Ces influences contraignantes sont peut-être trop profondément ancrées dans la structure motivationnelle des sociétés actuelles pour permettre un quelconque changement radical. Les interdépendances économiques à l'échelle mondiale et les pouvoirs politiques eux aussi motivés par le profit restent inextricablement empêtrés dans les principes classiques de la science mécaniste. Le résumé de Popper suggère que la pensée empirique, qui se préoccupe avant tout des apparences sensibles et des théories des systèmes, a négligé la valeur de l'intériorité et de la subjectivité comme moyens valables de rétablir le lien avec la nature.

Pour en revenir aux prémisses de cette discussion sur les relations entre écophilosophie et art de bâtir, la proposition première était que l'illusion d'une croissance économique illimitée continue à déterminer en ce siècle les moyens utilisés par l'architecture et les messages qu'elle délivre. Prenons l'exemple d'une place commerciale en pleine expansion comme Singapour : sa vitalité économique est mesurée à ses manifestations les plus tangibles, c'est-à-dire la hauteur démentielle de ses gratte-ciel et la surface des miroirs qui les recouvrent. Cela signifie que le progrès jouit d'une définition subliminale dans la mentalité

**Galaxie spirale M83**
Constellation Hydra

collective et dispose d'un vocabulaire architectural à la hauteur de ses aspirations. Et si tout reste lié à cette définition, cela ne fait que renforcer l'idée qu'une société ne progresse que si l'on comprend les lois économiques et non les lois naturelles. Dans ces conditions, cette aberration destructrice risque de se perpétuer.

Une approche plus réaliste de l'avenir pourrait consister à chercher des voies qui permettent d'échapper à une vue purement mécaniste des rapports de l'homme avec la nature. Si cet objectif était atteint, il pourrait libérer l'architecture de ses contraintes habituelles, en particulier l'obsession du style industriel, l'utilisation de technologies dispendieuses et les notions obsolètes de fonctionnalisme – et ferait accéder la profession à de nouveaux sommets de conscience écologique. Le chapitre suivant, qui passe en revue une série d'architectes contemporains « verts », se conçoit en partie comme la recherche de filons prometteurs pouvant générer une écophilosophie unifiée. Il espère fournir la preuve que les traditions de technocentrisme et d'anthropocentrisme, qui ont dominé ce siècle plus qu'aucun autre, sont en recul.

**Vue aérienne de Singapour City**
Singapour
1994

*Le bâtiment en tant qu'architecture, c'est l'œuvre du cœur de l'homme, le compagnon du sol, le camarade des arbres, le fidèle reflet de l'homme au plus profond de son âme. C'est pourquoi son œuvre construite est un espace sacré, un lieu de refuge, de détente et de repos pour le corps, mais aussi et surtout pour l'esprit. Ainsi nos édifices à l'ère machiniste n'ont pas plus besoin d'avoir l'air de machines que les machines n'ont besoin d'avoir l'air d'édifices.*

Frank Lloyd Wright

## L'Architecture environnementale aujourd'hui

Toute étude honnête et impartiale des tendances environnementales au sein de l'architecture contemporaine est à la fois affirmation et expression de regret. Certaines réalisations faisant preuve d'une créativité exceptionnelle et visant à servir la cause d'un design écologique méritent des éloges ; cependant, il y a lieu de déplorer bien des choses dans la mesure où, globalement, ces efforts ne se sont pas vraiment soldés par une nouvelle prise de conscience de notre société. La seule explication face à cette impuissance réside dans l'absence d'une philosophie de consensus ou, ainsi que nous l'avons prudemment suggéré plus haut, dans l'absence d'une nouvelle religion, vouée à la terre, qui puisse insuffler quelque force communicative et conférer une certaine crédibilité à ces efforts. Malgré la montée en puissance du mouvement écologique, le concept continue d'être traité comme une chose à part, n'ayant rien à voir avec la demande de ce que les sociétés de consommation considèrent comme des droits inaliénables. La plupart des gens approuvent consciencieusement les changements prescrits au nom de la réforme environnementale ... tant que rien ne change. Cette attitude des plus courantes et l'état d'inaction trompeur qui en résulte ont fait de l'architecture « verte » un phénomène marginal alors qu'elle devrait être une force vive avec laquelle il faut compter.

Ce texte ne prétend pas fournir une étude exhaustive des différentes options en matière de design environnemental, mais il nous faut passer brièvement en revue les principales méthodes de construction écologique dont disposent les architectes. Il est tout aussi important de garder le sens des proportions à l'égard de ces informations. Nous courons déjà le danger de voir les obsessions technologiques empêcher les designers de comprendre quelle est leur place au sein de cette perspective plus vaste de l'interconnexion – un rôle qui, outre de hautes qualités artistiques, exige une plus grande prise de conscience de la diversité culturelle, des changements sociaux et de l'importance croissante de l'éco-psychologie. Afin de prendre en compte ces différents points, nous considérons désormais la technologie environnementale comme une précieuse trousse à outils, et les sciences naturelles comme source première d'inspiration.

Nombre d'architectes contemporains, auxquels les pages suivantes seront consacrées, ont utilisé la technologie environnementale de façon innovatrice. Il existe un catalogue devenu assez commun de lignes directrices en matière de responsabilité écologique, que l'on semble retrouver dans toute publication sur le sujet. En fait, les experts et le gouvernement prévoient que la plupart de ces responsabilités seront bientôt reprises dans des lois et que les permis de construire seront délivrés en fonction de la conformité à ces lois.

*Pages 62 et 63*
**Taliesin West**
Frank Lloyd Wright
Phoenix, Arizona, États-Unis
1938–42

**Habitat 67**
Moshe Safdie
Exposition universelle, Montréal, Canada
1964–67

Brièvement, la liste standard à vérifier pour toute construction respectueuse de l'environnement comprend les points suivants :

- Des bâtiments plus petits

La construction de bâtiments de taille modeste est une alternative logique aux attaques perpétrées par les mégastructures contre la terre et les ressources naturelles ; mais si l'on considère le problème menaçant de la surpopulation planétaire et le besoin de logements, cette solution se voit remise en question. Dans tous les cas, la préférence va à des espaces d'habitation groupés, aux bâtiments peu élevés (moins de 6 étages), préservant l'homogénéité du paysage urbain et ne prolongeant pas à l'infini des banlieues tentaculaires.

- L'utilisation de matériaux recyclés et renouvelables

Cette directive suggère de prêter grande attention à la sélection initiale des matériaux de construction, les bons choix portant sur ceux qui offrent de bonnes possibilités de recyclage –, assurant ainsi un potentiel intégré pouvant être utilisé à perpétuité.

- L'utilisation de matériaux à bas profil énergétique

L'objectif consiste à sélectionner des matériaux de construction en étudiant attentivement leur écobilan. Prenons par exemple un produit de maçonnerie : bien que celui-ci puisse sembler, au premier abord, vu sa fabrication, propice à l'environnement, il peut faillir aux critères écologiques lorsqu'une recherche plus approfondie montre qu'il contient des produits chimiques nocifs, engendre des déchets toxiques en cours de production et nécessite un transport dispendieux en termes de consommation d'énergie.

- L'utilisation de bois de récolte

Au regard de l'impitoyable destruction de la forêt vierge nous devrions mobiliser tous nos efforts pour ne plus utiliser, tant pour la construction que pour le mobilier, que du bois de récolte et éviter autant que possible tous les bois exotiques d'importation.

- Des systèmes de captage de l'eau

Alors que l'eau est essentielle à la vie, elle est la ressource gaspillée avec le plus d'indifférence. La responsabilité en matière d'approvisionnement en eau pure ne consiste pas seulement à entretenir quelques réservoirs régionaux. Elle devrait également comprendre le retraitement des eaux usées et un engagement de la part des municipalités et des particuliers en faveur d'installations de captage par bâtiment, qui permettraient de parer à des sécheresses prolongées et à des pénuries normales de courte durée.

**Construction en argile**
Yemen du Sud
années 80

**Balcomb Residence**
William Lumpkins
Santa Fe, Nouveau-Mexique, États-Unis
années 70

**Énergie éolienne**
Australie
années 80

- Un entretien peu exigeant

C'est un avantage évident pour toute forme d'habitat puisqu'il s'agit de favoriser un entretien rentable, d'économiser les combustibles fossiles pour les systèmes de chauffage et de refroidissement, ainsi que de développer des technologies de construction adaptées au climat.

- Le recyclage des bâtiments

Dans la lutte contre la prolifération incontrôlée de nouvelles constructions et contre l'illusion selon laquelle les matières premières seraient illimitées, un engagement visant à sauver les structures existantes et à en favoriser une réutilisation appropriée marquera peut-être le secteur le plus innovateur de la pratique architecturale de demain. Cette approche permet de conserver la structure régionale et la taille des villes sans perdre les traces du passé et en préservant une identité urbaine unique.

- La réduction des produits chimiques nocifs à la couche d'ozone

L'amincissement de la couche d'ozone constitue la plus grande menace à la survie de l'homme. La recherche d'une solution à ce problème touche au cœur même de l'économie dans toute société de consommation. Elle nous renvoie aussi à toutes les questions sur le choix des matériaux, le recyclage et la recherche de sources d'énergie de remplacement.

- La sauvegarde de l'environnement naturel

L'empiétement effréné sur les paysages existants est pour les écologistes l'un des plus grands sujets d'inquiétude. Fondamentalement, on peut dire qu'un seul arbre permet à quatre personnes de respirer et que l'absence d'espaces « verts » dans la plupart des centres urbains engendre d'énormes frais dans le domaine de la santé publique et provoque des troubles psychiques. Le développement de l'immobilier est l'ennemi premier de la protection de la nature. Tous les moyens législatifs possibles devraient être envisagés pour éviter tout débordement.

- L'efficacité énergétique

À savoir un recours plus intensif à des sources d'énergie différentes (énergie solaire passive, énergie éolienne, énergie hydraulique, etc.), une moindre dépendance vis-à-vis des combustibles fossiles et une architecture tenant compte des climats locaux et des influences du milieu naturel.

- L'orientation solaire

Il s'agit d'aller plus loin en matière d'efficacité énergétique : tous les bâtiments devraient être situés à un emplacement leur permettant de tirer pleinement avantage, selon les saisons, de la position du soleil et de son potentiel énergétique.

- L'accès aux transports en commun

Bien qu'il ne s'agisse pas directement d'une question d'ordre architectural, la diminution du volume des transports privés en faveur des bus et des trains est l'une des possibilités majeures permettant de faire des économies d'énergie et d'améliorer la qualité de l'air. L'architecte peut avoir une influence réelle sur les infrastructures de transports en commun dans la mesure où il conçoit des bâtiments et des espaces assurant un accès facile à ces infrastructures.

Il convient de rappeler que, pour si louables que soient ces mesures de défense de l'environnement, elles représentent diverses formes d'action opportuniste – la plupart d'entre elles offrant trop peu ou arrivant trop tard – et ne sont que trop rarement mises en pratique par les sociétés qui accusent les plus mauvais résultats en matière de protection environnementale. Mais en dehors de ces scénarios déprimants, de plus en plus d'architectes particulièrement talentueux s'attachent, de par le monde, à étudier différentes approches et définitions d'une nouvelle architecture écologique. Certains designers placent au cœur de leurs objectifs les derniers progrès en matière d'ingénierie et de technologie environnementale ; pour d'autres, en revanche, il importe surtout d'en revenir aux leçons du passé et à l'emploi de méthodes et de matériaux locaux. Un autre groupe encore considère que les ressources topographiques ou celles de la végétation et de l'énergie solaire, voire la terre elle-même, sont les moyens permettant d'accéder à une conception plus large des bâtiments organiques. Par souci d'organisation de l'information en catégories définissant différents aspects de l'activité de design, les architectes dont il sera question dans ce débat seront considérés du point de vue des caractéristiques les plus marquantes de leurs réalisations et des objectifs qu'ils ont eux-mêmes formulés plus généralement au sujet de l'environnement.

Ces catégories générales comprennent :

- L'intégration de l'architecture au paysage, la fusion des bâtiments avec leur milieu naturel et l'utilisation des éléments du sol et de la végétation de telle sorte qu'ils semblent devenir partie intégrante des matériaux de construction.
- La combinaison de l'habitat et de l'espace jardin, créés comme des microcosmes d'environnements réels ou imaginés (reprenant le concept japonais de « paysage d'emprunt ») et produisant des tableaux symboliques d'autres situations.
- L'emploi d'un symbolisme lié à la nature pour mieux intégrer l'architecture au milieu culturel et à une imagerie basée sur la terre.
- Une traduction esthétique de la technologie la plus avancée en matière d'environnement et/ou de construction ainsi que des matériaux et des procédés s'y rapportant.
- Une recherche dans le domaine du design écologique ainsi que des innovations en matière de technologie environnementale, qui jetteraient les bases d'une architecture responsable en termes d'écologie et de durée.
- Des idées de design environnemental compatibles avec des techniques de construction qui ont favorisé une nouvelle approbation de l'architecture « verte » et la fusion des bâtiments dans leur environnement.
- Des attitudes environnementales qui, bien que n'étant pas rigoureusement écologiques, ont des répercussions sur l'ensemble du corps architectural en termes de pensée conceptuelle.
- Des idées visionnaires et conceptuelles appliquées à l'architecture et à l'urbanisme et qui proposent des visions prophétiques de l'avenir sur la base des changements affectant les communications au niveau mondial et des influences socio-politiques (ainsi que dans le

**Maison particulière**
Malcolm Wells
Brewster, Massachusetts, États-Unis
1980

**Rocky Mountain Institute**
Aspen Design Group
Aspen, Colorado,
États-Unis
1984

domaine du design) qui pourraient se répercuter sur l'art de la construction et sur les politiques environnementales.

Seul un petit nombre des designers retenus dans cette étude se sont efforcés de répondre de manière concertée aux défis fondamentaux de l'architecture environnementale. Assurément, toutes les œuvres prises en considération dans cet ouvrage représentent d'admirables contributions à un design écologique et témoignent d'un niveau très élevé d'innovation esthétique. Cependant, au lieu de sembler vraiment intégrées dans un tout, ou de refléter une vaste philosophie vouée à la terre, certaines réalisations sont plutôt une approche didactique, comme s'il s'agissait d'« œuvres à exposer en vitrine ». Cela nous renvoie au problème de savoir ce qui fait de l'architecture une architecture « verte » et à la tendance des designers à limiter ce terme à des listes de vérification de responsabilité morale et d'action réparatrice. Ce terme n'est que rarement étendu à l'expérience artistique et à des références socio-psychologiques. Un autre problème réside dans l'aspect gauche et déplacé d'édifices se voulant écologiques, comparé au style peu original dominant, avec ses clichés omniprésents et l'anonymat qui caractérise trop souvent l'architecture contemporaine. Tout cela est prévisible. Une nouvelle tendance artistique, littéraire, philosophique ou scientifique passe immanquablement par une phase de maladresse. Finalement, ce processus engendre invariablement un art bien plus vital que tout ce qui aura été produit en continuant à travailler en territoire trop bien exploré.

## Intégration de l'architecture dans le paysage

L'œuvre d'Emilio Ambasz fait partie de tout débat sur l'architecture environnementale. La manière qu'il a d'intégrer la végétation et le terrain dans les bâtiments a fait école depuis les années 70. Né en Argentine, il a fait ses études à l'université de Princeton, a travaillé en qualité de conservateur au Museum of Modern Art de New York et a été l'un des novateurs de l'industrial design, ainsi qu'en architecture et dans ses écrits théoriques.

La direction conceptuelle d'Emilio Ambasz s'accorde avec la plupart des admirables caractéristiques de l'architecture «verte», à savoir la fusion avec le cadre naturel, des utilisations novatrices du paysage, du symbolisme, de la technologie environnementale et d'une théorie visionnaire, mais c'est peut-être à l'idée de paysage en tant que partie intrinsèque de la construction que son œuvre est la mieux associée. Comme c'est le cas de tous les architectes ayant exploré les rapports interactifs entre la nature et l'habitat, son œuvre doit beaucoup à Frank Lloyd Wright. Mais si Wright avait tendance à considérer les arbres et les plantes comme des éléments de composition, à l'intérieur comme autour de ses bâtiments, et l'habitat comme un prolongement du terrain adjacent, Ambasz, quant à lui, perçoit le paysage comme une expérience rituelle.

Pour les Laboratoires de Recherche Schlumberger (1983), au Texas, Ambasz a conçu un centre de recherche informatique répondant à la demande de son client pour un espace souple permettant d'accueillir un nombre fluctuant d'employés. Dans le même temps, il a conféré au paysage impressionnant du site une présence cérémonielle massive.

**Laboratoires de Recherche Schlumberger**
Emilio Ambasz
Austin, Texas, États-Unis
Projet, 1983

*Pages 70 et 71*
**Lucille Halsell Conservatory**
Emilio Ambasz
San Antonio, Texas, États-Unis
1981–83

Les bâtiments sont disséminés à travers le domaine, semblant exprimer le flux des informations circulant à l'intérieur d'un ordinateur. Toutes les installations se fondent dans le paysage grâce à plusieurs accotements de terre assurant l'insertion des laboratoires et des installations de sport et de loisirs dans le cadre naturel. Elles possèdent en outre une caractéristique supplémentaire, celle de l'habitat recouvert de terre, qui présente l'avantage de maintenir une température intérieure agréable en toute saison. Les Laboratoires Schlumberger songent également à ranimer les rapports cosmologiques propres aux anciens monuments mégalithiques et à intensifier la fusion, à l'ère informatique, de la technologie des communications et de l'art de la terre, l'élevant à un niveau d'expérience d'ordre rituel. Ambasz a confirmé ces intentions, parlant « d'actes créateurs de mythes. Dans mon architecture, je m'intéresse aux rites et aux cérémonies de la journée de 24 heures ... Mon œuvre est une quête de choses primitives : naître, être amoureux et mourir. »

Étendant ces aspects surréalistes et rituels aux serres Lucille Halsell Conservatory de San Antonio (1981–1983) Ambasz a de nouveau eu recours à des accotements de terre et à une fusion avec le paysage pour que ressorte de l'ensemble du complexe cette impression conjuguée de jardins suspendus et d'hommage à l'ère spatiale. Dans ce cas, étant donné la nécessité d'avoir des serres pouvant abriter des expositions botaniques, il les a conçues comme des formes dogmatiques pyramidales (totémiques en elles-mêmes), entourées d'incisions dans le terrain et de tertres sculpturaux. Le Halsell Conservatory donne l'impression d'être un monument vivant, rendant hommage aux manifestations visibles de la vie florale et à leurs invisibles sources d'approvisionnement dans le ciel et la terre.

En avril 1995, le plus ambitieux projet urbain d'Ambasz à ce jour a été inauguré à Fukuoka, au Japon. L'ACROS Building, un centre culturel international, est une construction de 15 étages permettant d'accueillir des expositions, des conférences, des événements musicaux ou des représentations théâtrales, comprenant des bureaux et des entreprises commerciales. Sa caractéristique la plus frappante est un énorme mur de végétation en terrasse, servant de prolongement à une succession de jardins publics intégrés dans le complexe de bâtiments environnants.

Si cette impressionnante construction a fait l'objet au Japon d'un accueil enthousiaste, elle n'a pas encore eu droit, en Occident, à l'attention qu'elle mérite, que ce soit dans les revues de design ou dans la presse de vulgarisation. Tel est l'étrange destin de l'œuvre d'Ambasz : elle engendre un vif intérêt dans ces régions du monde où des industriels, des dirigeants locaux et de jeunes designers progressistes ont compris l'importance de l'insertion d'espaces verts dans le panorama urbain ; mais elle ne rencontre qu'une appréciation modérée, l'indifférence, voire parfois une certaine hostilité, en des lieux encore exclusivement voués à un urbanisme technocentrique

de verre et de béton – ou, ainsi qu'Ambasz le fait remarquer, dans des villes qui continuent de faire le choix inhumain du « gris avant tout chose ». L'ACROS Building est l'un des exemples majeurs d'une architecture *en tant que* jardin, par opposition au simple choix d'un emplacement *dans* le jardin. Les visiteurs ou les personnes travaillant au centre culturel profitent de sa « façade de végétation » pour se promener, faire du jogging, se détendre ou participer à d'autres activités. Ainsi cette exceptionnelle ziggourat arcadienne n'appartient plus à la catégorie des simples objets visuels et fonctionnels et accède à un niveau d'architecture « verte » inédit, qui associe et stimule tous les sens.

Pour Emilio Ambasz, le projet de Fukuoka anticipait sur sa vision plus large d'un concept de « ville verte » au Japon, basé sur ce qu'il perçoit comme l'émergence d'un nouveau respect à l'égard de la notion de cité-jardin. Ambasz fait remarquer que, les nations les plus peuplées, en particulier les petits pays tels que le Japon, ne possèdent pratiquement plus de surface terrestre qui ait échappé à l'emprise de l'humanité ; ainsi, même les régions que nous tenons pour des forêts sauvages ou des paysages vierges sont presque immanquablement le produit de l'intervention humaine survenue à un moment ou à un autre. Comme le suggère Ambasz, « il s'agit ici d'une question d'ordre philosophique : nous devons redéfinir ce qu'est la nature et ce qu'est la nature artificielle (celle où l'homme est intervenu). Dans une situation telle que celle de la planète, certainement exacerbée au Japon, où un arbre existe soit parce que quelqu'un l'a planté, soit parce qu'une autre personne a décidé de le laisser intact, il nous faut absolument créer une nouvelle définition de ce que nous entendons par « nature artificielle ». Une telle définition devrait inclure non seulement la création de jardins et d'espaces publics mais également la création architecturale qui doit être considérée comme un aspect spécialisé de la fabrication de nature artificielle. L'homme a toujours été un élément fondamental de la structure écologique ; son architecture et son activité commerciale ont souvent (tout au moins avant l'ère industrielle) créé des milieux indispensables à la survie de la flore et de la faune. Un grand nombre d'insectes, d'oiseaux, de rongeurs, de mousses, d'algues, de fleurs, etc. n'auraient pas survécu dans leur « état naturel » sans la construction d'un habitat humain et le développement de l'agriculture. Ce concept d'une ville verte n'est pas restreint à la vision d'un pittoresque village rural, bien qu'au regard du gâchis que représentent certains méga-centres commerciaux aujourd'hui, cela pourrait être considéré comme une caractéristique positive. Il suggère plutôt la réintégration du jardin comme faisant partie de la restauration environnementale d'un siècle dont nous aurons besoin, selon de nombreux scientifiques, pour guérir la terre des dommages industriels qui lui auront été infligés au XX$^{e}$ siècle.

Passons du Japon à l'Europe. Le projet « La fosse » de Peter Noever, actuellement directeur de MAK (Musée de l'art contemporain/Arts appliqués) en Autriche, partage avec l'œuvre d'Ambasz la vision rituelle de l'architecture en tant que prolongement du paysage. Noever a travaillé par périodes depuis 1971 à cet imposant projet de terrassement et d'habitation en partie souterraine. Il s'agit au plus vrai sens du terme d'un concept ne cessant de se développer et qui reproduit les processus de mutation de la nature. Il a recyclé, à Breitenbrunn, une ancienne cave à vin, construite il y a deux siècles et maintenant à l'abandon, ainsi qu'une carrière avoisinante ; en y ajoutant un cube blanchi (CUBE XXXVII ; réalisation d'un champ de treillis de 36 cubes en béton en 1993 et 1989) à la chaux comme espace d'habitation, une rangée d'accotements de terre et quelques blocs en béton servant d'ailes, il a transformé le site tout entier en ce

**L'ACROS Building**
Emilio Ambasz
Fukuoka, Japon
1989–95

**L'ACROS Building**
Emilio Ambasz
Fukuoka, Japon
1989–95

**« La fosse »**
**(vue aérienne)**
Peter Noever
Breitenbrunn, Autriche
1971–

*Page 75 en haut*
**« La fosse »**
**(avec blocs et marches de grès)**
Peter Noever
Breitenbrunn, Autriche
1971–

*Page 75 en bas*
**« La fosse »**
**(Escaliers-ailes)**
Peter Noever
Breitenbrunn, Autriche
1971–

qui semble être la version contemporaine d'un sanctuaire néolithique. Toutefois, plutôt que de considérer « La fosse » comme un espace rituel réservé aux spéculations cosmologiques ou au culte totémique, Noever a façonné cet environnement comme un éloge à la simple interaction humaine et une communion avec la nature. L'architecte Michael Sorkin a appelé cela une « armature pour les spectateurs ». À cet égard, l'expérience consistant à visiter le projet se traduit par un enchaînement orchestré de participation à divers événements : couvrir à pied les 50 m du passage de la carrière, arriver aux salles de rencontre souterraines aménagées dans l'ancienne cave à vin, savourer la compagnie d'amis réunis autour d'une immense table et contempler la vue sur les alentours, élégamment encadrée par l'embrasure des portes et l'axe longitudinal tracé par l'accotement de terre.

Rappelant les grands observatoires d'astronomie Jantar Mantar du XVIIIe siècle, en Inde, bâtis par le maharadjah Jai Singh à Jaipur, « La fosse » est également proche du mouvement des « earthworks » (terrassements) des années 70 regroupant des artistes tels que Robert Smithson, Michael Heizer, Robert Morris et Dennis Oppenheim. Néanmoins, à la différence des intentions cosmologiques du Jantar Mantar ou des objectifs purement sculpturaux des « earthworks », Michael Sorkin fait remarquer que « l'œuvre de Noever n'expérimente pas les lisières de la sculpture mais celles de l'architecture ». Il a réalisé dans ce projet une fusion hybride de disciplines, obtenant une interaction exceptionnelle de l'habitat, de l'espace public, de l'architecture paysagiste et du monument cérémoniel, aux répercussions provocatrices sur les habitations écologiques de l'avenir. Au-delà de l'architecture conventionnelle de l'habitat recouvert de terre, « La fosse » de Noever suggère de réexaminer l'habitation troglodyte comme étant la première forme d'habitat humain. Il part également d'une perspective différente sur la réutilisation appropriée de l'espace existant et la création d'une nouvelle orientation sociale basée sur les rapports avec la terre. À l'instar des anciens monuments mégalithiques, dont la construction s'étalait sur plusieurs siècles, il propose que l'architecture soit perçue comme un processus en constante évolution.

Sur la liste des architectes dont l'œuvre s'est intégrée dans le cadre naturel et contient d'éventuelles implications rituelles ou cosmologiques, on trouve Gustav Peichl, Autrichien lui aussi, qui a bâti un extraordinaire complexe à l'instar des « earthworks », à savoir une Station Satellite Radio, à Aflenz (EFA ; Erdefunkstelle Aflenz). L'idée d'origine est née des protestations de la communauté de Grassnitz contre l'intrusion de cette construction dans ce site de montagne et la destruction des paysages champêtres qui aurait pu en résulter. L'architecte a répondu en concevant un ensemble de bâtiments qui comprennent des logements pour le personnel, des locaux opérationnels et des centres de détente, ces bâtiments étant soit souterrains, soit intégrés dans le paysage par le biais de toits recouverts de terre et d'enceintes sous forme de tertres artificiels.

En termes d'orientation dans l'espace, aucun détail n'a été négligé dans le design de la Station Satellite pour créer une fusion réussie avec l'environnement local. Les quartiers d'habitation sont reliés au bâtiment principal par des passages souterrains, une cour centrale en retrait laisse pénétrer la lumière dans les espaces intérieurs, des fenêtres étroites nécessitent un déplacement de terre minimum et les bâtiments érigés à la surface du sol ne dépassent pas une hauteur calculée au plus bas. Le seul élément vertical dans ce complexe est une antenne parabolique qui évoque à une monumentale sculpture constructiviste et dont le profil spectaculaire se dresse contre les lointaines montagnes en arrière-plan.

Surréaliste, fonctionnelle et sensible à l'environnement, la solution que Peichl a proposée pour ce site, tout comme « La fosse » de Noever ou les Laboratoires Schlumberger d'Ambasz, semble établir un rapprochement entre les anciens principes de l'habitation troglodyte et une nouvelle forme d'habitat pour le XXIe siècle, interconnecté par ordinateur. La communication de haute technologie est à la fois le principe de base et le sujet de la Station Satellite – ainsi est-elle en fait technocentrique en son cœur –, la solution retenue étant toutefois environnementale. C'est une réponse esthétique et fonctionnelle à l'une des plus irréversibles tendances mondiales de notre époque, à savoir l'occasion de prendre part au « mode de vie cybernétique » par suite de l'intégration de plus en plus poussée des ordinateurs dans notre vie. Cela signifie qu'une population en pleine croissance peut désormais vivre et travailler au même endroit et communiquer avec le reste du monde par voie de télécopieur, de modem et par Internet.

**«La fosse» (Passage à travers la carrière avec élément d'escalier-aile)**
Peter Noever
Breitenbrunn, Autriche
1971–

Bien que ce sujet soit traité plus en détail par la suite lorsqu'il sera question d'autres architectes écologiques, il est tout à l'honneur de Gustav Peichl d'avoir, avec une vision remarquablement prophétique, fait construire un tel centre de communications il y a déjà 20 ans. À cet égard, il a ouvert la voie à la recherche d'un premier modèle convaincant en faveur d'un autre mode de vie.

Peter Noever et Gustav Peichl semblent être les dignes héritiers de l'œuvre léguée par un autre Autrichien exceptionnel, Frederick Kiesler, architecte surréaliste, sculpteur et théoricien du design. Ce penseur des arts du XX^e siècle a jeté, il y a 50 ans les bases de l'art environnemental et de l'architecture organique. Il a également proposé des idées pour des maisons anthropomorphiques davantage liées à l'évolution de la vie en partant de l'utérus et à son intérêt pour l'imagerie féminine qu'à l'agressive géométrie des formes architecturales dominées par l'élément masculin. Dans son ouvrage «Inside the endless house», Kiesler remarquait en 1964 qu'«aucun objet de la nature ou des arts n'existe sans son environnement. En fait, l'objet lui-même peut se développer au point de devenir son propre environnement ... L'objet d'art traditionnel, qu'il s'agisse d'une peinture, d'une sculpture ou de l'œuvre d'architecture, n'est plus perçu comme une entité isolée mais doit être considéré dans le contexte de cet environnement en expansion. L'environnement devient aussi important que l'objet, si ce n'est davantage, parce que l'objet expire dans les alentours mais inspire aussi les réalités de l'environnement, indépendamment de l'espace, fermé ou largement ouvert, en plein air ou à l'intérieur.»

**EFA, Station Satellite Radio (plans)**
Gustav Peichl
Aflenz, Autriche
1976–79

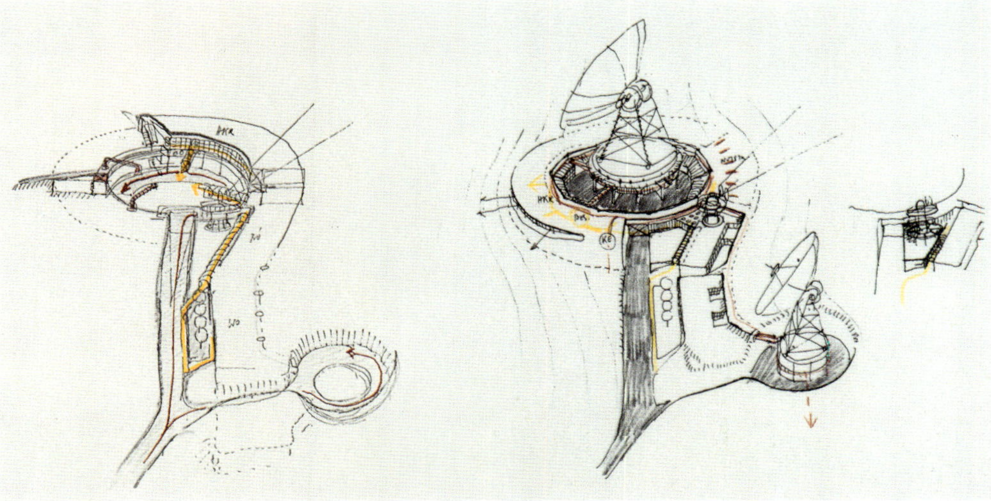

**EFA, Station Satellite Radio**
Gustav Peichl
Aflenz, Autriche
1976–79

*Pages 78 et 79*
**EFA, Station Satellite Radio**
Gustav Peichl
Aflenz, Autriche
1976–79

## « Emprunts à la nature » – Formes organiques et symbolisme cosmique

D'autres héritiers du legs de Kiesler sont les architectes Jersey Devil, Ushida-Findlay, James Cutler, Arthur Quarmby, Peter Vetsch et Charles Jencks. L'œuvre de chacun recourt à la forme organique – rappelant parfois directement les métaphores utérines de Kiesler – et est intégrée dans le terrain environnant d'une manière qui fait penser aux premières techniques de construction et à l'habitat recouvert de terre. Certains bâtiments et environnements de ces designers semblent suggérer des éléments de cérémonial et de rituel, en particulier par l'inclusion provocatrice de « paysages d'emprunt », par exemple les maisons d'Ushida-Findlay et le symbolisme cosmique calculé des terrassements de Charles Jencks et de sa femme, Maggie Keswick. En général, leurs similitudes philosophiques impliquent l'intégration du paysage comme l'une des matières premières de l'architecture et la traduction expressive des formes fluides de la nature dans le langage de la construction.

Jersey Devil est un cabinet d'architectes composé de trois associés, Steve Badanes, Jim Adamson et John Ringel, qui travaillent comme designers et comme entrepreneurs. Depuis les années 70, ils ont parcouru les États-Unis tels des nomades et ont construit une remarquable variété de maisons en adoptant une approche pratique. Ils se sont rencontrés durant leurs études à Princeton à la fin des années 60, avant d'œuvre à leur intérêt commun : allier le métier d'architecte à la technologie et aux principes écologiques. Ils ont

**Snail House**
Jersey Devil
Forked River, New Jersey, États-Unis
1972

très tôt contribué à révolutionner la profession d'architecte. Dans une absurde réglementation formulée en 1909 par l'Institut américain des architectes, il avait été stipulé qu'un designer n'avait pas le droit d'être son propre entrepreneur ; à la suite des réalisations convaincantes et du franc plaidoyer en faveur des droits de design et de construction formulé par des sociétés telles que Jersey Devil, la loi a fini par être abrogée et aujourd'hui de plus en plus d'architectes travaillent à la fois en qualité de designers et d'entrepreneurs.

Ces non-conformistes agissent à la manière d'un « commando » d'architectes écologiques, campant toujours sur un site pour communiquer plus intimement avec lui et mieux en saisir ses signes particuliers. Ils développent ensuite leurs idées et leurs choix en matière de technologie de construction à partir d'une perception avisée de l'ensemble du contexte. En tant qu'ardents défenseurs de l'énergie solaire et d'un design associé au paysage, l'équipe perçoit ses bâtiments comme des prolongements de la nature et, par conséquent, renouvelables en absorbant les caractéristiques biomorphiques déjà suggérées par la nature comme adaptées à une situation particulière. « Je considère l'énergie solaire comme une brèche permettant d'entrer vraiment en contact avec le site, explique John Ringel. Un designer doit être en contact avec le site ... vous pourriez aussi bien ignorer la loi de la pesanteur. » Quoi que fasse Jersey Devil dans un lieu sur le plan architectural, son intention est également de communiquer des normes en matière d'environnement et de se faire l'apôtre d'une sorte d'éco-biographie de l'endroit concerné.

L'approche pragmatique poursuivie par Jersey Devil présente un paradoxe intéressant dans le cadre de l'obsession contemporaine en faveur d'un design high-tech. Contrairement à l'immersion croissante des professions architecturales dans la réalité virtuelle des ordinateurs, leur préférence va à la réalité sommaire d'un habitat recouvert de terre et à la transformation de la lumière du soleil en énergie. Leur attitude apparemment désinvolte et leur approche agraire vis-à-vis de l'environnement, associées à une extrême sensibilité typique des années 60 et à une hostilité envers le « design hors-la-loi » de certaines pratiques de construction peu économiques, peuvent en fait induire en erreur. L'œuvre de Jersey Devil se sert de la technologie durable la plus avancée et d'un matériel de pointe assisté par ordinateur pour renforcer l'engagement solaire. Dans la Hoagie House par exemple, une construction d'une taille inhabituelle de 3 000 m$^2$, à l'extérieur de la ville de Washington, D. C., un mécanisme informatisé, appelé Roto-Lid, est relié à une lucarne pour fournir un efficace système de chauffage, de climatisation et d'éclairage tout au long de l'année.

Dans la perspective d'une intégration dans le cadre naturel et de l'inclusion du terrain et de la flore locale, Badanes, Adamson et Ringel partagent nombre d'idées avec Ambasz et Peichl. Leurs différences résident dans leur attitude spontanée, libre de toute théorie et anti-formaliste à l'égard de la construction intégrant la nature. Leurs décisions fonctionnelles et esthétiques, bien que partiellement développées dans des documents conventionnels, laissent toujours la porte ouverte à des changements spontanés et se basent sur un ensemble évolutionniste de découvertes. Dans leur célèbre Hill House de 1977–1979, située près de San Francisco, ils ont allié ce qu'ils appellent « une connaissance du métier basée sur l'expérience pratique » à une extraordinaire sensibilité à l'égard de l'orientation du site.

*Pour un être sensé, agir en accord avec la nature et agir en accord avec la raison sont une seule et même chose.*

Marc Aurèle

L'édifice est sculpté dans la crête d'une colline pour rester discret au sein du milieu naturel, tout en étant protégé des fréquentes tempêtes venant du Pacifique et bien éclairé. Grâce aux accotements de terre et aux toits recouverts de gazon, les espaces intérieurs sont maintenus à une température relativement stable, tandis qu'une pompe alimentée par l'énergie éolienne ainsi qu'un système fonctionnant par force de gravitation approvisionnent le bâtiment en eau.

Pour la House in the Keys bâtie en 1992 par Jersey Devil à Islamorada, en Floride, sur la commande d'un client potier, ils ont utilisé un ancien édifice en béton, sérieusement détérioré (mais résistant aux ouragans), sur lequel ils ont greffé un nouvel élément conçu autour d'une tour d'escaliers de trois étages. Le chauffage et la climatisation tirent profit de l'énergie solaire passive grâce au toit radiant ; des fentes dans le faîte assurent une circulation d'air efficace et une armature-écran tout autour de l'habitation protège du bruit et de la vue d'une route à grande circulation, à proximité. D'autres caractéristiques environnementales comprennent une plate-forme en plastique recyclé servant d'espace de détente, une masse thermique en béton pour l'isolation et une vieille caravane reconvertie en quartiers d'accueil dotés d'un système consommant peu d'énergie.

L'œuvre de Jersey Devil peut être perçue comme à mi-chemin entre un ruralisme caractéristique et une éco-technologie très sophistiquée. L'orchestration des formes et des volumes dans les bâtiments de Jersey Devil repose sur les solides connaissances des associés, qui ont une formation supérieure en architecture ; mais leur sensibilité ainsi que le choix concret de formes sculpturales et

**Hill House**
Jersey Devil
La Honda, Californie, États-Unis
1977–79

**Hill House, salle de séjour**
Jersey Devil
La Honda, Californie, États-Unis
1977–79

**Hill House, terrasse**
Jersey Devil
La Honda, Californie, États-Unis
1977–79

l'organisation spatiale semblent davantage vouloir recréer un style de vie pastorale qu'ils ne paraissent célébrer des rituels voués à la Terre.

Reflétant un intérêt similaire à l'égard de l'habitat souterrain et des formes biomorphiques, l'œuvre d'Ushida-Findlay au Japon témoigne d'un lien logique avec Jersey Devil et Emilio Ambasz, ainsi qu'avec Kiesler. Chacun de ces architectes peut être identifié par son engagement en faveur des espaces organiques, les métaphores « utérus – habitat » et des structures absorbant certains aspects de leur environnement.

Eisaku Ushida et Kathryn Findlay ont formé un partenariat entre conjoints en 1988. Il est conçu comme une collaboration biculturelle (Japon/Écosse) et très connu pour son travail sur l'architecture en tant que reflet de la topographie régionale et interface psychologique entre l'habitat, la technologie et la nature. Contrairement à nombre d'architectes écologiques qui imposent leurs bâtiments à l'environnement – l'économie d'énergie étant une concession à l'écologie –, Ushida-Findlay présentent leur œuvre comme « l'apprivoisement de la technologie, et non l'apprivoisement de la nature ». Sur le plan physique,

**House in the Keys**
Jersey Devil
Islamorada, Floride, États-Unis
1992

*Pages 84/85*
**House in the Keys**
Jersey Devil
Islamorada, Floride, États-Unis
1992

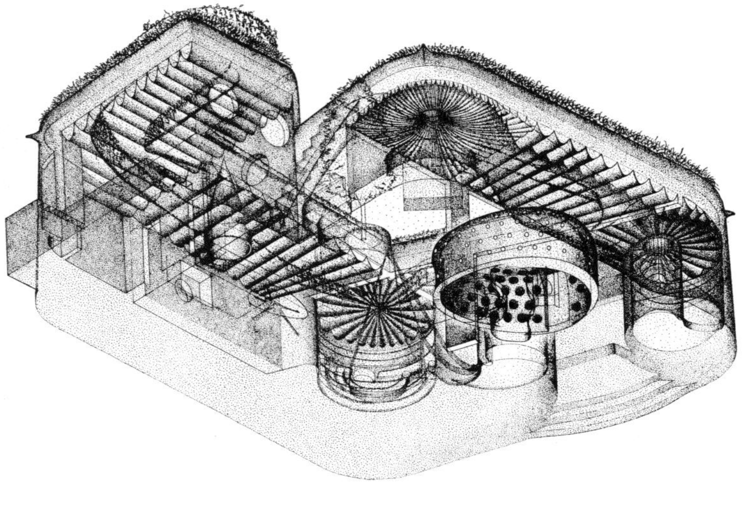

**Soft and Hairy House**
Partenariat Ushida-Findlay
Tsukuba City, Japon
1994

esthétique et scientifique, les bâtiments doivent composer une harmonie des forces de la nature pouvant offrir à la fois un refuge permettant d'échapper à la ville et être capables d'absorber sur le plan visuel, technique et atmosphérique l'environnement urbain immédiat.

Par des moyens formels, des propositions théoriques et une attitude envers l'espace jardin rappelant le concept japonais de « paysage d'emprunt », les partenaires ont créé une maison qui est un microcosme de la ville. En tenant compte du fait que de plus larges fluctuations sociales à l'extérieur se répercutent également sur des espaces plus comprimés à l'intérieur, les espaces intimes peuvent être considérés comme des capsules protectrices, tandis que les pièces à caractère plus public – la salle de séjour et la cuisine par exemple – peuvent être plus directement reliées au panorama urbain. Les urbanistes conventionnels ont tendance à ne considérer les bâtiments que de l'extérieur. Ce sont des intrus qui les gênent particulièrement dans leurs ambitions de voir la circulation s'écouler en un flot fluide et ininterrompu. Par opposition à ce type d'urbanisme oppressant, Ushida-Findlay suggère qu'en prêtant attention aux bâtiments, en allant de « l'intérieur vers l'extérieur » et en imaginant l'aménagement urbain à partir d'une perspective allant du microcosme au macrocosme, les architectes peuvent aider les citadins à refaçonner leurs propres environnements d'habitation et de travail. De telles idées entrent en conflit avec la plupart des procédures contemporaines d'aménagement urbain mais elles sont au cœur du concept de « réengagement » imaginé par Ushida-Findlay. Il propose de regarder la ville comme une tapisserie variée à l'infini et tissée d'expériences corporelles, psychologiques, botaniques et topographiques qui sont reliées à ce que Ushida-Findlay ont appelé la « psycho-géométrie ».
Il s'agit d'un paysage urbain totalement intégré, fondé sur l'expérience fondamentale intérieur/extérieur.

Dans deux de leurs réalisations les plus connues – la Soft and Hairy House et la Truss Wall House – Ushida-Findlay font la preuve de leur sensibilité surréaliste et de leur capacité à insérer des éléments issus de l'environnement urbain extérieur. La Soft and Hairy House a été construite en 1994 pour un jeune couple à Tsukuba City, près de Tokyo, et elle est basée sur le développement des espaces intérieurs exprimant ce que les architectes ont appelé la « puissance orgiaque ». Bien qu'étant peut-être plus un commentaire sur la libido des propriétaires qu'une réalité thérapeutique de l'architecture, la maison présente sans aucun doute une explosion sensuelle de formes organiques qui fusionnent, s'enroulent, se déroulent et se métamorphosent pour donner naissance à un environnement irrésistible de membranes fluides et de sanctuaires abrités sous des

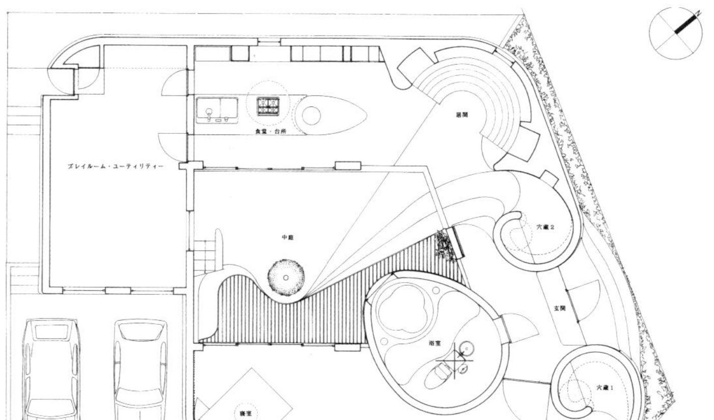

voûtes. Le caractère écologique de l'habitation se retrouve dans un vaste jardin sur le toit qui augmente la qualité de vie des habitants et permet de maintenir une température ambiante stable à l'intérieur. Clairement redevable à la Endless House de Kiesler (1950), avec son flot indéterminé de plafonds fusionnant avec les étages, ses allusions à l'existence prénatale et ses métaphores féminines, l'interprétation d'Ushida-Findlay d'une maison en tant qu'organisme vivant ajoute une nouvelle dimension interculturelle. Elle contient une multitude de références orientales et cosmiques qui placent ce bâtiment quelque part entre un jardin zen et un satellite de communications.

La Truss Wall House (1991–1993), un bâtiment encore plus osé et plus agressivement organique, utilise une construction arrondie en béton pour obtenir ce que les architectes décrivent comme « une continuité fluide de volupté et d'imagerie physique accompagnant les évolutions d'une personne au sein de cet espace ». Encadré de tous côtés par de conventionnelles maisons d'habitation japonaises à deux ou trois étages, cet édifice d'un blanc miroitant, dressé comme une sculpture impressionnante, ressemble à un engin extra-terrestre qui aurait eu l'intention d'atterrir provisoirement, pour décider ensuite de rester dans le voisinage telle une manifestation prophétique du mode de vie du futur. Le bâtiment opère comme un « événement théâtral à demeure » ; il ressemble à un organe humain avec des fonctions technologiques, spatiales et thermodynamiques. Au nombre de ses caractéristiques « vertes », il convient de citer un espace cultivé entre les murs, ayant recours aux plantations locales et offrant aux habitants la possibilité de cultiver leur propre jardin potager.

Bien que certaines relations intérieur/extérieur suggérées par Ushida et Findlay sautent aux yeux et soient particulièrement intéressantes en tant qu'inventions formelles, la situation n'est pas aussi claire lorsqu'ils prétendent que leur Truss Wall House est un trait d'union physique et métaphorique entre l'espace d'habitation et le voisinage. Ces relations pourraient peut-être devenir plus tangibles si une partie du vocabulaire formel de cette habitation devait s'étendre aux aménagements du paysage public, aux bâtiments adjacents, aux parcs et finalement à un plus vaste plan urbain. Quoi qu'il en soit, en choisissant un tel langage visuel et exotique, les designers ont eu tendance à exclure quelques-uns des éléments de communication essentiels dans un environnement urbain : les références psychologiques. En effet, les citadins se sentent soudés par leur expérience commune et sont la base même de toute vraie fusion avec le contexte environnant. Ces liens sont les innombrables signes, symboles, icônes et états d'identification qui forment « l'inconscient collectif » (en d'autres termes, les éléments vitaux de reconnaissance qui rendent une ville lisible). Ainsi, un collage d'éléments familiers est un moyen d'intégration réelle bien plus approprié que le fait d'imposer ce qui ne l'est pas.

**Soft and Hairy House**
Partenariat Ushida-Findlay
Tsukuba City, Japon
1994

Le fait de vouloir trouver un langage urbain plus intégré – l'un des buts poursuivis par Ushida-Findlay – révèle un problème profond inhérent au développement de toute nouvelle architecture ou de tout nouvel espace public tenant compte de leur environnement. Comprendre la capacité de la nature à inclure plutôt qu'à exclure est un facteur essentiel de la réponse au modèle écologique des systèmes intégrés comme nous l'avons vu, la plupart des architectes engagés sur la voie environnementale ont encore tendance aujourd'hui à imposer une construction au paysage urbain et à chercher, après coup, à se justifier en prenant ses caractéristiques écologiques intériorisées comme preuves du fait que le designer a bien conscience des forces extérieures naturelles (tandis que l'édifice lui-même est conçu comme un objet insulaire). La démarche d'Ushida et Findlay est correcte lorsqu'ils « souhaitent confronter les aspects intérieurs et extérieurs les uns par rapport aux autres en recherchant dans la ville des indices qui peuvent inspirer le design ». Ils ont également raison lorsqu'ils cherchent conseil dans les phénomènes naturels et dans la relation existant entre les citadins et leur environnement.

**Soft and Hairy House**
Partenariat Ushida-Findlay
Tsukuba City, Japon
1994

Mais la prochaine étape de développement architectural – en fait, le défi que doit relever tout architecte « vert » – devrait être l'intégration, la fusion parfaite, des bâtiments dans le site. Ils sont alors la synthèse des processus écologiques déjà en place et captent les réactions subliminales des gens à l'égard des signes et signaux environnementaux qui peuvent être ensuite repris sur les « panneaux d'affichage » de l'inconscient collectif. Ces objectifs vont entièrement à l'encontre de la majeure partie de l'architecture traditionnelle du XX^e^ siècle ; mais ils représentent également la vague de l'avenir.

Alors qu'Ushida-Findlay semblent s'être particulièrement intéressés au rapport existant entre l'architecture organique et les situations urbaines, l'œuvre inédite de l'architecte britannique Arthur Quarmby s'est concentrée sur des sites ruraux et sur la promotion d'un type d'habitat recouvert de terre qu'il a appelé « la géotecture ». Formé à l'école d'architecture de Leeds, en Angleterre, il s'est ensuite spécialisé dans les matières plastiques et les structures en tension. Très tôt en début de carrière, il construisit le dôme transparent aéroporté le plus grand du monde. Il y a déjà plus de 30 ans que son œuvre originale sur les habitats souterrains a vu le jour ; il a ainsi ouvert la voie, concentrant toute son attention sur les difficultés les plus manifestes de la construction souterraine – les rudes changements de température, les pluies ou les chutes de neige excessives et la grande humidité – autant de caractéristiques de l'Angleterre rurale où il a réalisé la plupart de ses constructions. À cet égard, il est probablement le novateur le plus expérimenté et le plus compétent sur le plan technique dans le domaine de l'habitat souterrain, la plupart de ses confrères spécialisés inclinant à exercer leur art sous des climats plus cléments. Ainsi, les principaux mérites reconnus aux toitures recouvertes de gazon sont l'intérêt qu'elles présentent sur le plan de l'isolation de maisons situées dans des régions désertiques et de circuits de refroidissement à faible consommation d'énergie dans des milieux inondés de soleil.

Plutôt que de chercher des précédents dans la construction technocentrique du XXᵉ siècle, Quarmby préfère s'inspirer de sources telles que les *tholos* de Mycènes, la Maison Dorée érigée par Néron sur la colline du Capitole, les temples hindous et l'habitat recouvert de terre de la civilisation des Tuatha de Danaan en Grande-Bretagne à l'âge du bronze. En se conformant aux principes de ces anciens édifices, il inclut l'un des aspects les plus progressistes de la sculpture dans le paysage – pour créer l'architecture invisible. Il vise à créer une fusion si parfaite entre l'habitat et la topographie existante qu'il devient difficile de discerner la frontière entre bâtiment et paysage. « L'architecture recouverte de terre est différente, déclare Quarmby. C'est l'inverse de la situation normale dans laquelle la forme extérieure de l'édifice a le plus grand impact. » Il comprend également la portée révolutionnaire que représenterait le recul de la présence physique de l'habitat (synonyme de l'art de l'architecture) tout en faisant prévaloir à la place le paysage de surface et en utilisant les arbres et les plantes comme une forme prolongée d'iconographie. Il remarque que « ... se fondre dans le paysage est un but déjà trop limité » et propose d'être plus enclin à « ... recourir aux aménagements paysagers en surface ... afin de créer un trait frappant, voire surprenant, dans le paysage – mais en utilisant la végétation. »

Il est agréable de constater que la vision d'Arthur Quarmby de maisons recouvertes de terre ne fait l'objet d'aucun culte, et ne reflète pas non plus les intentions d'évasion d'un « mode de vie alternatif » prôné dans les années 60, le phénomène brièvement à la mode d'habitat troglodytique dans les banlieues ou la névrose urbaine poussant les cita-

**Soft and Hairy House**
Partenariat Ushida-Findlay
Tsukuba City, Japon
1994

**Truss Wall House**
Partenariat Ushida-Findlay
Tsurukawa, Machida-City, Japon
1991–93

dins agoraphobiques à chercher asile dans un « refuge naturel ». Même si, facteur des plus décourageants, très peu de personnes s'intéressent généralement à la réalisation de ce genre d'architecture, Quarmby n'a jamais cessé de penser qu'il fait partie du courant dominant et qu'il profitera d'un retournement de situation, plus précisément d'un retournement de résistance, dans un proche avenir. C'est la raison pour laquelle il a construit ses édifices avec une attention consommée pour chaque détail, installé des systèmes de contrôle pour analyser les résultats et s'est engagé à vivre lui-même dans une maison recouverte de terre. En poursuivant ses objectifs pour un « zéro énergie – zéro utilisation des sols », il est devenu l'un des principaux novateurs en matière d'excavation, d'isolation, de prévention des fuites, du contrôle de l'humidité et d'éclairage intérieur.

Lorsqu'il a conçu pour sa propre famille la maison Underhill dans le Yorkshire, Quarmby a creusé dans le versant d'une colline le premier habitat de terre contemporain en Grande-Bretagne, d'une profondeur maximale de 4,80 m. Par le biais d'un système interne de lucarnes et de réflecteurs, l'intérieur est inondé de lumière et, grâce à l'épais gazon et à la végétation recouvrant le toit, la température ambiante des espaces intérieurs est agréable en dépit du temps peu clément dans la région. Avec un vaste espace social au centre de la maison, un tétraèdre en verre couronnant le tout et destiné à l'éclairage, et un accès facile aux ailes bien éclairées où se trouvent les chambres, le bâtiment triomphe entièrement des récriminations rhétoriques de ceux qui reprochent aux habitats de terre d'être sombres et humides, et d'engendrer la claustrophobie. En concevant un système d'écoulement des eaux qui suit l'inclinaison de la colline et alimente un sous-sol poreux de grès ainsi qu'en installant un puissant ventilateur à proximité, Quarmby a maintenu l'humidité intérieure à un niveau remarquablement bas et a assuré un excellent contrôle des températures tout au long de l'année avec un recours minimum aux combustibles fossiles. Hommage final à l'intelligence écologique de la maison Underhill (1974) le toit est devenu un microcosme naturel et, ainsi que l'a fait remarquer Quarmby, « il ne faut pas sous-estimer le profit que l'on peut tirer de l'élevage de moutons sur son toit ».

Dans un projet pour la ville de Penrith dans le Lake District, en Angleterre, Arthur Quarmby a conçu le Cumbria Visitor Centre (1990), un centre de documentation et d'exposition de l'art et de l'artisanat régionaux. L'architecte a ici décidé avec sagesse de cacher un bâtiment qui aurait été une vaste intrusion dans un magnifique parc national à l'aide d'accotements de terre et de toits avec des aménagements paysagers pour un camouflage naturel. À l'intérieur, on trouve quelques-unes des plus grandes voûtes en gunite jamais réalisées et la lumière du jour s'infiltrant par le haut fournit un éclairage suffisant aux expositions et aux boutiques. Les principales contributions de cette construction à la cause de l'architecture des habitats de terre sont le recours au paysage pour masquer un vaste bâtiment public, le fait d'avoir su s'assurer la participation du ministère anglais de l'Environnement pour sponsoriser une technologie audacieuse et le précédent ainsi établi en matière de participation municipale et commerciale à la cause du design écologique.

On trouve une interprétation plus outrée de la forme organique combinée à un habitat de terre dans la série des neuf maisons de Peter Vetsch, les Neuf Maisons, construites en 1993 à Dietikon, en Suisse. Ayant étudié l'agriculture en envisageant de devenir cultivateur, cet architecte suisse partage nombre d'idées en commun avec Kiesler (une fusion des plans, des murs et des plafonds rappelant la Endless House), Jersey Devil (la construction pragmatique) et Arthur Quarmby (un plaidoyer digne d'un missionnaire en faveur des habitats de terre). Les maison semi-troglodytiques de Vetsch sont construites en béton pulvérisé sur des charpentes métalliques, puis isolées avec une épaisse couche de mousse. Les toits sont ensuite recouverts de tapis filtres en laine polaire et, pour finir, d'une couche de terre et d'humus. Selon l'architecte, la nature est sa seule source d'inspiration pour ses formes convolutées tandis que les intérieurs-tunnels rappellent les terriers de certains animaux et reflètent en même temps sa profonde préoccupation en matière d'économie d'énergie et d'utilisation plus prudente des sols. Toutefois Vetsch nie tout lien historique avec l'architecture souterraine – par exemple avec les habitats troglodytes de Cappadoce – et insiste sur le fait que les configurations de ses bâtiments ne font que répondre à l'environnement ambiant et à un fonctionnalisme rationnel.

Les Maisons de Vetsch font entre 800 et 2 200 m$^3$, sont divisées en espaces intérieurs de 4 à 7 pièces et regroupées autour d'un étang et d'un biotope. Située dans une colline en forme de U, chaque maison est enfermée dans l'enceinte du paysage, les espaces d'habitation étant orientés au sud et les chambres au nord. Des lucarnes dispensent la lumière pour les salles de bains, cui-

**Truss Wall House**
Partenariat Ushida-Findlay
Tsurukawa, Machida-City, Japon
1991–93

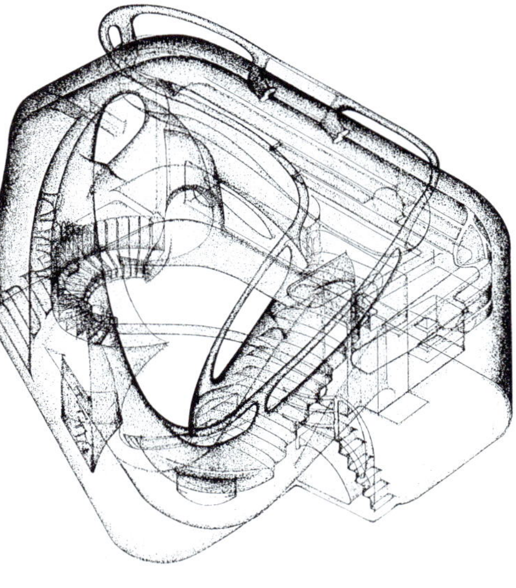

**Underhill**
Arthur Quarmby
Yorkshire, Angleterre
1974

sines et autres pièces situées au centre. La technologie de construction est novatrice en ce sens qu'elle consiste en une épaisse couche de 25 cm de bitume polymère (une mousse élaborée à partir de verre recyclé), appliqué directement sur les charpentes recouvertes de béton.

Malheureusement, les formes exagérément curvilignes que l'on associe au nom de designers tels que Peter Vetsch sont devenues des clichés pour toute architecture illustrant une philosophie vouée à la terre, tout comme les grilles tournées, les poutres en I inclinées et les conduites apparentes sont devenues des représentations stéréotypées du technocentrisme. C'est l'un des dangers à trop considérer l'architecture comme une expérience exagérée de sculpture. Alors que les intentions environnementales de Vetsch sont renforcées sur le plan esthétique par son choix de volumes fluides, les habitants de l'une de ses maisons ont peut-être, quant à eux, la nostalgie de quelques murs verticaux ou de quelques rectangles rassurants qui serviraient de contrepoint formel à son utilisation impitoyable de formes amibiennes. À cet égard, il pourrait s'inspirer quelque peu de l'œuvre sculpturale de Frank O. Gehry. Si l'on considère les bâtiments de Gehry sous l'angle d'une technologie respectueuse de la terre, il faut noter ici que ceux-ci sont peut-être organiques en apparence, mais qu'ils sont exactement à l'opposé d'une architecture responsable sur le plan de l'environnement. Son emploi de murs massifs recouverts de titane et d'aluminium (des matières des plus « meurtrières » en termes de technologie de production et de pollution industrielle) ne marque que le début de tels délits. Se distanciant de ce mépris flagrant des principes « verts », Vetsch a adopté une direction remarquable, et ses objectifs de recherche semblent devoir apporter une contribution valable à la construction environnementale de l'avenir.

À l'instar des autres architectes « verts » contemporains, Vetsch soulève dans son œuvre des questions inquiétantes sur les possibilités de ralentir la croissance de mégaconstructions irresponsables qui mettent en péril tous les principes de l'ère de l'écologie. Il semble vain de s'attendre à quelque forme que se soit d'engagement populaire en faveur d'un habitat de terre difficile à réaliser et coûteux, tel qu'il est suggéré par des architectes comme Quarmby et Vetsch. En outre, il faut encore résoudre de nombreux problèmes techniques avant que le concept ne trouve son entière justification écologique. Dans un article de Kirsten Fuchs, publié en 1990 et intitulé « Les troglodytes à l'âge du plastique », elle faisait remarquer que les armatures en fer de Vetsch « dévient le rayonnement naturel de la terre et nuisent à la santé humaine en regroupant en faisceau ou en re-dirigeant contre nature de tels rayonnements. En outre, le polyuréthanne utilisé pour l'isolation a été médicalement reconnu comme une cause possible d'allergies. » Ces critiques suggèrent que Vetsch doit remplacer des matériaux courants en opérant des choix plus naturels ; quoi qu'il en soit, ceci représente également un facteur d'augmentation des coûts et ne sert qu'à creuser encore plus l'abîme séparant les motivations d'un immobilier obsédé par les coûts et une réception favorable de l'architecture « verte » de la part du public.

L'œuvre de Vetsch et celle de Quarmby reposent sur une certaine idée d'un design environnemental investi d'une responsabilité morale, où les décisions sur la forme sont dictées par une conscience géocentrique et une conception écologique du rôle de l'humanité au sein de la nature. Leur recours aux lignes sinueuses et aux matériaux locaux de même que l'intégration des structures dans la topographie locale reflètent autant leurs convictions éthiques qu'un choix esthétique. Cela se traduit par des constructions qui se veulent

**Underhill**
Arthur Quarmby
Yorkshire, Angleterre
1974

**Underhill**
Arthur Quarmby
Yorkshire, Angleterre
1974

résolument rurales et se réclament d'une identité régionale.

L'œuvre réalisée par Charles Jencks en association avec sa défunte épouse Maggie Keswick se caractérise elle aussi par ses formes convolutées, des structures partiellement enterrées et un modelage surréaliste du paysage ; pourtant, l'imagerie des deux architectes est davantage inspirée du symbolisme cosmique et de l'astrophysique que de l'écologie et de la protection de l'environnement. À bien des égards, leur œuvre peut être considérée comme le produit le plus avancé d'une cosmologie cosmopolite. Le Garden of Cosmic Speculation, en Écosse, est un impressionnant travail d'architecture paysagiste conçu pour corroborer les théories littéraires de Jencks sur les sources cosmogoniques de l'art de la construction. S'il est surtout connu comme théoricien de l'architecture et défenseur du postmodernisme, il s'est maintenant révélé être un personnage marquant du design environnemental. En procédant occasionnellement à des rénovations de bâtiments, à la construction de maisons et à l'élaboration de designs d'intérieur, Jencks s'est fait une réputation respectable en recourant à une complexe imagerie symbolique (au message parfois dilué par un certain excès décoratif). D'autre part, ses textes critiques ont probablement beaucoup plus influencé la génération des designers des années 80 que ceux de tout autre écrivain de l'architecture actuellement vivant depuis que Venturi a lancé dans les années 60 son ouvrage « Complexity and contradiction in architecture » (De l'ambiguïté en architecture). Il est toujours difficile à toute personnalité littéraire de franchir la barrière la séparant de la pratique réelle de la profession sur laquelle elle avait concentré son activité de critique. Dans l'histoire récente, on pourrait citer la décision risquée qu'ont prise certains critiques d'art et de théâtre d'exposer leurs propres peintures ou de mettre en scène leurs propres pièces. La migration de Jencks vers des constructions symboliques et l'architecture paysagiste est particulièrement périlleuse, en particulier parce qu'il s'expose à des attaques à tous les niveaux de la part de ces praticiens mécontents qu'il a peut-être dénigrés ou ignorés, voire les deux à la fois, pendant ses nombreuses années d'écriture critique.

Heureusement, confortant la réputation déjà écrasante de Charles Jencks, le Garden of Cosmic Speculation est un chef-d'œuvre d'une beauté irrésistible. C'est également l'une des quelques rares œuvres environnementales contemporaines à avoir vraiment été établie à partir d'un complexe tissu de références issues de la cosmologie et de l'astrophysique. Jencks et Keswick ont tous deux étudié leur sujet en détail et chaque nuance des configurations sculpturales utilisées pour façonner le paysage ainsi que le symbolisme développé pour l'iconographie graphique a été passée au peigne fin sur la base d'un ensemble de données soigneusement étudiées. Confirmant la philosophie exprimée dans son livre « The architecture of the jumping univers », Charles Jencks, en association avec Maggie Keswick, a, en fait, fourni un exemple d'imagerie cosmologique bien plus convaincant que la plupart des designers auxquels il attribue ce mérite dans son ouvrage. Jencks a prodigué des louanges à l'égard de certains architectes contemporains néo-constructivistes pour leurs inventions sinueuses et labyrinthiques. À son avis, leurs formes convolutées représentent à la fois les configurations organiques de la nature et le désordre chaotique de l'univers.

Toute la propriété écossaise est remplie d'objets symboliques et la maison rénovée contient, sur les plafonds et sur les murs, quelques échantillons magistraux des motifs d'ondulation destinés à symboliser les plus récentes conceptions scientifiques de l'univers en tant qu'expansion infinie de chaos et de continuité. À l'exception de quelques objets plutôt tarabiscotés et d'un décor des espaces intérieurs prétendant illustrer les mystères cosmiques, les principaux espaces du parc ont été créés avec un programme de design intentionnellement limité, composé de tertres de terre, de bassins

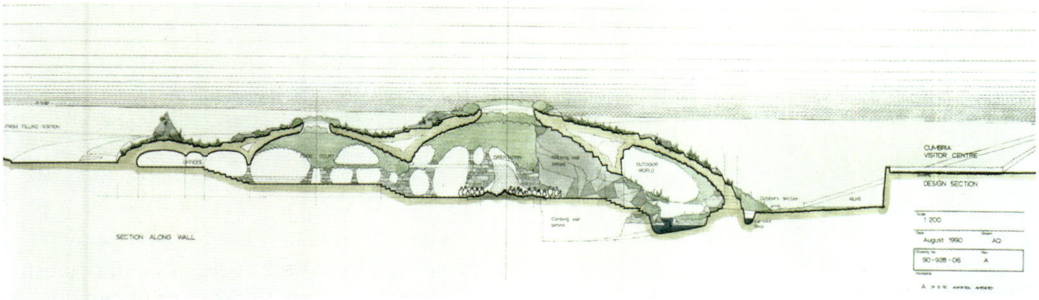


**Cumbria Visitor Centre**
Arthur Quarmby
Penrith, Lake District, Angleterre
Projet, 1990

*Pages 96 et 97*
**Neuf Maisons**
Peter Vetsch
Dietikon, Suisse
1993

d'eau et de plantes, imbriqués les uns dans les autres. Sa femme était une spécialiste des jardins chinois et a apporté au projet sa connaissance des environnements de méditation bouddhistes et le concept zen japonais de « paysage d'emprunt », où le paysage terrestre n'est qu'un microcosme éphémère représentant l'archipel paradisiaque d'une vie future éternelle. Jencks et Keswick ont allié ces traditions à leur fascination pour la « dynamique non linéaire » de la théorie du chaos et à leur désir de rapprocher les idées issues de la cosmologie antique et des dernières spéculations de l'astrophysique. Dans une tentative pour transcender les interprétations mécanistes des phénomènes qui ont dominé la culture occidentale depuis que les Grecs ont introduit l'atomisme, leur jardin tente de saisir l'esprit de cosmogonie et l'infini continuum d'un espace extérieur qui s'écoule en lui-même. Il exprime également la géométrie fractale de la nature où (contrairement aux apparences ordonnées) toute chose est irrégulière, il illustre les bonds puissants qui ont marqué le cours de l'évolution et certains concepts non euclidiens tels que l'amorphisme, l'entropie et l'indéterminisme.

Sur bien des plans, les spéculations littéraires de Charles Jencks sur la phénoménologie et l'architecture semblent parallèles aux théories sur l'entropie et l'art élaborées par l'artiste des « earthworks », Robert Smithson, à la fin des années 60. À cette époque, Smithson s'intéressait profondément aux rapports existant entre le cerveau humain et les processus naturels ainsi qu'aux difficultés qu'il éprouvait à exprimer ses découvertes dans l'art. Dans un essai intitulé « Sedimentation of the mind » (La sédimentation de l'esprit) pour le magazine américain « Artforum », il écrivait : « La surface de la terre et les inventions de l'esprit ont une manière de se désintégrer dans de discrètes régions de l'art. Divers agents, à la fois fictifs et réels, échangent leur place entre eux – on ne peut pas éviter de s'embourber dans ses pensées lorsque l'on traite de projets ayant trait à la terre ou à ce que j'appelle ‹ la géologie abstraite ›. Notre esprit et la terre sont en état permanent d'érosion, des rivières mentales érodent des rives abstraites, des idées géniales sapent comme des vagues cérébrales les falaises de la pensée, des idées se décomposent en galets de l'inconscient et des cristallisations conceptuelles se désintègrent en vestiges d'un bon sens courageux. ... Organiser ce désordre de corrosion en modèles, grilles et subdivisions est un processus esthétique que l'on a à peine abordé. » Le pouvoir poétique des écrits et des « earthworks » de Smithson – combinant ses visions de brutalité, de chaos et d'érosion à une lutte pour donner un sens au désordre naturel – reposait sur un centre d'intérêt plus terrestre que les abstractions cosmogoniques de Jencks et Keswick dans le Garden of Cosmic Speculation. Bien qu'ayant des concepts divergents, ces artistes ont exploré le symbolisme environnemental à des niveaux bien plus en accord avec la sensibilité d'une ère postindustrielle que la majeure partie de l'architecture « verte » actuelle.

Le plan de Charles Jencks et Maggie Keswick pour le jardin écossais intégrait une série de collines existantes et les vestiges d'un vieux marais ; ils ont ensuite ajouté un tertre en forme de spirale, de 15 m de hauteur et relié à un ensemble de configurations sinueuses sur 120 m de long. Contrariés dans leur projet par les pluies de la région qui ont tendance à éroder agressivement toute formation artificielle en terre, ils ont décidé de laisser un aspect assez primitif au tertre – ce qui a fini par conférer au projet son atmosphère de rituel archaïque combinée à la science de l'ère spatiale – et de faire du terrassement final une composition de courbes et de plis spécifiques au site. Ces caractéristiques sculpturales s'inspirent du terrain de la région tout comme elles s'y soumettent, devenant le point de départ d'un jardin de physique formelle conçu pour présenter des modèles de l'atome, Gaia, l'univers et différentes autres sources cosmogoniques d'imagerie. Jencks décrit le résultat par ces mots : « Ces jardins ont été conçus avec des scientifiques et des ouvriers métallurgistes, mais ils interprètent les vérités de l'univers de manière métaphorique – ce ne sont pas des illustrations de la science et de la technologie contemporaines mais plutôt des réinterprétations de ce que le discours public nous dit. »

Sans mettre en doute leurs bonnes intentions et les inestimables mérites écologiques de leurs travaux, il faut toutefois admettre que les architectes comme Ambasz, Noever, Quarmby, Vetsch et Jencks/Keswick sont restés élitistes et que leur œuvre est exclusivement réservée à quelques particuliers au portefeuille bien garni, ayant les moyens de se donner bonne conscience par un geste occasionnel en direction du design écologique. Mais en fait, ce dont la cause écologique a désespérément besoin, c'est d'un engagement généralisé de la part des pouvoirs publics en faveur de la recherche et du financement d'habitations écologiques abordables pour le commun des mortels, c'est aussi d'un mouvement populaire de constructeurs expérimentés, désireux de montrer concrètement ce que pourrait être un habitat sain à un prix raisonnable. Bien qu'il soit difficile de parler ici du début d'un mouvement mondial, l'œuvre de David Lea dans le nord du Pays de Galles et celle de Gianni Pettena sur l'Île d'Elbe montrent du moins ce qu'il est possible de réaliser avec un budget modeste, un usage précautionneux des ressources naturelles et une bonne dose d'ingéniosité.

*Pages 98–101*
**Le Garden of Cosmic Speculation**
Charles Jencks
Écosse
1989–

*S'obliger à user de moyens contraignants est la sorte de contrainte qui libère l'invention. Cela vous force à faire une espèce de progrès que vous ne pouviez pas imaginer au départ.*

Pablo Picasso

## L'Architecture dans son contexte culturel

À l'instar de Peter Vetsch, David Lea, un architecte formé à Cambridge et vivant actuellement à Gwynedd se fait le champion de constructions perçues comme le prolongement de leur environnement. Il favorise d'importantes interactions physiques et psychologiques entre l'environnement naturel et les relations entre les individus et les différentes composantes d'un bâtiment. Guidé par une philosophie selon laquelle « l'architecture ne peut pas être séparée de la nature », il la décrit comme un moyen de « ... recréer un coin de paradis. Par paradis, j'entends l'endroit où l'on peut ressentir le plus fort sentiment possible de bien-être. La clé du paradis réside dans une relation harmonieuse entre l'homme et la nature. » Ce point de vue semble presque naïf dans sa sincère simplicité.

Bien que le cabinet de David Lea ait produit d'impressionnants logements et bâtiments d'enseignement dans le nord du Pays de Galles, l'un de ses projets – il n'est pas sans évoquer la civilisation aborigène – est un petit cottage qu'il a construit pour une peintre londonienne avec des moyens très limités. Appelé Studio in the West Country, ce petit bâtiment au toit de chaume semble rappeler le mouvement Arts and Crafts, revenu au rejet de la révolution industrielle de Ruskin et de Morris, et ressuscite un ensemble de valeurs perdues sur la manière de vivre en harmonie avec l'environnement immédiat. Construite pour seulement 3 300 livres sterling, sa maison ressemble à un hybride entre l'arche de Noé et une hutte de terre aborigène. Toutefois, si l'on y regarde de plus près, on remarque l'emploi intelligent d'une technologie minimale, l'ingénieuse combinaison des matériaux (bois cintré, grillage, ciment renforcé avec des crins de vache, isolation en paille et tuiles réfléchissantes en céramique) et finalement la réussite esthétique de l'ensemble.

L'habitation a été construite grâce aux talents combinés de David Lea et de sa cliente artiste. Il a travaillé avec elle sur le site pendant plusieurs semaines, établi les systèmes de base de l'armature en bois cintré, puis il est régulièrement revenu constater l'état d'avancement des derniers détails dont se chargeait sa cliente. Rappelant l'approche sur le terrain de Jersey Devil – mais à un niveau plus élémentaire et écologique – Studio West est un mini-triomphe de construction primitive et d'orientation du site. Il crée également une image qui évoque la combinaison d'un ancien terrassement mégalithique et d'un habitat primitif. Chaque centimètre de ce modeste bâtiment laisse au visiteur le sentiment particulier d'être témoin de la vision prophétique d'une alternative intelligente à un avenir digne de Mad Max, à savoir un futur dévasté par le pillage environnemental.

Studio West est la solution par excellence à une époque où tous les combustibles fossiles auront été épuisés, où les industries prédatrices n'auront laissé que des friches à l'abandon, parsemées d'acier tordu, où l'humanité en sera réduite à chercher sa nourriture dans des régions sauvages et où les forêts vengeresses auront repris possession des métropoles.

La Maison de l'Île d'Elbe de Gianni Pettena est encore plus primitive et le budget était encore plus restreint que celui de Studio West. Pettena, actuellement professeur à l'université de Florence, a débuté sa carrière dans les années 70 en tant qu'animateur principal d'une aile architecturale du mouvement des « earthworks », conduit à cette époque par des artistes tels que Robert Smithson, Nancy Holt, Michael Heizer, Dennis Oppenheim et Walter de Maria. Considéré parfois comme l'homologue européen de Gordon Matta-Clark – le pionnier franco-américain de la déconstruction dans l'art qui utilisa des bâtiments existants pour une série de coupes et d'ablations chirurgicales –, Pettena poursuit dans son œuvre une direction plus géomorphique. Tout en partageant l'intérêt de Matta-Clark à l'égard de la création d'interventions sur des « bâtiments trouvés », son approche a été mêlée à des thèmes de renaissance par la nature, en opposition aux attaques séditieuses menées contre le design formaliste. Dans le même temps, les premiers efforts de Pettena évoquaient ceux d'un guérillero, utilisant des phénomènes naturels pour manifester ses propres tendances

**Studio in the West Country**
David Lea
Angleterre
1985

**Studio in the West Country**
David Lea
Angleterre
1985

subversives. Dans trois projets qu'il a nommés « Anarchitecture », Ice I, Ice II et Clay House, il a développé la notion d'utilisation des phénomènes naturels comme une métaphore de la reconquête de l'architecture. S'inspirant de l'importance des façades italiennes, la « peau communicative de l'architecture », Pettena a travaillé sur une maison privée et un bâtiment administratif universitaire à Minneapolis pendant l'hiver en pulvérisant de l'eau sur ces édifices et en les transformant en blocs de glace. Dans un projet tout aussi controversé à Salt Lake City, il a entièrement recouvert, au plus chaud de l'été, une résidence de banlieue avec de la terre glaise humide qu'il a ensuite laissée cuire par le soleil pour en faire une sorte « d'adobe fantôme ». Une fois consommés par la glace et la terre glaise, ces édifices sont devenus (du moins provisoirement) inhabitables ; mais le résultat a été un commentaire incisif sur le mode de vie américain. Autant la terre glaise que la glace sont des matériaux de construction écologiques dans des régions du monde aux climats rigoureux, soit particulièrement chauds, soit particulièrement froids ; mais, dans les communautés de Minneapolis et de Salt Lake City, les projets de Pettena ont été interprétés comme des assauts subversifs contre le gaspillage des ressources naturelles qui sévit aux États-Unis.

Après avoir séjourné en Amérique dans les années 70, Pettena est retourné en Italie et a continué de travailler sur une série de projets d'installations et de représentations publiques dûs à des initiatives politiques et environnementales. Plus récemment, il s'est concentré sur la construction d'une maison écologique sur l'Île d'Elbe. Sur un site d'une beauté naturelle spectaculaire, il s'est surtout soucié, d'empiéter le moins possible sur le milieu naturel. L'habitation privée a été bâtie à partir d'une cabane de pêcheur et a été essentiellement assemblée à partir d'objets et de matériaux récupérés par l'architecte en faisant le tour de l'Île. La maison ressemble à un collage primitif, évoquant un cottage de ramasseur d'épaves comme on pourrait le trouver dans un roman de Somerset Maugham – isolé, sans prétentions et improvisé.

À maints égards, cette construction est dans le droit fil des tendances philosophiques exprimées dans les premiers projets de Pettena. C'est une concession au fait que, dans l'ultime scénario écologique, la nature finira par tout reconquérir.

Selon les mots de Pettena, sa Maison sur l'Île d'Elbe est « un lieu pour observer les étoiles ». David Lea pense que le rôle de l'architecture n'est pas « d'exprimer l'époque » mais plutôt « d'avoir une résonance qui stimule notre moral ». En conséquence, l'œuvre des deux architectes est très discrète, d'un bon rapport qualité-prix et s'aligne étroitement sur les rythmes et processus de la nature.

À l'extrême opposé de l'architecture spécifique au site, le récent design de Hans Hollein pour un Centre Européen de Vulcanologie en France, «Vulcania», est précisément un exemple qui «exprime l'époque» en intervenant dans le paysage.

Hollein, qui est l'architecte contemporain le plus connu d'Autriche, a joué un rôle de premier plan dans diverses directions esthétiques au cours des dernières décennies – ainsi sa participation à l'architecture radicale au début des années 70, suivie par un travail important dans l'idiome du postmodernisme, un flirt expérimental avec le déconstructivisme dans les années 80 et, plus récemment, un engagement croissant en faveur du mouvement environnemental.

Le Centre de Vulcanologie à Saint-Ours-les-Roches, conçu par Hollein et Atelier 4 pour la région de Clermont-Ferrand, est un impressionnant complexe situé à 1 000 m d'altitude et en majeure partie découpé dans le cratère d'un volcan éteint. Ce bâtiment profondément culturel représente une progression dans l'œuvre de l'architecte et semble transcender, par sa conception, la plupart des constructions qui ont auparavant jalonné sa carrière.

La configuration circulaire du bâtiment, des espaces d'exposition souterrains et une immense tour en forme de cône en surface symbolisent les divers éléments de terrain associés aux volcans et ont été conçus pour répondre à la curiosité du public au sujet des violentes éruptions qui ont présidé à la formation de la terre. Hollein a intentionnellement conféré à l'ensemble du complexe une forte qualité rituelle et cosmologique en accord avec les aspects mystiques et scientifiques de la vulcanologie. Les éléments en surface suggèrent des éruptions et des incisions dans le paysage tandis que les sections souterraines font référence aux différentes strates géologiques.

Sur le plan iconographique, ce Centre de Vulcanologie représente une fusion de l'idée, de la construction et du cadre naturel. Plutôt que d'imposer l'édifice et ses locaux d'études comme un produit final, Hollein a proposé de faire de toute la région des volcans éteints une partie intégrante de l'exposition. Au niveau fonctionnel, il a créé une matrice circulaire et un réseau de passages qui entraînent le visiteur dans un parcours initiatique à l'intérieur comme à l'extérieur, expliquent le fonctionnement de l'activité volcanique et permettent d'étudier strates, matériaux et autres informations géologiques.

Bien que l'architecte mentionne son utilisation des matériaux régionaux dans la construction du Centre de Vulcanologie, il n'a pas indiqué si sa réalisation repose sur un programme consciencieux de technologie «verte». L'utilisation de matériaux volcaniques, l'intégration de la topographie existante et la sensibilité à l'égard de l'ensemble du site a fait

**Maison de l'Île d'Elbe**
Gianni Pettena
L'Île d'Elbe, Italie
1982–85

*Pages 106 et 107*
**« Vulcania », Centre Européen de Vulcanologie**
Hans Hollein
Saint-Ours-les-Roches, Auvergne, France
1994–2001

marque l'ensemble du projet. Le bâtiment sculpte le site, il s'y faufile et s'y enfonce, le tout étant articulé de main de maître avec un dynamisme sculptural rarement atteint au XX^e siècle, si l'on fait exception des premiers triomphes de l'architecture organique de Frank Lloyd Wright. Cette construction particulière renforce parfaitement l'opinion d'Hollein, convaincu que « la forme ne se développe pas à partir des demandes matérielles d'utilisation mais de l'utilisation au vrai sens du terme, depuis sa signification spirituelle, la signification de toute réalité physique ... ». Il pense que l'habitat humain doit être associé au rituel et relié au sacré et à l'érotique, que les bâtiments peuvent parler (comme dans une « architecture parlante ») et font appel à la participation multidimensionnelle de tous les sens.

L'œuvre de SITE, un groupe architectural new-yorkais fondé en 1970, a contribué depuis plus de 20 ans à la pensée environnementale et à l'intégration de l'architecture au milieu naturel. Identifiée au départ au mouvement assez librement défini appelé « architecture radicale » des années 70 – dont faisaient également partie Hans Hollein, Gianni Pettena, Emilio Ambasz, Ettore Sottsass, Alessandro Mendini et des groupes tels qu'Archigram, Haus Rucker, Archizoom et Superstudio, entre autres – l'approche de SITE pendant cette période a été une critique des traditions modernistes et une exploration des rapports ambigus entre l'art et l'architecture. Parmi les constructions les plus connues du groupe – une série de huit magasins d'exposition sur les techniques marchandes pour la société BEST Products Company –, deux de ces bâtiments construits en 1979 sont devenus des exemples prophétiques de l'œuvre future de SITE, à savoir le Forest Building de Richmond, en Virginie et le Rainforest Showroom de Hialeah, en Floride.

Les séries catalogue/magasin d'exposition de BEST ont été sponsorisées par les propriétaires de la société, Sydney et Frances Lewis, d'importants collectionneurs d'art américains avec un programme exceptionnellement éclairé consistant à faire pénétrer l'art

preuve Hollein placent certainement cette construction au premier rang de l'imagerie environnementale ; mais au niveau de la création, la prochaine étape pour tous les architectes orientés vers l'écologie est aujourd'hui de trouver le juste milieu entre la science « verte » et l'art « vert ».

L'édifice d'Hollein le plus loué à ce jour – et certainement une expérience importante dans le cadre de l'architecture spécifique au site – est le Musée Municipal Abteiberg à Mönchengladbach, en Allemagne. Le bâtiment est construit sur un impressionnant flanc de coteau et l'on peut marcher sur certaines parties des toits et des façades ; cela rappelle beaucoup la manière dont les piétons animent la construction d'Emilio Ambasz à Fukuoka. Le concept est né d'un ancien plan urbain qu'Hans Hollein avait développé pour la municipalité, et cette idée d'une ville fragmentée par une colline et juchée sur un pittoresque promontoire

*Pages 108 et 109*
**Musée Municipal Abteiberg**
Hans Hollein
Mönchengladbach, Allemagne
1972–82

dans le domaine public. Plutôt que de poser de monumentales sculptures devant leurs bâtiments – une pratique courante dans les années 70 et facétieusement cataloguée par de nombreux critiques comme le « plop art » (du bruit d'un objet tombant dans l'eau) – BEST a encouragé SITE à élargir l'horizon de l'art public. Les magasins type de la société commerciale étaient des supermarchés reposant tous sur une même formule (de banales boîtes en briques situées le long de routes nationales), dont SITE s'est emparé pour en faire des « sujets » de l'art. Etant donné le caractère intouchable du design formaliste au début des années 70, cette approche a été perçue comme radicale et subversive. Dans une perspective moderniste orthodoxe, elle sapait les valeurs esthétiques établies de « la vraie architecture » que l'on considérait (et considère toujours) comme ayant pour mission exclusive de créer et façonner des formes et des espaces. Se positionnant à l'opposé, SITE a traité la série des magasins BEST comme des « ready-mades » existants (pour emprunter un terme de Marcel Duchamp) et comme des cibles d'interventions perturbatrices pour des significations modifiées. En profitant du réflexe d'identification populaire avec la prosaïque imagerie commerciale de BEST, ces renversements architecturaux ont ajouté une dimension intéressante à l'idée d'architecture « narrative ». Ils sont devenus des exemples d'édifices utilisés comme des « éponges » d'information absorbant les réactions subconscientes du public face à certains bâtiments archétypes et les opposant à une vue généralement passive de l'architecture.

Dans le cas des magasins BEST, SITE a développé l'idée de « l'architecture en tant que commentaire sur l'architecture ». Il s'agissait d'utiliser des éléments désorientants qui inclinent, déforment, effritent, rompent et remettent en question des définitions rhétoriques en créant de nouveaux seuils de débat sur les rôles de l'art et de l'architecture dans le domaine public. La preuve en est que l'une des réactions les plus fréquentes des personnes voyant pour la première fois les magasins a été : « Vous savez, je ne me suis jamais posé de questions sur un bâtiment avant de voir celui-ci. » Ces conditions de remise en question, de stupéfaction et d'ambivalence ont jeté la base d'un dialogue critique et comptent pour beaucoup dans l'importance architecturale de ces constructions.

Les sites d'origine du Forest Building et du Rainforest Showroom étaient tous deux recouverts d'arbres et d'une riche végétation. SITE a décidé que l'iconographie de ces constructions devrait naître d'une conservation consciencieuse de l'environnement naturel en intégrant le contexte aux bâtiments. Les banales caractéristiques des magasins d'exposition ont été utilisées pour mieux mettre en valeur une nouvelle forme d'interaction entre le paysage et l'architecture. Ces magasins ont été conçus pour donner l'impression d'avoir été réduits à néant par suite d'un sinistre renversement des rôles – ou, en d'autres termes, pour apparaître comme les victimes de la « revanche de la nature ». Pour obtenir cet effet d'intrusion de la forêt et de la flore dans le magasin d'exposition de Virginie, le bâtiment a été fendu en deux, ce qui laisse pénétrer dans le gouffre béant d'immenses chênes ainsi qu'une végétation de couverture. Dans le Rainforest Showroom de Floride, on a extrait le paysage existant et on l'a conservé dans une pépinière pendant la durée de la construction. Il a ensuite été replacé comme un espace jardin entre un imposant mur-cascade extérieur et une seconde barrière thermique. Dans ces deux bâtiments, le paysage a été interprété comme un prolongement intégré et apparemment chaotique de l'architecture, contrairement à son rôle habituel de bel accessoire périphérique et secondaire.

Bien que ces premiers magasins BEST n'aient pas contribué à faire progresser la technologie « verte », un agréable jardin ombragé a été créé en Virginie et l'on a obtenu d'excellents avantages en matière de climatisation en Floride. Leur principale valeur, toutefois, réside dans l'iconographie communicative qu'ils ont su créer en se basant sur l'ambivalence du public à l'égard de la relation entre l'architecture et la nature. Dans le Forest Building par

**Forest Building**
SITE
Richmond, Virginie,
États-Unis
1980

*Pages 112 et 113*
**Rainforest Showroom**
SITE
Hialeah, Floride, États-Unis
1979

exemple, le bâtiment a été découpé dans le coteau d'une colline et, pour mieux célébrer le lien entre la surface visible du paysage et les niveaux souterrains invisibles, la façade frontale en verre retient un volume de terre comme un terrarium géologique. Ce dispositif a servi de vecteur au message intérieur/extérieur de l'architecture en l'entraînant dans un dialogue « dessus/dessous », rarement exploré, avec les sections invisibles de la terre. Le terrarium se composait de strates des formations géologiques locales et, pendant un certain temps, il a gardé ses habitants souterrains, à savoir des taupes, des vers, des insectes, etc. qui ont fréquemment animé la surface intérieure du verre. Cette innovation a lancé SITE dans une série de bâtiments et de parcs avec des murs de terrarium qui, contrairement à l'austère opacité des murs conventionnels, sont devenus de véritables exemples d'architecture sujette à la mutation et évolutionnaire. Ces bâtiments qui évoluent avec le temps et reconnaissent la vie souterraine comme partie intégrante de l'architecture, diffusent un message important pour la révolution « verte » sans le proclamer par les voies habituelles de la propagande politique.

En 1992, SITE a achevé une construction essentielle, combinant un espace public et une série de bâtiments « verts » dans le cadre de l'Exposition universelle de Séville, en Espagne. L'Avenue Five était l'une des principales artères piétonnes permettant aux visiteurs d'accéder aux pavillons nationaux et aux espaces consacrés aux événements. Conçu comme un éloge au fleuve de Guadalquivir qui traverse la ville et célébrant le sujet « découverte » de l'exposition, ce projet commémorait aussi le site où ont été construits les vaisseaux des grands navigateurs. Après la fermeture de l'exposition, ce projet est devenu la pièce centrale d'un parc dédié à Christophe Colomb.

Le défi du design de l'Avenue Five consistait à proposer une approche homogène de toute la longueur (près de 500 m) d'un immense espace piéton. Le résultat est fondé sur une association de références au fleuve voisin et au besoin de raccorder des éléments disparates incluant un train monorail, une gare centrale, plusieurs jardins d'agrément, trois restaurants et deux kiosques d'information. Sur le plan, la construction est dominée par la ligne droite du monorail. Cette voie ferrée est coupée par un mur-cascade onduleux, tout de verre, qui fonctionne comme une membrane englobant les restaurants et représente un microcosme métaphorique de la topographie de la région du Guadalquivir. Le mur-cascade délimite d'un côté un espace processionnel grandiose tandis que des colonnes et des pergolas recouvertes de lierre définissent l'élévation opposée. Le pavement alentour est disposé en gradins inclinés afin de recréer l'illusion, à la base du mur-cascade, d'un lit de rivière ; à l'extrémité ouest de l'espace processionnel, la source de ce canal est enfermée dans un abri de terre évoquant une montagne et recouvrant le kiosque d'information.

Pour parer au climat chaud et aride de Séville, tous les restaurants de l'Avenue Five sont situés dans l'enceinte du mur-cascade qui filtre la chaleur, et bénéficient des éléments rafraîchissants d'un toit recouvert de terre ou d'une pergola couverte de vigne. Ces jardins au-dessus de nos têtes – dits encore « paysages surélevés » – fournissent un maximum d'ombre et sont un exemple réussi de décisions esthétiques qui découlent directement de l'intégration de la technologie « verte » offerte par la nature. Le système d'irrigation lui-même, qui consomme peu d'énergie et alimente les jardins surélevés, fonctionne grâce à l'électri-

cité statique que produit l'eau coulant sur le verre. Outre le fait d'avoir créé une construction que les usagers peuvent entendre, sentir, toucher et dont l'atmosphère peut faire l'objet d'une expérience sensible, l'effet visuel (en particulier avec le bénéfice du temps qui s'est écoulé depuis l'achèvement des travaux en 1992) est celui d'une construction exclusivement composée d'eau et de végétation. À cet égard, l'Avenue Five est un excellent exemple de l'effort continu de SITE pour interpréter « l'art comme moyen de contrôle climatique ».

Dans un projet de 1997 pour le Musée des Arts Islamiques de Doha, au Qatar, SITE a conçu une fusion totale de l'architecture, des espaces d'exposition, de la technologie de communication et du paysage. Corroborant la conviction du groupe selon laquelle l'architecture devrait refléter les systèmes intégrés gouvernant la nature, le projet a été le produit d'une étroite collaboration entre designers, artistes et techniciens. L'équipe dirigeante de SITE, Tourbier and Walmsley (architecture paysagiste) et le Land Design Studio de Londres (design d'exposition) sont partis du principe que ce musée devrait exprimer l'unité spirituelle de l'Islam au moyen de caractéristiques très simples, à savoir : un plan à grille de 12 m qui « se dé-matérialise » sur l'extérieur pour délimiter un jardin public, un ensemble de murs latéraux allant de l'intérieur vers l'extérieur et devenant partie intrinsèque de l'expérience vécue de l'exposition ainsi qu'une succession de plans de toits onduleux créant des intérieurs à forte dimension sculpturale avec différentes hauteurs de plafonds. Vu dans son contexte à partir des alentours, le musée donne l'impression que « le bâtiment est le jardin et le jardin le bâtiment ».

Du point de vue de la technologie environnementale, il a fallu prendre en compte la chaleur et l'humidité extrêmes qui règnent en été au Qatar, en particulier le problème de la déshumidification des espaces intérieurs, afin de pouvoir exposer de très précieux manuscrits islamiques et d'autres objets historiques.

Les solutions trouvées à ces problèmes sont l'isolation en nid d'abeilles et des matériaux spéciaux particulièrement résistants à la chaleur pour les plans des toits, l'utilisation de la lumière du jour déviée sur les espaces intérieurs, un vaste refroidissement par rayonnement ainsi qu'un système de climatisation solaire passive pour les bureaux et les parcs. En outre, il convient de mentionner les murs d'ombre avec pergolas en saillie, les cours à l'abondante végétation, l'utilisation pour les murs de peintures réfléchissant la lumière et les derniers progrès en matière de traitement écologique de l'air et de déshumidification pour toutes les galeries et les pièces servant à l'entreposage. Pour aller encore plus avant dans la cause de la technologie « verte », le design du musée propose des innovations :

**Avenue Five**
SITE
Exposition universelle,
Séville, Espagne
1992

*Pages 115–117*
**Avenue Five**
SITE
Exposition universelle,
Séville, Espagne
1992

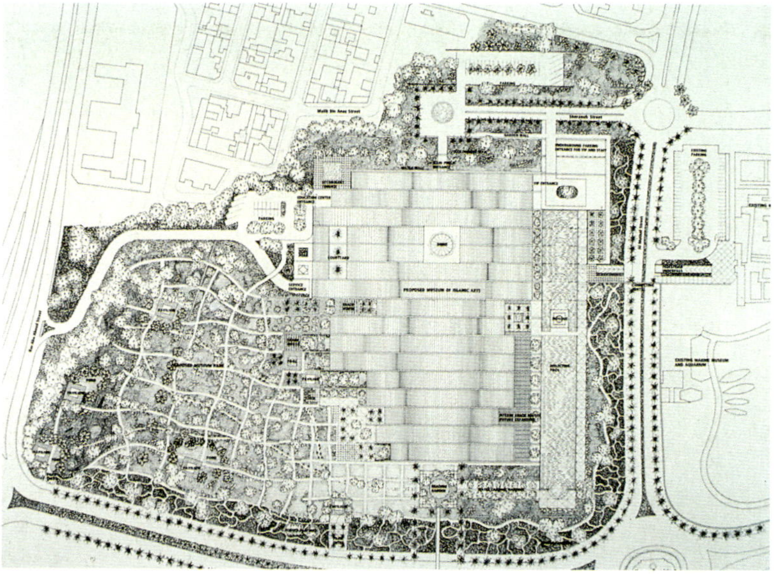

*Pages 118 et 119*
**Musée des Arts Islamiques**
SITE
Doha, Qatar
Projet, 1997

**Mary, Star of the Sea**
David Arkin
Gualala, Californie, États-Unis
1995

l'océan à proximité reçoit la chaleur évacuée, un dispositif d'accumulation thermique intérieure retient l'air plus frais de la nuit pour l'utiliser de jour et un système de ventilation naturelle réduit la chaleur accumulée pendant les heures les plus chaudes de la journée.

L'imagerie architecturale du Musée des Arts Islamiques reflète les associations suggérées par Doha, à savoir la culture islamique, la houle du désert, la mer, le commerce maritime, la végétation régionale et la topographie spécifique au site. En ce qui concerne son plan, le musée a été élaboré comme un système de « passages » – des murs allant de l'intérieur vers l'extérieur et découpant des voûtes en forme de dunes – qui donnent aux visiteurs l'impression de se trouver face à un vaste paysage désertique, le tout ponctué de traits architecturaux et de temps à autre d'une oasis de verdure. Le design reflète également les motifs géométriques traditionnels de l'art islamique ; dans ce cas, plutôt que de limiter son choix à la décoration murale, SITE a eu recours à des volumes, des armatures en grille et une succession de cloisons dans l'espace qui traduisent cet héritage en une forme sculpturale. Ce sont, en commençant par la façade principale orientée vers le sud, un mur de colonnades processionnelles, un imposant mur-cascade en verre qui filtre la lumière et rafraîchit le hall d'entrée, une armature en grille exposant des fragments d'architecture islamique, suivie d'une succession de murs d'exposition dans différents matériaux et avec divers degrés d'opacité, de perforation et de transparence. La pièce centrale du musée est un « bâtiment-au-sein-d'un-bâtiment » couronné par un dôme. Ses proportions reposent sur l'architecture islamique classique et il est consacré à l'histoire religieuse.

Les expositions intérieures ne se contentent pas de montrer des œuvres d'art historiques, elles se servent aussi des équipements vidéo les plus récents pour mieux expliquer les origines des objets exposés, sur écrans et ordinateurs, dans le cadre d'un vaste programme d'accès mondial aux institutions culturelles islamiques sur Internet, avec un site Web. La plupart des vitrines sont conçues comme faisant partie des murs, ce qui souligne encore l'approche fondamentale de SITE en faveur d'une intégration de l'architecture dans son contexte ; dans ce cas, il s'agissait de combiner la présence symbolique du mur, des éléments architecturaux liés au climat et des systèmes de communication cybernétique plaçant la culture dans un contexte planétaire.

Bien qu'il soit rare de trouver l'exemples idéal du mariage entre la science « verte » et l'art « vert », l'œuvre du designer californien Sim Van der Ryn a largement contribué, il y a plus de 20 ans, à jeter les bases à la fois d'un contenu symbolique et d'un design écologique innovateur. En tant que fondateur et président de l'Institut de design écologique de Sausalito, en Californie, il n'a cessé de faire œuvre de pionnier dans le domaine de la technologie de construction « verte » (coordonnée à des approches esthétiques) afin de diminuer la consommation d'eau, d'utiliser les eaux usées, de recycler les déchets organiques pour en faire de l'humus et enrichir le sol et afin d'étendre les applications de l'énergie solaire.

En association avec David Arkin, Sim Van der Ryn a dirigé les missions fondamentales de l'Institut de design écologique, à savoir : interpréter tout bâtiment comme un instrument pédagogique, penser l'architecture comme un prolongement des processus naturels, traiter la responsabilité écologique comme un pacte avec l'environnement et rendre la nature plus visible par le biais du design. Tandis qu'un pourcentage important de leur travail est consacré à la pure recherche environnementale, la construction d'une simple chapelle, de David Arkin – Mary, Star of the Sea (1995) – à Gualala Point à environ 200 km au nord de San Francisco, leur a donné l'occasion de créer un édifice religieux symboliquement lié au climat, à l'atmosphère et au site. Le bâtiment, pouvant accueillir quelque 175 personnes, est situé sur une crête balayée par les vents, a vue sur la mer et offre quelques caractéristiques physiques qui tirent pleinement profit des courants atmosphériques dominants. Dévié par un toit à inclinaison oblique sur l'élévation ouest, le vent passant sur la claire-voie de la façade orientale crée un effet Bernoulli (une zone contrôlée de basse pression) sous le plan du toit. Grâce à

**Mary, Star of the Sea**
David Arkin
Gualala, Californie, États-Unis
1995

des bras hydrauliques sensibles à la température qui ouvrent les fenêtres et permettent d'éviter de surchauffer, l'air chaud est aspiré vers l'extérieur, vers la zone de basse pression. Pendant la saison plus fraîche, la chaleur du soleil est emmagasinée dans le sol en béton. La chapelle achevée offre une température intérieure stable et agréable en toute saison, ses murs latéraux peuvent être complètement ouverts, ce qui permet aux paroissiens d'assister à des services en plein air, et l'orientation du site met en valeur son expérience à la fois environnementale et religieuse.

Mary, Star of the Sea tire parti d'une faille dans la formation rocheuse naturelle de la colline et se prolonge par un petit bois de pins à proximité. Grâce à une technologie tenant compte de l'esprit des lieux, au choix du sapin Douglas comme matériau de construction de base et à un ingénieux système de construction composé de nombreuses fermes courtes et diagonales ainsi que de joints articulés avec des bagues à fente, l'édifice semble être une extension fluide de son environnement. Au niveau métaphorique, il évoque à la fois la forêt et la clairière, un entrelacement de branches et une prairie ouverte. L'édifice communique immédiatement une atmosphère de spiritualité – bien que son apparence ne soit pas celle d'une église en terme d'imagerie conventionnelle – et il se sert de ses atouts en matière de technologie « verte » pour relier le terrestre au transcendantal.

Dans l'Arkansas, deux églises de l'architecte américain Fay Jones – la Thorncrown Chapel à Eureka Springs (1979–1980) et la Cooper Memorial Chapel à Bella Vista – (en association avec Maurice Jennings ; 1987–1988) reposent sur le même concept que celui d'Arkin consistant à traduire une philosophie géocentrée en une iconographie sacrée. Jones recourt au style gothique traditionnellement associé aux églises chrétiennes médiévales. Toutefois, à la différence de ces imposants prédécesseurs, ses édifices religieux ont été ingénieusement construits avec du bois d'œuvre formant une immense toile tissée et jetant un pont métaphorique vers les forêts environnantes. Ces édifices imaginatifs intervertissent en fait les traditions de la construction gothique qui réunit d'imposants éléments en pierre en compression ; en effet, les chapelles de Jones ont été assemblées par des pièces en bois linéaires en tension. Les résultats sont très nettement contemporains et incarnent avec lyrisme la technologie de l'ère industrielle, s'exprimant par un langage visuel qui évoque un sens intemporel de la nature et de la cosmologie.

Jones est un courageux indépendant – et c'est tout à son honneur. Professeur à l'université de l'Arkansas tout en ayant un cabinet à Fayetteville, il a fait ses études avec Frank Lloyd Wright et a longtemps travaillé dans son ombre dans les années 50. Il a fini par émerger avec un ensemble d'œuvres originales s'inspirant de l'environnement dans les années 80 et s'est vu décerner en 1990 médaille d'or de l'Institut américain des architectes. Depuis lors, on a fini par lui accorder la place de choix qu'il méritait depuis longtemps.

Les similitudes entre les édifices religieux de Fay Jones et de David Arkin proviennent d'une sensibilité américaine commune. Jones et Arkin se sont tous deux inspirés de Frank Lloyd Wright et de sa vision de l'architecture organique, ils ont exercé une influence majeure sur le travail de nombreux étudiants et

*Pages 122 et 123*
**Real Goods Solar Living Center**
*(voir aussi pages 148 et 151)*
Van der Ryn Architects
Hopland, Californie, États-Unis
1996

jeunes professionnels ; ils ont fait preuve d'un profond dévouement aux valeurs « vertes » et d'un respect du cadre naturel. Le peu d'enthousiasme de certains critiques de renom vis-à-vis d'«outsiders» éco-centriques est fermement ancré dans l'opinion selon laquelle ces praticiens sont admirables, soit, mais jamais pertinents. Bien sûr, d'un point de vue formel et si l'on considère que l'œuvre de Jones et d'Arkin n'a pas réussi à conquérir un nouveau territoire esthétique, on peut dire que celle-ci reste enfermée dans certains vestiges du design traditionnel ; mais leur engagement environnemental appartient assurément à l'avenir.

Comparés au spiritualisme rural très américain des églises de Jones et d'Arkin, ou au symbolisme agressivement cosmogénique du Parc écossais de Jencks et Keswick, les facteurs écologiques et cosmologiques des édifices réalisés par Antoine Predock ne sont, de l'aveu même de ce dernier, ni consciencieuse-

*Pages 124 et 125*
**Thorncrown Chapel**
Fay Jones and Associates
Eureka Springs, Arkansas, États-Unis
1979–80

ment « verts » ni particulièrement symboliques par leur origine ou par leurs intentions. Son œuvre est invariablement marquée par un usage brillant des masses sculpturales et une sensibilité aiguë au site. Qualifiant ses réalisations de « paysages artificiels », Predock est l'un des rares architectes à revendiquer avec fierté l'épithète de « régionaliste », interprétant ce statut comme l'essence d'un nouveau sens de la contextualité. Ses constructions se distinguent par les idées jaillies de ce qu'il appelle une « cosmologie naturaliste ».

Predock a étudié à la Columbia University et à l'université du Nouveau-Mexique ; depuis ses débuts dans la profession, en 1967, ses bâtiments ont toujours été considérés comme typiques du sud-ouest américain. Ils se réfèrent en effet à une imagerie essentiellement inspirée de la construction en adobe des régions désertiques, et des pueblos du Nouveau-Mexique. Dans les cas les plus réussis, Predock opère une fusion avec le paysage dans la ligne de l'architecture organique de Wright ou celle des œuvres monumentales que nous ont léguées Luis Barragán (1902–1988) et Louis Kahn (1901–1974). Ses exemples les moins réussis peuvent frôler dangereusement l'élégance passe-partout de Taliesin West et les styles « puebloesques » plutôt écœurants qui envahissent des communautés telles que Santa Fe et Taos. Transcendant de tels problèmes dans ses La Luz Townhouses, une communauté résidentielle d'Albuquerque, Predock a conçu une série d'habitations le long d'une crête et préservé ainsi l'équilibre écologique d'un fragile lit de rivière. Construites en adobe séché au soleil et extrait du site, ces maisons sont particulièrement résistantes à la chaleur du désert, grâce à l'utilisation intelligente d'une technologie de construction éprouvée dans un climat chaud et sec. Il a également eu recours au chauffage et au refroidissement solaires passifs ; son imagerie bien intégrée, avec ses formes en terrasses pour les bâtiments, est en tout point résolument régionaliste et reflète ce que Predock appelle les trois âmes du sud-ouest, « l'indienne, l'espagnole et l'anglo-américaine ».

Qualifiant son œuvre « d'aventure, de découverte », il en a donné en 1982 l'un des meilleurs exemples, le Centre Naturel du Rio Grande, petite institution d'enseignement au milieu de marécages naturels et d'un écosystème fragile. Bordant le fleuve Rio Grande au niveau de sa principale ligne de partage des eaux, le site est situé dans la vallée et la construction a dû s'imposer une intrusion minimum contre une voie d'eau essentielle au fonctionnement des systèmes naturels et artificiels de la région. Rompant avec son « modernisme puebloïde » des débuts, l'architecte est resté fidèle au modernisme classique. Pour le projet du Centre Naturel, il a ajouté de forts éléments d'ingénierie et une imagerie primitive évoquant la forteresse et servant en quelque sorte de contrepoint à la douceur de l'environnement aquatique. Le bâtiment est une réussite environnementale à plusieurs égards : il est symbolique de l'écosystème local, il présente un tunnel qui enchante les jeunes visitant le site et les tubes d'eaux à l'intérieur, qui expliquent le fonctionnement des marais et servent également de système de stockage de l'énergie solaire passive.

À certains égards, l'architecture d'Antoine Predock – généralement repliée sur elle-même – rappelle certains traits des constructions islamiques, où les murs sont conçus pour affirmer les canons de la foi, empêcher les intrus d'entrer et détourner la lumière du soleil. Aux yeux des Occidentaux, l'effet visuel de ce type de construction peut parfois paraître peu attrayant et autocratique. D'autre part, comme l'œuvre de Predock, son attrait visuel provient de l'emploi de matériaux riches en terre, d'un sens profond du cadre naturel et d'une échelle humaine bienfaisante.

*Pages 126 et 127*
**Cooper Memorial Chapel**
Fay Jones et
Maurice Jennings
Bella Vista, Arkansas,
États-Unis
1987–88

Si l'on considère les opérations symboliques qui permettent d'intégrer un édifice dans son contexte culturel, ou encore l'émergence, par le biais de l'architecture, d'une authentique poésie visuelle, il est loisible d'affirmer que rien, dans les temps récents, ne surpasse le Centre culturel Jean-Marie Tjibaou réalisé par l'architecte génois Renzo Piano en Nouvelle-Calédonie, à quelque 1600 km de Sydney, en Australie. Expression de la sensibilité de Piano à l'environnement régional, il prend en compte les multiples éléments constitutifs de la civilisation mélanésienne. « Offrir un produit standard de l'architecture occidentale avec un camouflage superficiel n'était pas possible : cela aurait fait penser à un blindé masqué par des feuilles de palmier » : c'est dans ces termes que l'architecte commente sa vision.

Catapulté du jour au lendemain au sommet de la renommée en tant que concepteur du Centre Pompidou (aux côtés de Richard Rogers) et comme l'un des initiateurs du mouvement architectural « high-tech », Piano avait été sélectionné en 1991, au terme d'un concours international, pour réaliser le Centre Tjibaou. À l'écoute de la sagesse des indigènes et de la culture kanaque, il a réussi une parfaite intégration des matériaux régionaux, des méthodes traditionnelles de construction, des technologies contemporaines et du design écologique. Le parti de concevoir l'ensemble comme une série de pavillons en forme de ruches – reflétant une longue tradition d'architecture conique typique des mers du Sud – propose un contrepoint subtil avec les stratégies formelles contemporaines et la présence d'une topographie et d'une végétation spécifiques du paysage néo-calédonien.

Du point de vue du design « vert » et de la protection du climat, Piano a recouru au bambou à l'épreuve des intempéries – le matériau brut le plus facile à ériger et le plus rapidement renouvelable du monde –, dont les éléments verticaux captent et contrôlent les vents par le biais de ventilateurs modulables. L'usage du bambou permet également de rendre l'édifice regénérable à l'infini et crée une imagerie consensuelle qui s'insère particulièrement bien dans la culture ambiante. Cette recherche d'une iconographie qui réponde au milieu naturel se retrouve encore dans l'idée de l'architecte de disposer ses pavillons de part et d'autre d'une arête, d'une « épine dorsale » qui évoque les modèles de développement linéaire des agglomérations rurales typiques.

Avec le Centre Tjibaou, Piano a réussi ce qui semblait impossible dans l'architecture contemporaine. Il a lancé un pont vers le nouveau millénaire, concrétisant à la fois passé, présent et avenir. Notre époque, âge de l'information et de la technologie, demande une architecture caractérisée par moins de substance et plus d'information, moins d'intrusion et plus d'inclusion, moins d'objectivation et plus de fragmentation, moins d'eurocentrisme et plus de diversité culturelle. Renzo Piano est pratiquement le seul à avoir su marier tous ces éléments de progrès au sein d'une réalisation architecturale concrète.

L'un des objectifs essentiels de cet ouvrage, depuis le début, a été d'identifier les signes d'une nouvelle imagerie éco-centrique dans l'art de la construction, qui délogera peut-être un jour les clichés dominants du techno-centrisme. L'indice le plus évident de cette évolution, que l'on retrouve dans l'œuvre

*En haut et à gauche*
**La Luz Townhouses**
Antoine Predock
Albuquerque, Nouveau-Mexique, États-Unis
1967–74

*À droite et en bas*
**Centre Naturel du Rio Grande**
Antoine Predock
Albuquerque, Nouveau-Mexique, États-Unis
1982

*Pages 130 et 131*
**Centre culturel Jean-Marie Tjibaou**
Renzo Piano
Nouméa, Nouvelle-Calédonie
1992–98

d'architectes tels qu'Ambasz, Noever, Quarmby, Predock et Piano est une plus grande sensibilité à l'égard du site et l'utilisation croissante de végétation et de matériaux naturels, admirable contribution à un exposé raisonné sur la santé publique et les choix artistiques. Néanmoins, les réalisations n'arrivent toujours pas à transformer les produits manufacturés métalliques ou chimiques et les produits informatiques de la technologie environnementale en une iconographie communicative. Au niveau le plus élémentaire, seuls très peu d'objets manufacturés suggèrent communément des associations liées à l'homme ou à la nature. Par exemple, si l'on accepte de reconnaître que l'art des « earthworks » de Robert Smithson est une expression profondément humanisée de ses idées sur la dématérialisation et l'entropie, alors, la majeure partie de l'architecture environnementale high-tech d'aujourd'hui – indépendamment du sérieux de ses intentions écologiques et symboliques – risque d'apparaître superficielle, convenue et glaciale.

*Le médecin peut enterrer ses erreurs mais l'architecte, lui, n'a plus qu'à conseiller à ses clients de planter des vignes.*

Frank Lloyd Wright

## Traduire la technologie en termes d'art

Quelques architectes scrupuleux tentent donc une autre voie : l'approche de l'éco-technologie en tant qu'art ; mais leurs moyens d'expression sont souvent prisonniers des conventions modernistes. Dans quelques rares cas, les résultats ont été adaptés de manière convaincante à l'expérimentation environnementale sans tomber dans le piège d'une orthodoxie stylistique exagérément cultivée. L'architecture de Thomas Herzog répond à cette description. Il a été un pionnier réfléchi et conséquent dans sa manière d'allier, depuis les années 70, une économie rationaliste des moyens à des préoccupations écologiques. Professeur de design à l'université technique de Munich, adepte du travail en équipe et de la recherche interdisciplinaire, il devrait également figurer au tableau d'honneur des « plus grands architectes modernistes du monde ». En fait, il est actuellement l'un des chefs de file du « nouveau minimalisme » qui gagne rapidement du terrain en tant qu'alternative aux excès d'un néo-constructivisme sur le déclin. Comparée à une architecture internationale étouffant sous les extrava-

gances baroques, la concentration réfléchie d'Herzog sur ce qu'il appelle « la physique constructionnelle » est une bouffée d'air frais. Plutôt que de s'obstiner dans l'impasse high-tech, il interprète la technologie comme réponse à des problèmes tels que zoning, infrastructure naturelle, économie, contraintes du site, énergie solaire et propriétés thermiques de différents matériaux. Il se laisse guider par les lois de la physique et la variabilité des conditions naturelles, destinées à devenir obligatoirement partie intrinsèque de toute architecture progressiste. Déplorant l'actuelle charactéristique de surface, il déclare : « La provocation ne m'intéresse pas ; mais au regard de l'image par trop familière que l'on a de l'environnement construit – avec les misérables constructions de ces dernières décennies – je ne me sens pas tenu de me conformer. » Herzog croit en « moins d'exhibitionnisme » ; à ses yeux, l'architecture consiste en « grands objets coûteux avec des effets à long terme ; pour des impressions à court terme, ce sont les mauvais objets, le mauvais vecteur. Ils doivent posséder une neutralité qui permettra à la vie de se développer. » Son appel à la retenue au milieu d'un tel étalage prétentieux est un bon point ; mais son argumentation pêche à un point : quelques-unes des plus grandiloquentes constructions « exhibitionnistes » de l'histoire ont également été parmi les plus durables (songeons aux immortels flamboiements du baroque italien) et même quelques extravagantes complaisances prévues pour le court terme (la Tour Eiffel, 1889 ; le Pavillon de Barcelone, 1928/29) ont une place assurée dans le monde d'aujourd'hui. En outre, ces monuments ont certainement « permis à la vie de se développer », pour reprendre ses propres termes.

La Maison à Ratisbonne (1977–1979) est une construction simple, en forme de losange avec un toit vitré incliné qui laisse pénétrer plus de lumière à l'intérieur. Etayant le point de vue du designer selon lequel l'architecture environnementale devrait « rendre visible les caractéristiques techniques nécessaires ... en les détaillant sous une forme esthétique efficace », Herzog a créé une habitation solaire

**Maison à Ratisbonne**
Thomas Herzog
Ratisbonne, Allemagne
1977–79

*Page 132*
**Maison à Waldmohr**
Thomas Herzog
Waldmohr, Allemagne
1982–84

passive par le biais d'une intégration superposée de la « maison au sein d'une maison », c'est-à-dire une zone de température intermédiaire encerclant un espace intérieur central. Vue sous certains angles, la maison ressemble à une serre (en fait c'est le cas pour les sections basses du prisme orientées vers le sud), enfermée dans un quartier de tours d'habitation quelconques et son propre petit bois de hêtres. L'image de marque est certainement high-tech, mais elle est aussi très bien intégrée par suite de l'utilisation de poutres en appentis et de l'impression que l'on a de voir cette maison sortir du sol (comme une plante). Toute la technologie est visible : une façade vitrée au sud, un toit en pente pour des gains calorifiques en énergie solaire passive, des tuiles en pierre à chaux naturelle pour un chauffage par rayonnement, des pilotis pour élever l'édifice au-dessus du niveau élevé de la nappe phréatique et protéger les hêtres ainsi que des matériaux de construction légers qui se confondent dans la nature plutôt que de faire valoir l'importance du bâtiment.

Pour le plan d'une Maison à Waldmohr, Herzog a eu recours à l'« oignon thermique » qui implique une autre interprétation du bâtiment au sein d'un bâtiment. Le principe de base est de placer les pièces nécessitant les températures intérieures les plus élevées – les salles de bains par exemple – au centre de la maison, et de les entourer par les pièces où les températures diminuent à mesure qu'elles deviennent plus excentriques. Herzog a placé un cube dans un carré sur la diagonale d'un site orienté au sud afin d'obtenir une façade vitrée à la fois extérieure et intérieure. Une serre entre ces murs-membranes sert de zone tampon pour le contrôle de la température et la chaleur provient de la circulation d'eau chaude sous les planchers. Chacune des caractéristiques environnementales de la maison est clairement visible et fait partie de sa profession de foi esthétique, y compris les arbres alentour, la construction en contreplaqué, les écrans solaires sur l'intérieur, en feuilles de mylar, le toit recouvert de végétation et un treillage verdoyant qui apporte de l'ombre aux élévations est et ouest.

En 1988, Herzog a remporté un concours pour un nouveau centre de congrès et d'exposition dans la ville de Linz, chef-lieu de la Haute-Autriche. Conçue comme un arc décrivant une courbe peu élevée, l'armature de 204 x 80 m, composée de 34 poutres en acier légèrement cintrées, offre un maximum d'espace couvert pour accueillir des expositions et des conférences avec un minimum d'intrusion de colonnes. L'une des innovations les plus ingénieuses a été placée dans le toit pour bénéficier d'une lumière du jour diffuse afin d'éclairer l'intérieur. Cette idée a également permis d'obtenir une résistance maximale à la pénétration de la chaleur et du froid. À cet égard, le toit devient une « peau intelligente » où même la position changeante du soleil est compensée par des grilles rétro-réfléchissantes insérées entre les sections à double vitrage de la surface.

Ce centre a donné à Herzog une occasion inhabituelle de faire des recherches sur l'ensemble du spectre du contrôle climatique au sein d'un seul bâtiment – y compris la circulation et la qualité de l'air, l'éclairage et le contrôle de la température – et d'étayer sa profonde

conviction selon laquelle les constructions réellement écologiques trouvent une solution correspondante en termes esthétiques.

Si l'on peut qualifier les constructions d'Herzog de high-tech « cérébral », l'architecture de Jourda et Perraudin, quant à elle, pourrait recevoir l'étiquette d'«humaniste». À la différence de leurs confrères moins inventifs qui s'accrochent au courant dominant du technocentrisme, ils ont embrassé la dimension environnementale comme une avenue d'exploration s'ouvrant à eux.

Françoise-Hélène Jourda a fait ses études à l'école d'architecture de Lyon, à la fin des années 70, et rejoint Gilles Perraudin, qui avait également étudié à Lyon, après avoir quitté l'école pour fonder un cabinet professionnel mettant l'accent sur les questions environnementales. Bien que salué par les critiques comme éminent représentant de la high-tech française lors de ses premières réalisations, Perraudin a ensuite tiré parti de l'expérience acquise auprès de l'Institut d'études sahariennes, en Algérie. Il a été fortement influencé par la notion de « technologie de construction régionale », qui respecte la disponibilité des matériaux locaux. Perraudin s'est enthousiasmé pour l'intelligence des techniques de construction traditionnelles en briques d'argile durcie, adaptées aux besoins des communautés du désert, et s'est engagé dans une mission architecturale consistant à intégrer la « durabilité » (en termes de développement durable), une symbiose avec le site et les précieuses leçons des cultures nomades.

Jourda et Perraudin ont adapté l'expérience algérienne à leur philosophie du design et développé le concept de bâtiments « réac-

*Pages 134 et 135*
**Maison à Ratisbonne**
Thomas Herzog
Ratisbonne, Allemagne
1977–79

**Maison à Waldmohr**
Thomas Herzog
Waldmohr, Allemagne
1982–84

tifs », qui « se transforment en fonction des données extérieures et modifient leur enveloppe pour s'adapter aux fluctuations climatiques..., la première étape vers le design de ‹ bâtiments vivants ›. » En ce qui concerne le nomadisme, ils ont senti que, même si nos sociétés occidentales imposent un mode de vie sédentaire, il y a beaucoup à apprendre de la remarquable aptitude des nomades à entretenir avec l'environnement des rapports d'échanges mutuels. Comme nous l'avons vu dans le deuxième chapitre du présent ouvrage, les cultures aborigènes entremêlent avec le même talent l'homme et la nature ; mais les sociétés riches semblent s'être tellement engagées sur la voie de la démence technocentrique et de l'aberration écologique qu'un retournement de tendance paraît impensable. En tout cas, ces jeunes architectes persévérants restent optimistes en interprétant l'expérience nomade non comme un état de mobilité physique mais plutôt comme présentant l'archétype de l'habitat souple qui respire, s'adapte, grandit et s'accommode facilement et rapidement à de nouveaux comportements. La cause principale de Jourda et Perraudin est celle d'espaces d'habitation et de travail flexibles, en vertu de leur conviction selon laquelle les civilisations occidentales finiront un jour par épouser la sagesse et la faculté d'adaptation des sociétés nomades vis-à-vis de leur milieu.

Quelques maisons particulières de Jourda et Perraudin sont remarquables dans leur utilisation imaginative du site afin de déterminer les choix créatifs. Leurs Maisons Expérimentales construites à Stuttgart ont été conçues dans le cadre d'une grande exposition sur l'art des jardins qui s'est tenue en 1993. Elles devaient servir de modèle pour un nouveau mode de vie étroitement aligné sur l'environnement. Trois habitations ont été reliées les unes aux autres par un toit en forme de coquille métallique et soutenues par des arbres servant d'armature : la première est une enceinte minimaliste, la seconde une habitation en pierre plus rustique et la troisième une serre s'ouvrant sur un jardin. L'habitant peut choisir entre trois environnements – trois expériences ambiantes très différentes –, chacun fondé sur des conditions climatiques liées aux changements saisonniers, ce qui introduisait la touche nomade typique.

Pour leur Maison particulière à Lyon-St. Just, les architectes ont mis au point une situation intérieur/extérieur similaire à la Maison à Ratisbonne de Herzog, en créant une couverture en toile qui abrite le bâtiment et un microclimat entre les couches de la construction, et en intégrant la végétation à l'intérieur comme à l'extérieur. La construction en forme d'abri déploie une baie vitrée de 21 m de long et peut être entièrement ouverte, étendant ainsi au jardin l'espace d'habitation. S'inspirant des magnifiques techniques de ventilation croisée enseignées par l'habitat du désert, l'édifice de Lyon (1984) a été conçu pour pouvoir respirer et offrir un environnement adapté aux plantes comme aux hommes.

La plus impressionnante réalisation de Jourda et Perraudin est la Cité Scolaire Internationale de Lyon, datant de 1992, où ils ont construit un imposant mur sinueux en verre, avec des écrans solaires à la fois fonctionnels et métaphoriques. Ce bâtiment de salles de classe est situé le long du Rhône – réfléchissant les ondulations de son cours naturel –, il est coiffé d'un toit-tente d'une surface de 8 000 m², suspendu à des mâts et recouvrant les salles de classe d'enseignement primaire, secondaire et supérieur. Ce regroupement de services sur un seul vaste espace-parapluie, appelé « Centre de Vie » fait penser à plusieurs villages symbiotiques reliés par une marquise « verte » florale. L'aspect le plus intéressant réside dans le fait que, bien que son apparence générale semble relever du modernisme tardif, son effet réel est topographique. Le visiteur a l'impression que, si cette construction n'était pas faite d'acier et de verre, elle pourrait être interprétée comme une Arcadie technologique où l'ensemble créé par la machine devient à la fois un mécanisme de soutien et une métaphore de la nature.

Sur le plan du concept, l'un des projets les plus originaux de Jourda et Perraudin est leur station de métro à Gerland (Lyon). Le design prévoit un agencement linéaire parallèle des quais et de lumière une série de trois puits en forme de cône, créant un interface surréaliste entre les rapports au-dessus et au-dessous du sol. À la surface, ces cônes suggèrent une imagerie à mi-chemin entre l'observatoire géomorphique et les volcans en sommeil. Dans le tunnel, ils ressemblent à de miniparcs troglodytiques et l'expérience qu'ils laissent est aux antipodes de celle que l'on a ordinairement dans le métro. Dans un fascinant renversement de la gigantesque métropole souterraine du métro de Tokyo, la station de Gerland suggère quant à elle un monde futur dont la surface serait surpeuplée et dont la civilisation s'échapperait vers des sanctuaires souterrains plus paisibles et arboricoles. Mis à part ses implications en tant que commentaire environnemental, ce projet de métro entame un irrésistible dialogue dessus/dessous. Il répond aussi à l'un des objectifs essentiels d'une nouvelle iconographie géocentrée. Il illustre en effet l'aptitude de l'architecture à utiliser des références terrestres pour influencer la direction empruntée par le développement de l'urbanisme.

**Maison particulière à Lyon-St. Just**
Jourda et Perraudin
Lyon, France
1984

*Pages 138 et 139*
**Cité Scolaire Internationale de Lyon**
Jourda et Perraudin
Lyon, France
1989–92

**Station de métro Gerland**
Jourda et Perraudin
Lyon, France
Projet

L'œuvre de Jourda et Perraudin est souvent associée à l'architecture de Jean Nouvel, probablement le plus connu des architectes français Nouvelle Vague, qui a pris part aux « grands travaux » de l'ère Mitterrand. Les années 80 sont en effet une décennie flamboyante sur le plan architectural, le président de la République française ayant parrainé des concours pour une série d'ambitieux – et, selon de nombreux critiques, prétentieux – travaux dans Paris et ses environs. Reflétant les goûts nettement modernistes de Mitterrand, seules quelques-unes de ces constructions ont été de véritables chefs-d'œuvre. L'Institut du Monde arabe de Nouvel est l'un d'eux.

La carrière de Jean Nouvel a connu une envolée fulgurante après la construction de son impressionnant Institut du Monde arabe et il est devenu l'un des gourous les plus influents du mouvement high-tech français. Alors que la majeure partie de l'œuvre de ses confrères a sombré dans l'abîme où se retrouvent trop ou tard les pastiches trop brillants, Nouvel a fait preuve d'un génie particulier pour éviter les champs de mines du « techno-paillettes » et proposer, formulé dans un idiome moderniste, un substantiel ensemble de bâtiments sérieux et d'aspect très intéressant. On ne peut reconnaître à aucun de ces édifices une motivation écologique mais plusieurs d'entre eux font preuve d'une conscience contextuelle et d'une présence de style « panneau d'affichage » qui illustrent l'intelligente absorption par l'architecte du feed-back émanant du site et son talent à conférer une dimension urbaine à cette information.

La Fondation Cartier, sur le boulevard Raspail à Paris, est un superbe exemple de la manière dont Nouvel utilise la façade architecturale pour en faire une chronique de l'information environnementale. Cet édifice a été construit sur une esplanade de cèdres plantés par Chateaubriand ; l'architecte a placé en retrait le volume principal du bâtiment et laissé les arbres et la végétation dans l'espace libre entre une cloison en verre et le vrai mur-rideau

**Institut du Monde Arabe**
Jean Nouvel
Paris, France
1981–87

*Pages 142 et 143*
**Fondation Cartier**
Jean Nouvel
Paris, France
1991–94

du centre d'exposition. Rappelant le Rainforest Showroom construit en 1979 par SITE à Hialeah (sans l'élément du mur-cascade), cet emploi de la façade comme membrane indépendante devant la vraie barrière thermique crée un espace qui libère l'architecture des contraintes de l'enceinte traditionnelle. La Fondation Cartier est une contribution à l'idée de «passages» mentionnée plus haut – à savoir l'utilisation des murs comme des diaphragmes filtrant les données régionales. Comme le Rainforest Showroom de SITE, la succession de plans de verre de Nouvel tire son importance du fait qu'elle est un élément d'information de la relation ambiguë existant entre l'intérieur et l'extérieur, de la stratification des transparents verticaux et d'une scénographie cinétique due aux reflets interactifs du ciel, de la végétation, de l'animation de la rue et des bâtiments environnants.

L'architecture de Jourda et Perraudin ainsi que de Jean Nouvel est tenue en haute estime, en particulier en raison du talent des architectes à trouver un équilibre entre la mission artistique et le génie technologique. Le fait qu'ils aient également réussi à englober certains aspects du design environnemental est une preuve supplémentaire de leur prescience en matière d'écologie ; cependant, tel n'est pas le message essentiel de leur œuvre. Ils montrent un engagement tacite pour la cause géocentrique ; comparées à eux, les principales personnes qui remuent ciel et terre pour la cause de la technologie «verte» font de la recherche sur les sciences de la terre la motivation centrale de leur architecture. Ce qui nous amène à un autre domaine d'étude – la recherche sur le design «vert» et les innovations technologiques.

PAYANT
68 HVX 75
CITROEN

*Pages 144 et 145*
**Fondation Cartier**
Jean Nouvel
Paris, France
1991–94

## Design « vert » : recherche et innovations technologiques

La société allemande LOG ID fait partie de ces équipes d'architectes que l'on associe le plus directement à la recherche progressiste. Ce groupe interdisciplinaire (dont le nom fait penser au nom de code d'un astronaute de cinéma) a une composition exceptionnelle d'architectes, d'ingénieurs, de médecines, de botanistes, physiciens et spécialistes des technologies de communication. Créée par Dieter Schempp, la société s'est fait un nom au niveau international dans ses recherches sur l'énergie solaire ainsi que les aspects économiques de la technologie « verte ». Bien que le travail de LOG ID soit essentiellement axé sur les sciences, leur emploi de coordonnées fonctionnelles se traduit dans des bâtiments au profil artistique convaincant.

Dieter Schempp est né à Stuttgart en 1944, a suivi ses études à l'école professionnelle technique de Detmold avec un stage en entreprise au bureau Lizero, à Cannes. Il a fondé LOG ID en 1972 en association avec Dieter Wolter. Leur objectif était de développer des systèmes solaires innovateurs destinés à l'architecture. En adoptant une approche de la technologie du contrôle climatique similaire à la théorie de « l'oignon thermique » de Thomas Herzog, l'équipe a créé un ensemble de constructions du style « bâtiment-au-sein-d'un-bâtiment », utilisant des murs successifs pour récupérer efficacement le rayonnement solaire, obtenir un flux d'air à température contrôlée à l'intérieur et intégrer la végétation dans le processus de purification de l'air. Les principes de ce système solaire « vert » sont basés sur la relation symbiotique entre l'homme et la nature. Comme la Maison à Ratisbonne de Herzog, l'enceinte vitrée extérieure recouvre une construction centrale bien isolée capable d'emmagasiner la chaleur solaire en hiver. Grâce à un transfert diathermique, la chaleur afflue depuis les cloisons extérieures transparentes à travers les murs du bâtiment intérieur et, pour améliorer ce processus, des portes spéciales s'ouvrent et des ventilateurs se mettent en marche afin d'accélérer la circulation de l'air. En été, les arbres et les plantes situés entre les murs thermiques et les murs opaques fournissent de l'ombre et une transpiration végétale bien-

*Pages 146 et 147*
**Université d'Ulm : Unité de recherche en traumatologie et biomécanique**
LOG ID Dieter Schempp, Fred Möllring et al.
Ulm, Allemagne
1989

venue tandis que les ventilateurs font circuler l'air frais.

Schempp et Wolter ont concentré l'essentiel de leur recherche sur les espaces intérieurs des bureaux car il s'agit là traditionnellement des pires coupables en terme d'infractions révoltantes vis-à-vis de la qualité de l'air et de la sauvegarde des ressources dans l'environnement de travail. LOG ID utilise la source d'énergie la plus importante depuis l'aube de la civilisation, lorsque le soleil était perçu, à juste titre, comme la seule vraie source d'énergie. Ils ont également compris l'équation existant entre la lumière et sa conversion en énergie humaine – un modèle idéal où le rendement productif maximal est généré par l'apport énergétique minimal.

L'Unité de recherche en traumatologie et biomécanique construite en 1989 par LOG ID à Ulm est l'un de leurs premiers exemples « d'architecture ‹ verte › solaire » fondée sur le droit des habitants à respirer un air pur et à se sentir bien sur leur lieu de travail, tout comme sur le droit du client à construire de manière économique. Cet édifice comprend un éventail complexe de services – bureaux pour les médecins, salles d'enseignement, laboratoires, services de radiologie, un centre informatique et une bibliothèque. LOG ID avait ainsi la situation idéale pour mettre en pratique sa théorie d'un environnement « résultant de l'expérience », tout en étant fonctionnel et écologique, les espaces intérieurs devant servir aussi bien à la recherche qu'à l'examen de patients souffrant des séquelles d'un accident ou d'une maladie traumatique. Dans un admirable contraste, l'Unité d'Ulm est une fusion de lumière, d'air pur, de végétation et d'espaces qui inspirent les chercheurs et les techniciens de laboratoire. En ce sens, l'accomplissement esthétique du bâtiment est dû à l'atmosphère de réconfort psychologique, basée sur un programme de design écologique, qu'il dégage.

L'imprimerie Medium/AS Druck GmbH, construite en 1991 à Lahr, en Allemagne, suit à son tour le principe écologique de membranes murales successives. Cette société produit des catalogues, des magazines, des suppléments de journaux et des publicités, avec une capacité quotidienne de 14 millions de pages. Alfred Schütz, en client éclairé, a expressément demandé un bâtiment qui protégerait les employés des substances nocives émanant de la production, refléterait une solide planification écologique et montrerait au public que Medium était prête à assumer sa part de responsabilité en matière de protection de l'environnement.

Schempp et Wolter ont construit un bâtiment double (conçu par Fred Möllring) – une partie pour la production et l'autre pour les bureaux administratifs. Le cœur en est une serre vitrée avec un jardin intérieur qui relie les deux sections et permet de profiter du soleil en toute saison. Le plan en forme d'éventail semble avoir été choisi comme une métaphore subtile des rayons du soleil, tandis que l'effet général produit par le bâtiment – avec sa ligne incurvée, ses murs et une végétation intérieure généreuse – suggère un organisme vivant au sein du paysage local. L'espace intérieur est chauffé par les rayons du soleil hivernal captés sous la verrière de l'atrium, l'air chaud étant guidé vers les bureaux. La température dans le hall des machines est

**Medium/AS Druck GmbH**
LOG ID Dieter Schempp,
Fred Möllring et al.
Lahr, Allemagne
1991

contrôlée par un dispositif de récupération de chaleur. Caractéristique intelligente (et rarement prise en considération) de l'architecture contemporaine, les passages pour piétons et les parkings autour de l'usine d'imprimerie sont pavés de dalles perforées, ce qui permet à la pluie de pénétrer dans le sol et au processus naturel de transpiration d'avoir lieu.

La Serre à Herten, bibliothèque et centre culturel (1994), près du bassin de la Ruhr, est un troisième édifice construit sur le principe d'un jardin central. Comme pour Medium/AS Druck GmbH, un collecteur solaire dans l'atrium distribue l'air chaud en hiver et expulse la chaleur solaire par la ventilation des plafonds en été. La végétation est essentiellement composée de plantes subtropicales qui servent à purifier l'air tout en offrant une paisible aire de détente aux employés et aux visiteurs.

Mais revenons à l'œuvre d'architecte environnemental américain, Sim Van der Ryn ; son travail pour la Real Goods Trading Corporation de Hopland, en Californie, est l'un des exemples les plus loués d'une recherche sur le design « vert » ayant trouvé une application viable. Ce magasin progressiste (conçu encore en association avec David Arkin), qui s'adresse à une clientèle très sensible à l'écologie, a tout d'abord été conçu comme une vitrine de prestige destinée à exposer une philosophie d'autarcie énergétique et montrer comment un centre commercial pouvait être réalisé dans le respect de la nature. Comme dans les constructions de LOG ID, adaptées au climat et au soleil, les Ecological Design Associates de Van der Ryn ont truffé cette entreprise de vente au détail d'une profusion d'innovations permettant de faire des économies d'énergie et de coûts qui ont renforcé son statut de société d'avant-garde. Par exemple, grâce à l'utilisation de la photovoltaïque, le bâtiment est à même de revendre de l'électricité aux compagnies locales. En outre, une zone ravagée du Feliz Creek, autour de Real Goods, a été réaménagée grâce à l'assèchement du lit du torrent et un plan paysager favorisant l'écologie régionale. Cela a fait du magasin une importante attraction touristique tout en justifiant en même temps l'investissement supplémentaire dans les initiatives vertes.

La technologie de construction de Real Goods comprend une isolation par balles de paille (recouvertes de plusieurs centimètres d'une mixture de terre et de ciment appliquée par pression d'air), une armature de soutien collée-laminée, des piliers en ciment, un toit-membrane appliqué par pulvérisation et fait de pneus automobiles recyclés ainsi qu'un treillis réutilisé en séquoia. Le coût final au mètre carré a été de 295 dollars – un chiffre qui confirme que le design écologique peut être tout à fait compétitif, comparé aux constructions conventionnelles.

Globalement, Real Goods a répondu avec succès aux objectifs du client. Dans un

**Serre à Herten**
LOG ID Dieter Schempp,
Fred Möllring et al.
Herten, Allemagne
1994

Bistro
im glashaus

premier programme, celui-ci déclarait : « Le plan du site devrait maximiser des éléments de beauté, de sérénité et de spiritualité ; ce devrait être un temple et un testament en faveur de pratiques de construction, de systèmes énergétiques, d'un habitat, d'une agriculture et d'une communauté fonctionnant selon le principe de durabilité. Lorsque les gens quitteront la route nationale 101 et passeront l'entrée, il faut qu'ils se sentent submergés par le sentiment d'entrer dans un autre monde, un univers parallèle, vert, frais et agréable. » Le bâtiment achevé au sein du paysage environnant évoque un objet flottant librement, un collage qui, en dépit des astreintes éco-technologiques et des économies d'énergie, semble totalement libéré et naturel. Les plans curvilignes du toit en forme de coque trouvent leur prolongement naturel dans les forêts voisines, le plan respecte la topographie régionale et les principes fondamentaux de ce projet ont établi de nouvelles normes pour toute expérience commerciale désireuse de respecter l'environnement. Comparé aux gigantesques centres commerciaux prédateurs qui dégradent les banlieues américaines et entraînent un gâchis croissant de vastes étendues de marécages et de forêts, le magasin Real Goods est un nouveau paradigme optimiste d'intelligence éco-centrique – et prouve que commerce et nature ne sont pas condamnés à s'exclure mutuellement.

Les réalisations de Sim Van der Ryn sont axées sur un engagement en faveur de la recherche en design « vert » orienté sur le site et la région. L'œuvre du CMPBS (Center for Maximum Potential Building Systems) à Laredo, au Texas, adopte, pour sa part, une approche plus universaliste. Cette organisation, sous la direction de Pliny Fisk et Gail Vittori, étudie les modèles d'habitat de par le monde dans l'intention de comprendre la corrélation existant entre les conditions d'habitation, le climat, la végétation et la topographie tels que les impose la diversité des emplacements géographiques. Si ses objectifs sont plus utopistes que ceux d'Ecological Design Associates de Van der Ryn, CMPBS n'est pas très différent d'eux dans son approche pragmatique du design et de la construction et dans sa traduction de solutions de design régional en modèles archétypes valables pour d'autres situations.

Laredo est la municipalité idéale pour mener à bien une telle recherche. Elle a d'anciennes traditions culturelles typiques du sud-ouest américain, caractérisées par les constructions en adobes, elle se trouve à proximité d'un ancien laboratoire de recherche sur l'énergie éolienne de l'armée américaine (doté d'éoliennes vétustes), est située dans un climat chaud et désertique et est menacée par une grave pénurie d'eau. Elle présente

*Pages 150 et 151*
**Serre à Herten**
LOG ID Dieter Schempp, Fred Möllring et al.
Herten, Allemagne
1994

**The Advanced Green Builder Demonstration**
CMPBS
Austin, Texas, États-Unis
1994–97

dans l'ensemble de nombreuses similitudes avec d'autres communautés de ce genre en Amérique du Sud, en Afrique et en Australie. La recherche de CMPBS se concentre sur les problèmes de l'urbanisme mondial et l'échec de la plupart des entreprises commerciales à établir leurs activités sur la base des systèmes intégrés de la nature pour protéger à la fois leurs profits et leur durabilité. Dans le cadre de ses derniers projets d'exposition, le groupe a surveillé la construction et la performance de chaque environnement.

La réalisation centrale de CMPBS est la ferme Laredo Demonstration Blueprint Farm, un projet lancé en 1987. Il s'agit du prototype d'une nouvelle technologie d'agriculture dans le sud-ouest et peut être un modèle de communauté régionale intégrée avec une perspective globale. Cette communauté autonome prend en considération le climat régional et le paysage environnant en mettant l'accent sur la production vivrière, le traitement des déchets, la conservation de l'eau et la création d'une alternative à la prolifération des banlieues avec leur absence d'agriculture urbaine. Ce plaidoyer en faveur d'une fusion de l'agriculture, de la production et de l'habitat est l'une des plus importantes contributions de CMPBS à l'urbanisme contemporain. C'est un fait reconnu que la nature prospère dans la diversité et refuse les concentrations régionales d'industries et de cultures spécialisées. Prenons par exemple l'absurdité classique des ensembles agricoles pratiquant la monoculture dans le Middle West, aux États-Unis. Les maladies dont souffrent les plantes, les insectes qui les anéantissent sont tout aussi spécialisés – et beaucoup plus nombreux que leurs ennemis naturels, si bien que les cultures doivent être inondées de pesticides qui détruisent le goût du produit et intoxiquent les consommateurs. La Blueprint Farm propose une alternative à ce genre d'exploitation et offre en outre le cadre nécessaire à une agriculture diversifiée qui pourrait réduire les transports longue distance, donc la consommation d'énergie nécessaire pour acheminer les aliments jusqu'aux supermarchés.

Pliny Fisk a conçu le prototype de la ferme d'un hectare de Laredo de telle sorte qu'il puisse être transplanté partout dans le monde et, avec quelques ajustements contextuels, fonctionner sous chaque type de climat et dans n'importe quelle communauté. C'est pour cette raison que ses activités sont divisées en différentes composantes, chacune servant d'unité de démonstration qui opère comme une partie intégrale de l'ensemble. Par exemple, bien que proche de la ville, il n'y a pas d'adduction d'eau sur le site de Laredo ; ainsi le projet dépend entièrement des eaux de pluie récupérées dans des réservoirs installés à coté des toits. Cette eau est ensuite épurée sur des lits de graviers et de végétation aquatique. Une autre innovation consiste à utiliser le mesquite (bois dur) comme matériau de construction pour les sols parce qu'il pousse aussi rapidement qu'une mauvaise herbe et produit un bois plus dur encore que l'acajou. On a découvert ses avantages en Argentine et en Afrique ; et, comme il s'avère que ce bois pousse facilement au Texas, CMPBS a su en tirer parti dans son projet. Autre contribution à l'écotechnologie utile dans le monde entier, les bâtiments de la Blueprint Farm sont équipés de refroidissement par évaporation. Ce système repose à l'origine sur une ancienne technique iranienne de refroidissement assurant la circulation de l'air à travers un bâtiment au moyen de courants d'air naturels qui expulsent l'air chaud par le haut et laissent descendre l'air frais dans les espaces de résidence et de travail.

Tous les abris de la Blueprint Farm sont construits à partir d'une ancienne tour de forage récupérée. En déployant un auvent en panneaux de polyester imprégnés de zinc entre les différentes sections de la tour de forage, on donne de l'ombre aux récoltes, et l'air frais qui en résulte augmente la production annuelle de 30%. Si l'on considère la petite taille du site d'un seul hectare, cela a de fortes répercussions sur les gains de la communauté agricole locale. D'autres innovations en cours d'aménagement prévoient des citernes souterraines, des domaines d'épuration des eaux usées et l'établissement d'un important marché régional pour la vente des produits locaux. L'équipe de CMPBS travaille également sur deux propositions pour la réfrigération. L'une des idées a recours à un minéral naturel appelé zéolite, utilisé à l'origine par les indiens Sioux. Le zéolite absorbe l'humidité de l'air et la convertit en froid.

Selon Fisk, la philosophie de CMPBS reflète la « Nouvelle Science ». Il est convaincu que l'architecture « verte » est contrôlée par les principes de l'indétermination qui sont à la base de la physique moderne. Des rapports scientifiques nous disent qu'« aucun événement subatomique n'est indépendant d'un autre et qu'aucune séquence de tels événements n'est strictement prévisible ». Pour Fisk, cela suggère que faire partie d'un système écologique signifie un « engagement de l'intérieur ». La nature étant soumise aux lois du chaos, il soutient une théorie « de bas en haut » qui prend en considération le hasard et pose comme prin-

**The Advanced Green Builder Demonstration**
CMPBS
Austin, Texas, États-Unis
1994–97

**Laredo Demonstration Blueprint Farm**
CMPBS
Laredo, Texas, États-Unis
1987–

cipe que toute entreprise humaine se situe sur une ligne précaire entre le désastre et l'évolution ; ainsi le moindre détail au sein des phénomènes naturels a des répercussions au niveau d'une matrice qui le dépasse. Ce concept réaffirme un ancien principe architectural islamique : grosso modo, il signifie que l'espace intérieur d'une habitation est considéré comme un microcosme au sein du macrocosme que constitue la maison. La maison peut alors être interprétée comme un autre microcosme par rapport au macrocosme de la ville. La ville, à son tour, est une partie microcosmique de la nation macrocosmique – et ainsi de suite jusqu'à ce que le concept de l'habitat soit relié au macrocosme ultime du monde.

Dans un projet appelé The Advanced Green Builder Demonstration (La démonstration de la construction écologique de pointe) à Austin, au Texas, CMPBS a organisé un autre prototype de « cycle de vie » pour des applications planétaires. Similaire à la Blueprint Farm, cette construction est également basée sur des matériaux et des technologies aisément disponibles, orchestrés de manière à présenter une vitrine des relations symbiotiques. La liste de vérification comprend une construction en blocs de terre et balles de paille, une sélection de plantes, des stucs en chaux, des encadrements en pin, etc. – chacun de ces éléments en appelant à des matières premières et des compétences artisanales facilement disponibles. Les produits industriels comprennent la photovoltaïque, une citerne en tôle, des conduites d'écoulement en PVC et des produits en caoutchouc recyclé.

D'un point de vue esthétique, l'œuvre de CMPBS, comme celle de Sim Van der Ryn, montre comment l'imagerie architecturale d'un bâtiment peut être un reflet direct de son engagement environnemental. CMPBS et Ecological Design Associates font la démonstration d'une recherche de paradigmes postindustriels qui reconnaissent le besoin d'une iconographie où se reflètent l'utilisation de l'énergie solaire, une sensibilité à l'égard de la protection du sol et de l'eau ainsi qu'un désir d'intégrer le contexte ambiant.

Pliny Fisk a suivi le cycle supérieur d'études des beaux-arts à l'université de Pennsylvanie sous la direction de Ian McHarg, l'un des premiers théoriciens environnementaux, et du grand architecte Louis Kahn. Sa mission écologique et son futur vocabulaire de design ont été profondément influencés par ces immenses créateurs. Il a également été confronté à l'œuvre controversée et orientée sur la sociologie de Robert Venturi. En fait, et c'est particulièrement visible dans plusieurs constructions récentes de Fisk, il existe au niveau de son inspiration un lien très fort avec ses origines à l'université de Pennsylvanie. Le principe fondamental selon lequel l'intervention humaine dans la nature devrait être un prolongement obligatoire de l'écologie est dû aux enseignements de McHarg. À la Blueprint Farm, l'imagerie de certains bâtiments témoigne d'une fusion entre la géométrique éloquente de Kahn et le côté criard de culture populaire des premières maisons conçues par Venturi. Les gigantesques cheminées de Venturi sont devenues, sur la planche à dessin de Fisk, une adaptation à la fois spirituelle et adaptée à l'environnement des tours de refroidissements du Moyen-Orient. Dans la Green Building Demonstration, le collage d'éléments industriels contient une gamme complète de références multiculturelles qui conviendraient tout aussi bien aux régions désertiques de l'Afrique, à une oasis arabe ou une ville de banlieue au Texas. Ici, l'encadrement industriel et le mélange des matériaux communiquent l'impression d'une architecture engagée dans un processus de fluctuation et de changement. Même lorsque CMPBS a recours à l'acier et au béton, on croit ressentir une relation symbiotique avec les processus de croissance des plantes et des arbres.

La recherche sur le design écologique de Sim Van der Ryn et de Pliny Fisk, bien qu'engagée dans une philosophie de re-définition des rapports entre l'homme et la nature, a pour objectif primaire de trouver des solutions « vertes » simples pour l'architecture contemporaine urbaine et suburbaine. Motivée par des objectifs plus orientés sur la psychologie et inspirés de Gaia, l'Association Sens Espace a été fondée dans le studio parisien d'Hervé Baley en 1969 dans le but de reconnecter les hommes avec leurs origines naturelles. Reflétant certaines croyances des civilisations aborigènes dans la valeur du transfert spirituel pour parvenir à un niveau plus profond d'identité avec la terre, cette organisation française de design expérimental recherche une meilleure compréhension des rapports biomorphiques dans la quête d'une cohérence avec la nature.

Sous la direction de Jean-Pierre Campredon, l'opinion soutenue par Association Sens Espace est que la majorité des architectes contemporains affirment leur présence dans l'environnement en utilisant une panoplie de systèmes techniques et de choix esthétiques qui ne font qu'accroître le divorce entre les hommes et la nature. Le groupe fait en outre remarquer que, le design choisi détruisant tout espoir de cohérence, les bâtiments peuvent réellement imposer des barrières psychologiques. Les membres de Sens Espace ont le sentiment que ce problème, dans sa complexité, va bien au-delà des économies d'énergie et des technologies de construction durable ; l'architecture aurait bien plutôt un nouveau rôle à jouer dans le domaine de la direction spirituelle. À cet égard, ils proposent que « l'architecture soit le paysage » et travaillent avec de nouveaux niveaux de plasticité qui imitent la manière dont la nature répare

**Laredo Demonstration Blueprint Farm**
CMPBS
Laredo, Texas, États-Unis
1987–

*Page 156 et page 157*
*en haut*
**Projet Cantercel**
Sens Espace
Hérault, France
1990–96

*En bas*
**Maison d'habitation**
Sens Espace
Paris, France
1988

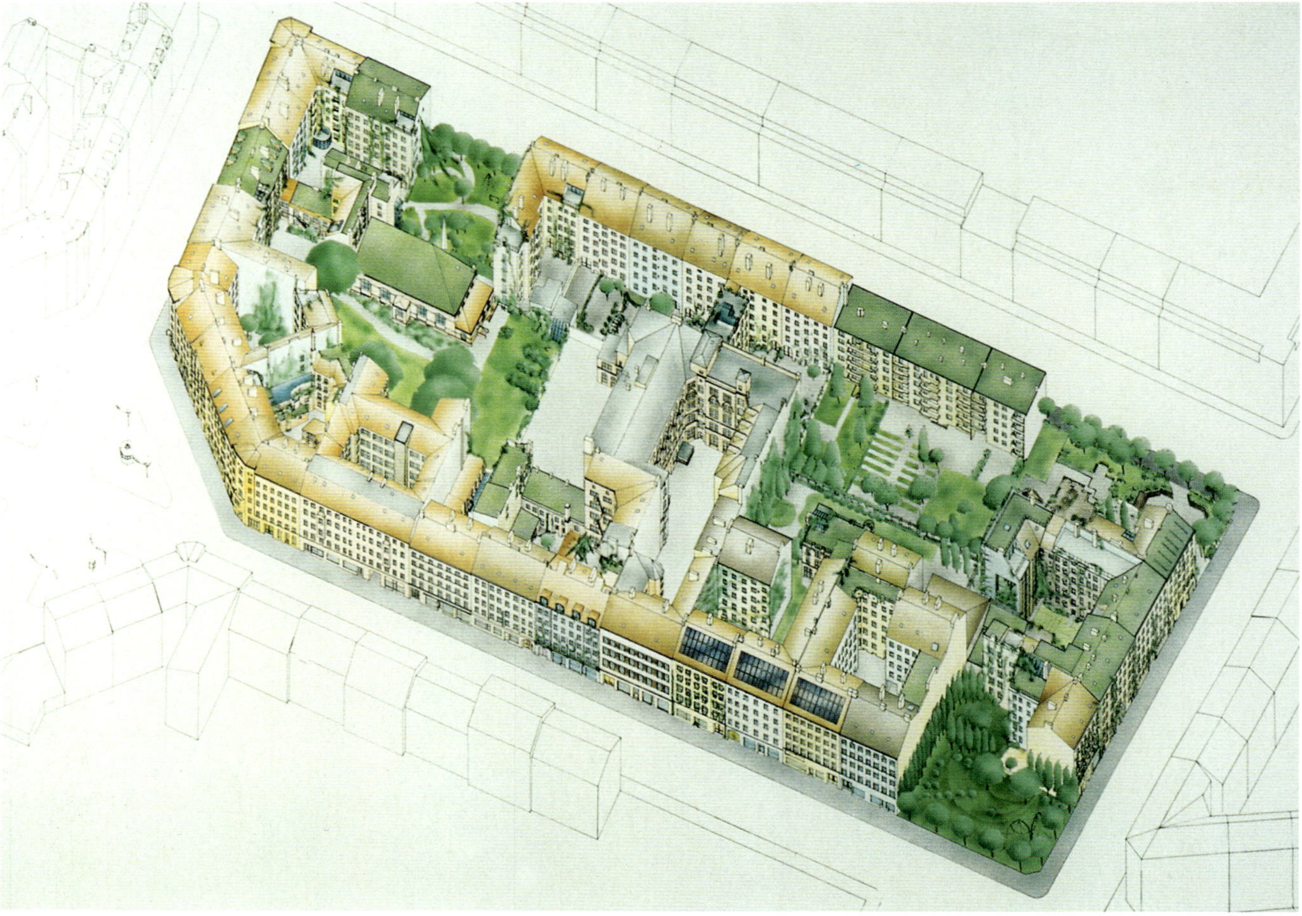

**Block 103**
Sous la direction de STERN
Berlin, Allemagne
années 80

son tissu de vie organique et inorganique. Sens Espace s'intéresse à une architecture douce, souple et morphogénique qui tire parti des leçons que nous enseignent les modes de vie passés des nomades et les caractéristiques évolutives de la nature.

Le projet Cantercel conçu par Sens Espace et commencé en 1990 en association avec l'École supérieure d'architecture de Paris, est un centre de formation visant à promouvoir l'harmonie avec l'environnement. Alors que les caractéristiques architecturales proposent les composantes habituelles de la construction « verte » – terre battue, armatures en bois brut, vastes auvents en tissu, énergie solaire passive, etc. –, on trouve également une motivation conceptuelle que le groupe définit comme une sensibilité « évolutionniste ». Derrière cette approche et ses manifestations dans la construction de Cantercel, on trouve l'idée de créer un ensemble de bâtiments, d'aires agricoles, de paysages naturels et d'espaces de séminaires, en salle ou à l'extérieur, servant de modèle de démonstration. Sur le plan éducatif, l'objectif est de simuler les processus interactifs de la nature de telle sorte que la technologie de construction et le comportement des occupants deviennent un prolongement logique de l'écosystème. À cet égard, de nombreuses caractéristiques physiques de Cantercel ont été choisies pour leurs répondants dans la nature ; par exemple un bâtiment central en forme de losange avec un toit en textile et un modèle d'armature dotée de colonnes en bois qui reflètent les rythmes des pins environnants (comme si le bâtiment ployait sous la force du vent). La principale innovation est due à Michael Flach, un membre de l'équipe. Il a développé un système de support léger et flottant librement, qui, plutôt que les treillis rigides de piliers que

l'on associe aux toitures lourdes, concrétise sa vision d'une architecture intégrée dans un « flux contextuel » spontané. Sa réussite a été rendue possible, sur le plan des lois physiques, par l'utilisation d'un auvent de toile très économique, fermement maintenu dans des rainures en bois par un ensemble de tringles. Le tissu est tendu avec une corde, formant un arc en diagonale et créant une double courbure de renfort. Dans le même temps, il s'intègre avec son environnement et constitue une présence visuelle disponible qui respecte le cadre naturel.

Le projet Cantercel est un modèle d'interaction qui encourage les étudiants, les professeurs, les membres de la communauté et les designers professionnels à développer un environnement vivant dans lequel, selon les propres termes de Campredon, « l'architecture peut devenir la science des rapports et de la communication, plutôt que de la protection ». Malgré ces ambitions relativement utopiques (rappelant l'idéalisme du mouvement « Drop City » des années 1960), Cantercel est devenu un banc d'essai viable et productif pour l'éco-sociologie et prouve qu'il n'est pas déraisonnable – bien au contraire – de construire des habitats se comportant comme un organisme vivant.

Le groupe berlinois, STERN, créé à l'occasion de l'IBA en 1978, a développé et coordonné des concepts de recyclage des structures existantes et de la transformation des centres-villes. Le travail de STERN est consacré à la recherche de solutions à des problèmes type de design urbain, à savoir : le manque de végétation appropriée dans les villes, la destruction, en faveur de nouvelles zones d'urbanisation, de propriétés qui auraient pu être sauvées, la construction de bâtiments ne tenant aucun compte des données climatiques et l'échec d'equipe en matière d'emploi

**Complètement d'alignement du Fraenkelufer**
Hinrich Baller (en association avec STERN)
Berlin, Allemagne

de systèmes de chauffage et de refroidissement solaires.

Block 103, un projet d'habitation dans le centre de Berlin, a été construit comme modèle écologique ; un projet sons la direction de STERN. Pour convertir une ancienne usine en un collage imaginatif d'innovations éco-centriques, ils ont étroitement travaillé avec une communauté aux faibles revenus afin de les aider à déterminer leurs besoins d'espace et leurs attentes en matière de qualité de vie. À partir de ces réponses, l'equipe a adopté une série d'interventions destinées à humaniser l'environnement par les moyens de la technologie « verte » et du paysage. Parmi les caractéristiques les plus appréciées par les locataires, il faut noter un jardin public (avec une section spéciale jardin d'enfants, consacrée à la sensibilisation des enfants à l'écologie), des puits de lumière et des lucarnes pour éclairer les intérieurs, l'emploi de panneaux photovoltaïques sur les toits afin de capter l'énergie solaire et une innovation qu'ils appellent « le marais vertical » pour la récupération des eaux usées en vue de les recycler.

Ce projet d'habitation aborde deux des plus importants objectifs (généralement négligés) en matière de design écologique : le recyclage des structures existantes et l'utilisation de projets publics comme ressource majeure de sensibilisation environnementale. Outre une série de décisions esthétiques ayant permis de conserver d'anciens éléments de l'usine dans le nouveau projet, Block 103 est une imbrication de fragments industriels dans le paysage, qui révèle la sensibilité des designers pour les éléments qui unissent l'imagerie de l'ère machiniste, le design écologique et les espaces jardins.

Les œuvres de LOG ID, Sim Van der Ryn, CMPBS, Association Sens Espace et STERN ont été les premières à promouvoir le mariage de l'aspect technologique du design « vert » avec une imagerie esthétique. Pour le client moyen, toutefois, leur œuvre est synonyme d'expérimentation ; dans certains cas, elle inclue même une interprétation visuelle controversée qui ne sert qu'à alimenter les réticences des clients à l'égard de la nouveauté et du risque. En revanche, il existe un groupe de designers dont l'approche est généralement plus traditionnelle en termes de formes et d'imagerie, et qui peut être très persuasif lorsqu'il s'agit de faire approuver le design « vert » par les clients. La valeur de ces architectes pour la cause environnementale réside dans leur tendance à construire des bâtiments si attrayants que les caractéristiques écologiques de leur œuvre semblent être tout à fait naturelles et d'une certaine manière moins menaçantes pour les goûts conventionnels. Malheureusement le terme « expérimental » est souvent interprété comme signifiant automatiquement frais supplémentaires et faisant jouer au client un rôle de cobaye. En réalité, une partie du jeu consistant à vendre le design écologique dépend du talent de l'architecte à instaurer un climat de confiance. Ce processus de marketing signifie habituellement qu'il lui faut camoufler les aspects les plus risqués de la technologie « verte » et son inévitable surcoût. Dans une perspective plus large, cette résistance du client à l'expérimentation constitue le frein majeur au développement d'un nouveau langage de design environnemental qui soit adapté aux réalisations progressistes de la technologie « verte ».

**Block 103,**
**« le marais vertical »**
Sous la direction de STERN
Berlin, Allemagne
années 80

## Lancer un pont vers le client commun

Le cabinet d'architecture Olson/Sundberg de Seattle, dans l'État de Washington, a été l'un des premiers à mettre en œuvre ces pratiques architecturales pionnières parmi les designers qui ont exercé une influence sur l'acceptation du design «vert». En ce qui concerne son profil professionnel, ce cabinet est à l'opposé de celui de STERN, dont l'intérêt principal va aux problèmes du déclin et de la renaissance de la ville. Le partenariat Olson/Sundberg travaille essentiellement pour une clientèle fortunée consciente de son environnement. Si leurs constructions sont en général conservatrices sur le plan du design et se réclament résolument de Frank Lloyd Wright et du modernisme européen, leurs réalisations ont le mérite de prouver les avantages d'un mode de vie basé sur une conscience écologique.

Une part importante de la clientèle d'Olson/Sundberg est résidentielle, ils engagent ainsi la participation du client à un niveau très personnel – en leur soumettant des collages explicatifs, par exemple, pour déterminer les préférences d'image –, tout cela dans le but d'établir des liens entre l'architecture, la nature et les modes de vie préférés des habitants. Ce sens du détail a donné naissance, sur la côte nord-ouest, à un ensemble de constructions dont le design a été conçu à la perfection et qui reposent sur un programme écologique. Les exceptionnelles performances dont cette société nous a laissé l'exemple en matière de constructions comprennent une admirable liste de critères environnementaux fondamentaux, dont une fusion totale avec l'environnement, des toits recouverts de gazon, des matériaux recyclés et une construction reposant sur la technologie solaire.

Le bureau Olson/Sundberg a été fondé en 1985 mais les deux architectes avaient déjà travaillé chacun de leur côté sur des projets écologiques depuis la fin des années 60. Jim Olson et Rick Sundberg sont diplômés de l'université de Washington, ils ont commencé à travailler dans les années 60 et représentent actuellement au niveau international l'un des cabinets d'architectes les plus remarqués du Nord-Ouest. Le projet emblématique le plus

**Filucy Bay Residence**
Olson/Sundberg
Longbranch, Washington, États-Unis
1968

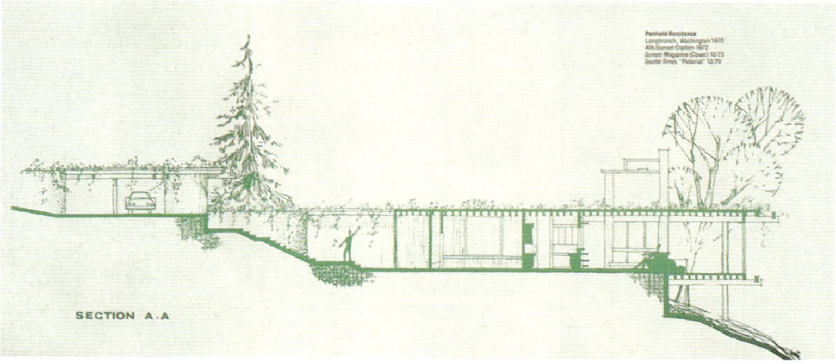


*À gauche et en bas*
**Filucy Bay Residence**
Olson/Sundberg
Longbranch, Washington,
États-Unis
1968

*En haut et à droite*
**One Carillon Point**
Olson/Sundberg
Kirkland, Washington,
États-Unis
1992

connu de la société est la Filucy Bay Residence de Longbranch, dans l'État de Washington. Cette résidence a été conçue par Olson en 1968 pour l'ancien ambassadeur d'Islande comme une construction qui refléterait les souvenirs de maisons aux toits recouverts de gazon entourant Reykjavik sans doute présents dans l'esprit du client. Le propriétaire souffrant d'allergies diverses, la maison devait être construite avec des matériaux non toxiques. C'est pour cette raison que les architectes ont choisi les blocs en béton et le bois, tout comme ils ont attentivement veillé à ce que l'édifice se fonde dans le paysage environnant. Le bâtiment s'insère dans le flanc de la colline ; le toit sert de support à l'herbe et à la végétation et permet une intégration parfaite du bâtiment dans le paysage environnant, l'ensemble de l'habitation ressemblant à un sanctuaire sculpté dans l'environnement naturel plutôt qu'à un édifice qui lui aurait été imposé. Si l'on replace la Filucy Bay Residence dans le contexte de son époque, la fin des années 60, il s'agit d'un bâtiment remarquablement en avance sur son temps ; il annonce la prise de conscience environnementale qui devait aller crescendo jusqu'à ce jour. Bien que la maison doive beaucoup à l'influence de Wright et de ses intérieurs-cavernes, ses avant-toits en surplomb et son emploi de matériaux et de cloisons d'inspiration japonaise, elle fait également preuve d'une grande originalité dans ses caractéristiques de design spécifiques au site et dans l'attention portée au contrôle climatique. Par exemple, bien qu'exposé aux intempéries, le bois de cèdre utilisé pour la construction a parfaitement vieilli et renforce le sentiment que le bâtiment est un prolongement de la nature. En ce qui concerne l'efficacité énergétique, les murs en agrégats de blocs de béton emmagasinent la chaleur du soleil et la libèrent à l'intérieur de la maison.

Afin de créer un environnement intérieur attrayant, la Filucy Bay Residence propose un grand nombre de pièces qui permettent de varier l'expérience d'habitation. La salle de séjour supérieure ressemble à une caverne protectrice tandis que l'espace inférieur tire profit de la vue panoramique sur le mont Rainier et la baie en contrebas, pour le plus grand plaisir des habitants, qui ont l'impression de se tenir à l'endroit même où le ciel rejoint la terre.

Dans un deuxième projet environnemental majeur – One Carillon Point – à Kirkland, dans l'État de Washington, Olson et Sundberg ont mis à contribution leur sensibilité « verte » pour un immeuble de luxe. Le projet (1992) est une structure d'aménagement à usage mixte sur une propriété de 15 hectares sur le lac Washington, comprenant 14 unités résidentielles. Outre une série d'esplanades à vue panoramique, il comporte des magasins, des restaurants, une marina privée et un parc public. Le complexe d'habitation se sert du jardin pour isoler les espaces d'habitation du bruit de la rue et deux ponts fournissent un accès aux résidences, chacune avec son propre jardin privatif.

Forts de leur expérience de la Filucy Bay Residence, où ils avaient dû construire un logement pour une personne souffrant d'allergies, Olson et Sundberg ont conçu le projet de l'immeuble en recourant le moins possible à des matériaux toxiques ; dans le cas d'une habitation en particulier, le propriétaire était si gravement atteint par toutes sortes d'allergies que les espaces intérieurs ne devaient contenir absolument aucune émanation toxique due aux matériaux de construction, à la peinture, aux tissus d'ameublement et autres objets manufacturés. Les gaz d'échappement des voitures, les émissions émanant des moquettes et même les produits chimiques les plus couramment utilisés dans les détergents ménagers causaient au client des troubles de la vue et des maux de tête. Relevant le défi, Olson/Sundberg ont créé un environnement entièrement dénué de polluants artificiels en favorisant toute une gamme de produits spéciaux – bois non peint, peintures à base d'eau, blocs de béton, mortier non toxique, pierre naturelle, colles spéciales, isolation des murs avec deux jeux de barrières de vapeurs, système d'air conditionné avec filtres à charbon de bois pour libérer l'air des particules de poussière et des résidus de formaldéhyde.

La valeur du design environnemental de l'œuvre d'Olson/Sundberg est le résultat d'une invasion subtile et visuellement séduisante de l'architecture conventionnelle par des idées à la fois organiques et fonctionnelles. Les projets de la Filucy Bay Residence et de One Carillon Point ayant été conçus pour un habitat haut de gamme, leurs démonstrations «vertes» ont tendance à perdre de leur signification pour le grand public. Bien que, sur le plan tactique, ils soient tout à fait qualifiés comme modèles de démonstration, leur véritable attrait est limité par le prix. Dans cette perspective, l'œuvre du Jones Studio à Phoenix, en Arizona, créée par les frères Eddie et Neal Jones en 1979, représente un niveau de communication délibérément populiste sur le thème du design écologique. Suivant le credo des trois R du plaidoyer «vert» – «réduction, réutilisation et recyclage» –, la société s'occupe particulièrement de programmes sociaux visant à développer la sensibilité environnementale et permettant un accès plus facile à la technologie «verte» pour un plus grand nombre de personnes. Ces préoccupations portent sur la promotion de l'énergie solaire passive et active, la protection des paysages vierges, une utilisation plus productive et plus économique de l'eau et la présentation d'options en faveur d'une architecture facile à entretenir.

Lorsqu'il avait étudié l'architecture de Frank Lloyd Wright, Eddie Jones a passé ses années d'études à examiner les particularités de l'architecture du désert et à suivre l'exemple de Wright, en utilisant le milieu et le climat comme bases de décisions pour le design. En association avec Neal, la société a accepté une mission dans l'Arizona pour créer une architecture vraiment régionale qui tienne compte des problèmes de l'habitat dans le désert.

Le plus important projet écologique du Jones Studio, dans une perspective de démonstration publique, a été la Maison-Vitrine environnementale des Services Publics de l'État d'Arizona à Phoenix en 1992. Selon les architectes, elle a été conçue en tant que «centre commercial d'idées vertes» avec plus de 150 technologies, stratégies et matériaux dispo-

**Maison-Vitrine environnementale des Services Publics**
Jones Studio
Phoenix, Arizona, États-Unis
1992

*Pages 166–169*
**Maison australienne de l'Avenir**
Kimberly Ackert et Robert Dawson-Brown
Swan Valley, Australie
1992

nibles qui peuvent être facilement utilisés par tout usager moyen désireux de construire une maison. Sponsorisée à la fois par les services publics de l'État d'Arizona, l'Agence fédérale de protection de l'environnement, le ministère de la qualité environnementale de l'État d'Arizona, le ministère du commerce de l'État d'Arizona, l'université d'État de l'Arizona et l'association des constructeurs de l'Arizona central, cet édifice avait pour seul objectif d'accroître la prise de conscience publique de la valeur de la pensée environnementale et d'expliquer les avantages sociaux et économiques de l'architecture «verte» et ses effets bénéfiques sur la qualité de vie.

La Maison-Vitrine environnementale utilise non seulement d'innombrables éléments recyclés dans sa construction mais consomme également 60% de moins de combustibles fossiles et d'eau qu'une habitation normale dans la région. Cela représente, sur une période de 30 ans, une réduction de la pollution atmosphérique de l'ordre de 245 tonnes et des économies d'eau se situant autour de 8,7 millions de litres. Parmi les innovations marquantes de la maison expérimentale en ce qui concerne le recyclage, il faut noter le matériel isolant fabriqué avec des journaux comprimés, un revêtement de sol fait de bouteilles de boissons non alcoolisées, des carreaux pour le sol et les murs en verre recyclé (70%), des blocs de ciment avec un agrégat de cendres volantes (obtenues par combustion du charbon et normalement considérées comme un déchet) et pratiquement tout le mobilier intérieur, fait en bois de pin de récolte. En ce qui concerne les économies d'énergie, l'enveloppe thermique reprend les principes utilisés autrefois dans l'architecture du désert. Il s'agit de murs en béton de 20 cm d'épaisseur, de fenêtres teintées pour la déflexion de la chaleur, de verre thermique, d'énergie solaire passive utilisant la lumière du jour réfléchie pour éclairer les espaces intérieurs et d'un système de chauffage solaire pour l'eau qui fonctionne sans électricité ni gaz. Les collecteurs solaires sont

remplis de liquides non toxiques et sont montés au ras du toit afin d'éviter l'aspect typiquement disgracieux de tels dispositifs, qui dissuade souvent les architectes d'utiliser les avantages du soleil. De plus, environ la moitié de l'électricité de la maison est dérivée de cellules photovoltaïques exposées au sud, sur le toit.

Une plus grande qualité de l'air est assurée dans la Maison-Vitrine environnementale par l'absence des polluants généralement utilisés dans les moquettes et les meubles et par une réduction maximum de la surface du sol couvert captant les poussières et les pollens responsables d'allergies. En outre, toutes les fenêtres à claire-voie de la maison s'ouvrent et se referment mécaniquement en fonction des conditions météorologiques et servent de sources naturelles d'aération.

L'objectif principal du système de gestion de l'eau est de proscrire l'utilisation de l'eau potable pour l'irrigation normale et les besoins domestiques conventionnels. Les caractéristiques en sont un plan paysager fait de plantes des zones arides, une irrigation au-dessous de la surface du sol, utilisant les eaux usées et les eaux de pluie, des robinets et des pommes d'arrosage à bas débit ainsi que divers dispositifs de préservation de l'eau. Grâce à un autre ingénieux système de recyclage, l'eau utilisée pour faire la vaisselle ou prendre un bain est ensuite réutilisée dans les chasses d'eau avant de passer dans le système de recyclage des eaux usées. L'effet collectif de ces innovations diminue de moitié la consommation domestique d'eau par rapport à la demande moyenne d'un ménage américain.

Sur le plan de l'esthétique, cette Maison offre un modèle convaincant, combinant un mode de vie écologique et des caractéristiques de design qui reflètent ses fonctions. Même si certains aspects du concept d'origine ont été modifiés par une administration locale conservatrice afin d'atténuer son « aspect radical » (de peur que cela n'effraie d'éventuels futurs convertis à la réforme environnementale), l'idée de base est restée intacte. Elle a perdu un toit au design original en forme de papillon, destiné aux panneaux photovoltaïques, et un jardin en contrebas doté d'un dispositif d'eau qui aurait fourni un courant d'air par convection pour rafraîchir la maison l'été. Bien que cela ait été quelque peu décevant pour les architectes, la réaction d'Eddie Jones a été de considérer la situation dans une perspective plus large : « Si le concept fondamental est fort et représente un prototype sincère, alors il peut supporter des modifications. » Tout en étant fortement influencé par Wright et ses toits inclinés, ses avant-toits apportant de l'ombre et ses profils architecturaux épousant la terre, cette habitation modèle délivre d'importants messages au public.

Poursuivant des objectifs d'information semblables à ceux de la Maison-Vitrine environnementale du Jones Studio, les architectes américaines Kimberly Ackert et Robert Dawson-Brown ont gagné en 1992 un concours portant sur un projet de Maison australienne de l'Avenir pour la Monier Corporation de Perth, en Australie. Soumise aux contraintes d'un budget serré de 300 000 dollars et d'un site de 2 hectares dans la région de la Swan Valley, l'habitation est dotée d'un système d'énergie solaire passive et active. Elle est située dans une partie luxuriante du bush australien et se compose de deux volumes rectangulaires à deux niveaux qui s'adaptent à une pente abrupte. Conformément à la géographie australienne, la face sud de l'habitation est l'élévation la plus fraîche, elle est protégée par un mur de terre battue composée d'un sol ferrugineux mélangé à 4% de ciment.

Au nombre des caractéristiques environnementales novatrices figure une cour intérieure qui fonctionne comme une sorte de conduite d'évacuation aspirant l'air plus frais de la surface du sol et libérant l'air chaud par une

*Pages 170 et 171*
**Maison australienne de l'Avenir**
Kimberly Ackert et Robert Dawson-Brown
Swan Valley, Australie
1992

*Pages 172 et 173*
**Centre d'accueil du parc Spring Lake**
Obie Bowman
Sonoma County, Californie, États-Unis
1992

série de lucarnes. De larges avant-toits abritent du soleil un ensemble de portes vitrées, tandis que des intrados et un revêtement de plafond en tôle ondulée réfléchissent la lumière naturelle dans les espaces intérieurs. Une tour énergétique en acier contient une turbine éolienne électrique, des panneaux solaires pour l'eau chaude et des réservoirs d'eau afin d'activer l'installation d'extinction automatique d'incendie pour se protéger contre les incendies de brousse dévastateurs qui menacent fréquemment cette région chaude et aride. L'un des aspects les plus convaincants de cette maison expérimentale réside dans la manière dont elle semble se nicher douillettement dans le bush environnant et formuler un message d'insistance et d'utilité intrinsèque de sa conception esthétique. L'utilisation – sorte de collage – du fer, du bois d'œuvre et du verre ainsi que des outils de la technologie environnementale rappelle l'aspect éphémère des habitats construits à partir de déchets par certaines communautés aborigènes.

La Maison australienne de l'Avenir de Kimberly Ackert et Robert Dawson-Brown présente un type de construction qui semble être une suite logique de la tradition des maisons faites à partir de déchets et reflète en même temps la conscience très vive de la civilisation aborigène à l'égard de la nature, considérée comme prolongement du corps, et de la nécessité d'utiliser judicieusement les ressources de la terre. Bien que conçu comme une vitrine environnementale, le projet écologique de Kimberley Ackert et Dawson-Brown saisit quelques aspects importants de l'esprit des aborigènes australiens, et ce, avec une grande économie de moyens. À cet égard, son importance pour l'avenir s'enracine dans le passé.

À l'instar des frères Jones et de Ackert/Dawson-Brown, Obie Bowman est un autre architecte dont le meilleur de l'œuvre répond à une situation régionaliste et essaie d'emporter l'adhésion populaire à la technologie « verte ». Son bureau est situé dans le Sea Ranch et sous bien des aspects, ses travaux sont un prolongement de la sensibilité occidentale contextualisée qui se dissimule derrière ce projet tout à fait original ; mais son attitude est nettement plus progressiste en ce qui concerne certaines questions environnementales que n'ont pas abordées les auteurs du Sea Ranch.

L'expérience qui a façonné l'engagement de Bowman en faveur d'une réforme environnementale dans l'architecture a commencé avec une enfance passée dans la région de la San Fernando Valley, en Californie, qui, pendant les années 50, était une communauté agricole dont il avait gardé un souvenir attendri. De retour au pays après ses études, 15 ans plus tard, Bowman a été horrifié à la vue de cette région, devenue une banlieue mitée par

de lugubres projets d'habitations, son paysage naturel implacablement détruit. Reflétant la philosophie du célèbre éco-psychologue Alan Thein – qui condamne sans appel ceux qui cèdent à l'industrialisation prédatrice au grand mépris du patrimoine environnemental –, les principes directeurs de Bowman correspondent à ceux de certaines civilisations géocentriques, qui ont compris qu'en détruisant une partie de la nature, on détruit aussi une partie de soi-même.

De plus, en accord avec les observations formulées plus haut dans cet ouvrage, Bowman se méfie de la popularité actuelle de l'architecture « verte », popularité qui n'est rien de plus qu'un nouveau chapitre des modes architecturales –, et il déplore la similitude entre la rhétorique frénétique des partisans de la durabilité et le discours qui, il y a quelques années seulement, annonçait le postmodernisme et la déconstruction avant de perdre tout son élan. Son œuvre, dit-il, s'intéresse à une série de problèmes tels que « se concentrer sur ce que font les bâtiments, plutôt que sur leur apparence », « satisfaire au potentiel de chaque site en reliant l'architecture au caractère unique du cadre » ou « reconnaître que chaque projet a un impact sur les ressources de la terre et essayer de célébrer ce fait d'une manière mémorable ».

Obie Bowman a été sélectionné en 1990 pour concevoir le Centre d'accueil du parc Spring Lake à Sonoma County, en Californie. L'objectif principal de ce bâtiment est de fournir des informations sur l'environnement naturel, l'histoire des autochtones américains et le réseau hydrographique régional. Le dossier du projet indiquait que la construction devrait refléter ses fonctions en s'intégrant harmonieusement dans le paysage environnant. Spring Lake est un lac servant à protéger des inondations et le terrain a été formé à la suite d'une ancienne coulée de lave ; la flore rappelle d'ailleurs les régions volcaniques de la Sicile. Afin de rassembler les différents éléments naturels et de concevoir une image appropriée pour le bâtiment, Bowman a imaginé une structure pyramidale, approche la plus logique et la

*Pages 174 et 175*
**Brunsell Residence**
Obie Bowman
Sea Ranch, Californie,
États-Unis
1987

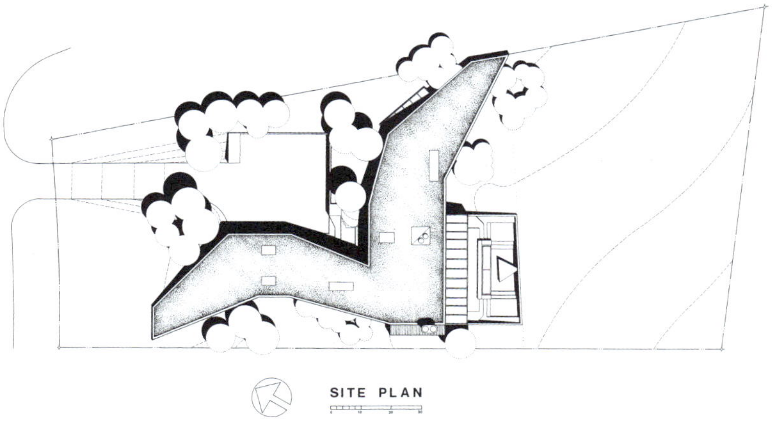

*Pages 176 et 177*
**Brunsell Residence**
Obie Bowman
Sea Ranch, Californie, États-Unis
1987

plus durable pour ce milieu fragile. Bien qu'il prétende ne pas avoir été influencé, pour cette forme inhabituelle, par des réminiscences de volcan ou par les collines environnantes, dans l'analyse finale ce choix s'est avéré idéal, à la fois sur le plan symbolique et sur le plan fonctionnel.

Optant pour une ingénieuse orientation du site afin que le bâtiment d'accueil des touristes ne porte pas atteinte au paysage, l'architecte a isolé les aires boisées par des murs bas pour protéger la vie de la flore, isoler les processus intrusifs de construction et éviter d'endommager des arbres. On peut noter, à l'honneur de Bowman, que trois arbres seulement ont dû être déracinés pour faire place à cet édifice de 600 $m^2$.

La forme pyramidale du Centre d'accueil est constituée d'un cadre en acier avec des lucarnes en séquoia, le tout sur une base en béton. Pour le contrôle de la température intérieure, l'élévation sud-est est recouverte de collecteurs solaires, rendus encore plus efficaces par l'inclinaison des murs. Pour le rafraîchissement de la température en été, la face nord du bâtiment abrite des conduites qui aspirent l'air plus frais à l'intérieur tandis qu'un ventilateur fixé au plafond rejette toute la chaleur accumulée par des orifices dans les combles. Le complexe comprend également une salle souterraine servant d'entrepôt ainsi qu'un bureau et une salle de travail recouverts de gazon, ceci pour essayer de maintenir une température constante dans les aires de services. Bien que l'architecte ne reconnaisse pas avoir fait appel à des références métaphoriques, l'exceptionnelle force esthétique de cette construction réside en partie dans la présence iconographique de la pyramide. Celle-ci semble être à la fois une expression logique de sa propre genèse en tant qu'élément du paysage et un reflet de la trajectoire du système de courant atmosphérique en son sein. Il s'agit d'un rare exemple de message environnemental comprimé dans une configuration simple, mais hautement communicative et cérémonielle.

Pour la Brunsell Residence (850 $m^2$) de Sea Ranch, Bowman a repris quelques aspects de l'architecture vernaculaire – revêtements extérieurs en bois et détails dignes d'un western –, devenue un signe distinctif du highway longeant la côte Pacifique. Faisant preuve d'un grand respect à l'égard des origines stylistiques de l'enceinte (se référant à la prédilection de Charles Moores, influencé par Venturi dans les années 60, pour l'imagerie régionale américaine), Bowman a assimilé certains aspects de cette iconographie populaire tout en créant une maison remarquable sur le plan environnemental. Par chance, son bâtiment se détache des autres bâtiments à bardeaux de Sea Ranch – en particulier parce que l'architecte possède un sens aigu de fusion entre l'architecture et le paysage.

Le plan ludique et étendu de Bowman, qui respecte le climat et les vues panoramiques, répondait aux besoins des propriétaires gastronomes. Ceux-ci souhaitaient avoir une grande cuisine avec un espace de rencontre attenant et suffisamment de chambres pour accueillir un grand nombre d'invités pendant les week-ends. En décidant de laisser un pré environnant recouvrir le toit, il a sauvé le bâtiment d'une comparaison désavantageuse avec l'image de faux bidonville caractéristique des premières constructions de Sea Ranch.

Bien que la construction de la Brunsell Residence (1987) ne soit qu'en partie souterraine, enfouie à environ 1,20 m sous terre, Bowman a eu l'idée d'utiliser un accotement de terre pour donner l'impression que l'habitation est en majeure partie ensevelie. Cette innovation permet un contrôle climatique stable dans les espaces intérieurs mais elle confère également à la maison une image plutôt primitive qui évoque l'architecture de certaines civilisations troglodytes. Il met aussi à profit l'orientation du site pour protéger la maison contre les forts vents dominants, pour capter la chaleur par des collecteurs solaires pour l'eau chaude et créer un refuge hivernal dans un solarium exposé au sud.

Au niveau du concept et du programme, on découvre les liens puissants qui unissent l'œuvre de Olson/Sundberg, du Jones Studio, d'Obie Bowman et de l'architecte de la côte ouest, James Cutler. De même leur approche doucement persuasive de la sensibilisation à l'écologie par le biais d'un design démonstratif. Ces designers ont été profondément influencés par l'œuvre de Frank Lloyd Wright – chacun assimilant à sa manière ses théories de l'architecture organique – et tous se sont préoccupés des répercussions sociales et psychologiques résultant de la coopération avec la nature perçue comme prolongement de la technologie environnementale. Cutler, comme Olson/Sundberg, est un autre architecte de la côte nord-ouest, de la région de Seattle, qui a eu l'avantage de vivre dans un paysage verdoyant d'une beauté unique et de bénéficier du soutien à un niveau élevé de partisans de la cause « verte » ayant des appuis politiques.

Si certains concepts stylistiques de Wright peuvent se retrouver dans l'œuvre de Cutler, la contribution majeure de ce dernier a surtout été de saisir les conséquences écologiques considérable de l'architecture organique et de les replacer dans un contexte clairement contemporain. Il a reconnu leur valeur face à une catastrophique crise environnementale d'une manière que Wright n'avait pu que prédire. On a eu tendance à rejeter les bâtiments d'architectes tels que Cutler (voire tout édifice intégré au paysage) en leur reprochant d'appartenir à une ancienne école se réclamant de poncifs à la Wright, école légitimement condamnée par l'actuelle tête de file architecturale parce que pittoresque et démodée. On constate cependant de manière paradoxale que certains architectes dits « branchés » rejettent le legs de Wright comme étant trop régressif, alors que leur propre catalogue d'images empruntées à l'ère industrielle ressert rarement autre chose que du « réchauffé » des années 20, assisté par ordinateur.

James Cutler a dit de son œuvre qu'elle souhaitait « exprimer l'ambiguïté de la question de savoir si le bâtiment avait été appliqué à la nature ou si la nature se réappliquait sur le bâtiment ». D'après lui, l'acte global de construction devrait être abordé avec prudence et respect à l'égard du paysage parce que « l'architecture est toujours une insulte à

*Pages 178 et 179*
**Bridge House**
James Cutler Architects
Bainbridge Island,
Washington, États-Unis
1987

l'environnement » ; tout bâtiment devrait donc rendre hommage aux exigences écologiques, aux caractéristiques physiques, voire aux processus invisibles déjà existants dans une situation naturelle. Selon lui l'architecture doit prolonger et célébrer les phénomènes biomorphiques.

Dans l'une des ses maisons les mieux connues – la Houdek/Pope Residence (1998), une construction de 900 m² à Seabeck, dans l'État de Washington –, Cutler a réussi à exprimer parfaitement sa philosophie de « la nature en premier, l'architecture en second » : l'édifice est intégré dans la forêt existante et jette un pont sur une vaste dépression de terrain sans porter atteinte au paysage. Avec une simple innovation consistant à refléter les rythmes verticaux des arbres par les piliers en bois soutenant la maison, il a réussi un mariage de l'architecture avec son environnement. En ce sens, l'habitation semble être aussi organique et changeante que la forêt elle-même.

Dans un édifice similaire de 700 m², construit en 1987, à Bainbridge Island et appelé The Bridge House, Cutler s'est penché sur les problèmes d'un site difficile, entaillé par un ravin et un torrent. Sa solution a permis de préserver tous les arbres ainsi que la végétation de couverture en lançant un pont au-dessus du ruisseau et en utilisant des fondations creusées à la main pour éviter de trop grands dommages. Les caractéristiques environnementales spécifiques sont une élévation sud dominant l'anse de Puget Sound. L'entière construction est réalisée en matériaux non toxiques, dont de solides bardeaux en bois de pin et de cèdre. S'inspirant quelque peu de la Tucker House encerclée par la forêt, construite en 1974 par Robert Venturi à Westchester, dans l'État de New York, ainsi que de la géométrie d'inspiration spirituelle de Louis Kahn (son professeur à l'université de Pennsylvanie), Cutler a créé cette résidence qui juxtapose de manière insolite la croissance évolutionnaire de la nature, l'esprit de la culture populaire américaine et le formalisme simple d'un monument rituel.

La Gates Residence de Medina (1999), dans l'État de Washington a été conçue pour le fondateur de Microsoft Corporation en association avec Cutler et Peter Bohlin. Le projet a apparemment débuté de manière idéale avant d'entrer en conflit avec le concept du client. Bien qu'enveloppée d'une atmosphère de secret militaire, la maison devait, à l'origine, marquer une étape importante dans l'histoire environnementale. Conçu comme une vitrine pour les innovations « vertes » de Cutler – bois de charpente recyclé, matériaux non toxiques, collecteurs solaires, pièces partiellement enterrées, toits recouverts de gazon et des terrasses à la Wright, saturées de végétation retombant en cascade –, l'édifice dont la construction semble interminable n'est pratiquement plus que l'ombre des véritables intentions de Cutler. Après avoir réussi à ne pas renverser le projet d'origine – style « au diable l'écologie » –, Cutler et Bohlin sont parvenus à sauvegarder quelques-unes de ses intentions artistiques dans la Gates Residence, dont une série de murs fragmentés, le recours à divers admirables matériaux écologiques et une fusion réussie de la construction avec la topographie.

Si l'œuvre de James Cutler est essentiellement rurale et organiquement liée au paysage, Alain Peskine de ED Architectes, Paris, est un urbaniste à préoccupations environnementales, qui travaille sur des situations existantes. Ses bâtiments sont généralement un mélange fascinant de sources référentielles. En un sens, son imagerie semble venir tout droit de Le Corbusier et du modernisme traditionnel ; mais ensuite on sent qu'il utilise sa familiarité avec cet idiome en inversant et déformant ses rapports conventionnels en une sorte de commentaire architectural. Dans certains projets, il affronte les restrictions qu'imposent aux sites urbains les surfaces réduites en traitant celles-ci comme des collages de formes et de matériaux étranges. Dans d'autres situations, il fait appel à des éléments décoratifs qui semblent empruntés à l'Art nouveau et l'Art Déco, mais ensuite il élargit les références à la nature en introduisant de luxuriantes coulées de végétation qui semblent échappées d'une « maison de la prairie » de Frank Lloyd Wright. Ce parti pris hybride assez pervers est soigneusement calculé et crée une architecture spirituelle et ironique, qui reste néanmoins à l'échelle humaine.

Les appartements 15, rue de Vanves à Paris, construits par Peskine en 1983, donnent sur un parc du XVIII^e^ siècle et chacune des unités d'habitation est dotée d'une terrasse-jardin évoquant le concept japonais du « paysage d'emprunt » ; dans ce cas particulier il semblerait que ces emprunts proviennent du jardin public contigu. Le collage de divers vocabulaires architecturaux joue avec des références issues du voisinage (tout autant qu'avec l'histoire moderniste), le résultat étant un effet d'ensemble où l'édifice tout entier paraît avoir été façonné par la personnalité de ses locataires plutôt que marqué de manière autoritaire par le travail rigoureusement autonome d'un architecte. Cela confère aux appartements un sens de l'identité personnelle qui se marie élégamment avec l'abondante végétation des terrasses et du jardin de l'atrium.

Devant traiter avec un site très limité entourant une excentrique tour d'habitation,

Peskine, coresponsable, a conçu quatre immeubles qui l'encadrent et semblent s'adonner à des jeux spatiaux avec ses particularités architecturales. Achevés en 1989, les Appartements La Tour de Clamart ne peuvent être appréciés que si l'on fait l'expérience physique de ce complexe tissu d'espaces lilliputiens. C'est pour cette raison qu'il est pratiquement impossible de photographier les interventions de Peskine de manière à rendre hommage à leurs mérites esthétiques. Le visiteur pénètre dans un labyrinthe de jardins, de terrasses, d'escaliers au caractère intime et est témoin de collisions fascinantes entre d'anciens et de nouveaux fragments stylistiques qui confèrent à l'ensemble un caractère surréaliste ; mais il s'agit d'un lieu fantasque qui s'amuse à commenter l'environnement urbain. Présente dans toute l'œuvre de ED Architectes, la végétation est complètement intégrée au bâtiment et, même si l'édifice et le jardin sont nettement distincts l'un de l'autre, on a l'impression que la végétation, l'espace d'habitation et le paysage urbain ont évolué ensemble en se concertant.

Comme Alain Peskine, l'architecte américain James Polshek s'est engagé à concevoir une nouvelle architecture pour la ville existante, en traitant ses édifices comme s'ils étaient partie intégrante d'une harmonieuse tapisserie. À la différence de l'œuvre de ED Architectes, animée sur le plan stylistique, son interprétation du contexte urbain et suburbain est plus axée sur une forme d'intervention modeste (voire parfois quasiment invisible). Il décrit son objectif comme une « approche holistique qui reconnaît l'importance cruciale du projet individuel sur le plan social, culturel et environnemental, approche fondée sur la conviction que l'architecture devrait être plus concernée par ‹ la création de lieux › que par ‹ la création d'images › ». Face au narcissisme croissant des architectes, cet engagement est louable et intéressant. Les bâtiments remarquablement bien intégrés qu'il nous a laissés ont largement

*Pages 180 et 181*
**Appartements 15, rue de Vanves**
ED Architectes/Alain Peskine
Issy-les-Moulineaux, Paris, France
1983

*Pages 182 et 183*
**Appartements**
**La Tour de Clamart**
ED Architectes/Alain Peskine
Paris, France
1989

influencé une nouvelle philosophie du design urbain qui rejette le modèle omniprésent « détruit et construit » présidant au renouvellement du voisinage.

Avec son Centre de Récupération des Ressources du North Country à San Marcos, en Californie, Polshek a prouvé qu'un centre d'enfouissement des déchets et de recyclage ne doit pas nécessairement s'imposer à l'environnement comme une horreur industrielle. Construit sur des fondations de fermes en bois et de piliers de maçonnerie, le projet utilise le paysage comme un écran efficace et transforme une technologie dernier cri en l'équivalent d'un jardin classique italien. L'installation de recyclage a beau être une usine industrielle habillée de métal, elle est si habilement dissimulée qu'elle ressemble à une élégante institution publique. Outre les bâtiments de fonction, le projet comprend également un centre d'exposition afin de sensibiliser et d'informer le public sur la gestion des déchets, une galerie et un auditorium.

Pour le Centre d'Études botaniques de 21300 m² conçu pour le Jardin Botanique de New York, dans le Bronx, Polshek a cherché à assimiler avec élégance l'imagerie néoclassique d'une institution préexistante. La façade est entièrement recouverte de plantes grimpantes, reflétant ainsi les objectifs de l'espace intérieur, à savoir la recherche botanique et les collections ; dans le même temps, cette intervention est très contemporaine dans la manière dont elle s'écarte du langage architectural du XIXᵉ siècle caractéristique du premier bâtiment – tout en lui rendant hommage.

Ancien doyen de la Graduate School of Architecture, Planning and Preservation de la Columbia University et principal designer de son propre cabinet à New York depuis 1963, Polshek a toujours eu recours à l'architecture comme à une force pédagogique au sein de la communauté. Alors que la plupart des architectes mesurent leur succès à la quantité d'articles de presse consacrés à leurs œuvres, lui mesure ses réalisations à leur degré d'intégration aux édifices environnants et au niveau auquel il parvient à dissimuler son ego. En fait, dans certains bâtiments de Polshek, le premier test de qualité architecturale consiste à mesurer le temps qu'il faut au public pour remarquer leur présence. Il représente admirablement une pensée environnementale qui transcende les futilités des guerres saisonnières et le battage publicitaire des médias en abordant ces sujets infiniment plus intéressants et porteurs d'avenir que sont la préservation du voisinage, la responsabilité sociale et l'application des valeurs pluralistes à l'architecture.

## Les aspects sociologiques de l'architecture « verte » – l'urbanisme

Les trois architectes suivants représentent une catégorie spéciale d'œuvres ayant des répercussions utiles sur diverses nouvelles directions de la pensée environnementale sans être rigoureusement écologiques. Ils s'orientent plus sur un sens du contexte social ou topographique que sur une technologie « verte » orthodoxe. Ils abordent diverses définitions plus larges de la réforme environnementale ; par exemple, ils utilisent l'architecture pour reconquérir des quartiers en déclin de la ville, ils proposent des moyens de contrer cet autre fléau que représente la construction immobilière sous ses formes prédatrices et ils considèrent l'union des bâtiments avec la nature comme une forme de symbiose géologique plutôt qu'un contrepoint formel avec le paysage. Dans ce contexte, l'œuvre de Troy West se démarque d'un nouvel urbanisme tenant compte du milieu et conscient de ses racines.

Contrairement à James Polshek, qui a tendance à travailler sur de grands projets sponsorisés par les municipalités, West fonctionne comme un militant de la proximité et un entrepreneur en design qui s'adresse aux communautés plus pauvres avec leurs besoins en logements, centres municipaux et espaces publics proposant une meilleure qualité de vie. Tirant avantage de son rôle de professeur d'architecture à l'Institut de Technologie du New Jersey, il lance souvent des projets de proximité par le biais de devoirs en classe et de programmes pour les étudiants devant faire un stage pratique. Habile à se faufiler à travers les labyrinthes administratifs et vaincre la résistance des politiciens locaux, il a pu faire progresser la formation environnementale

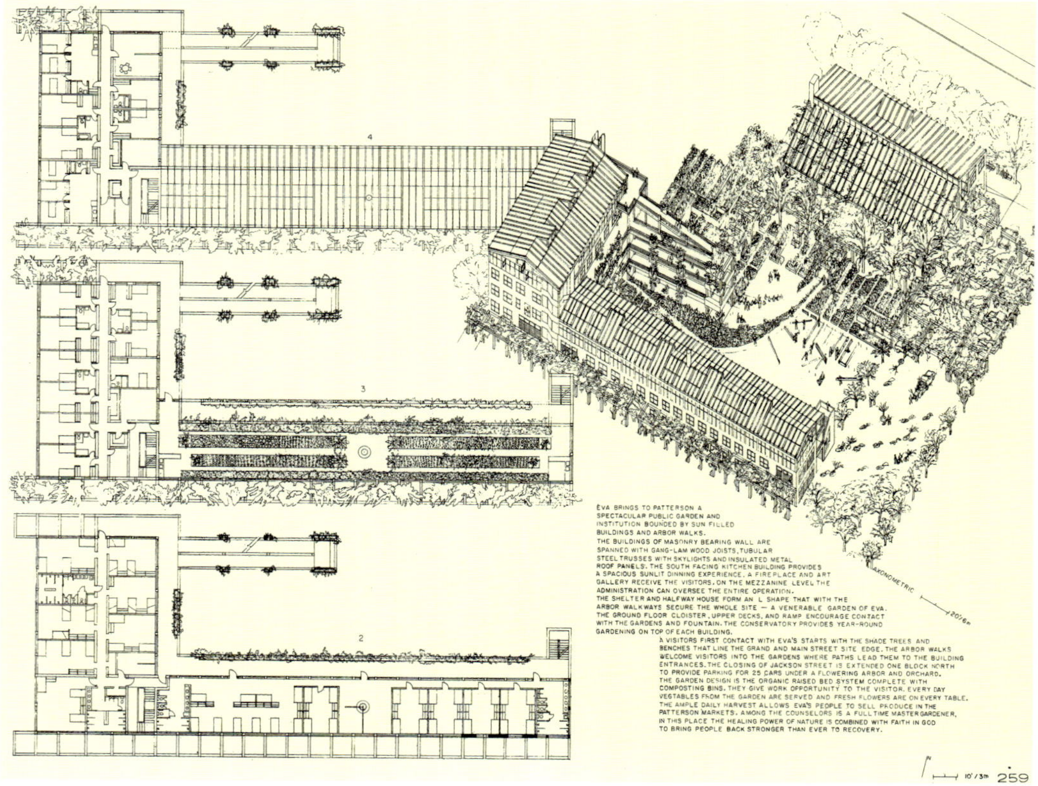

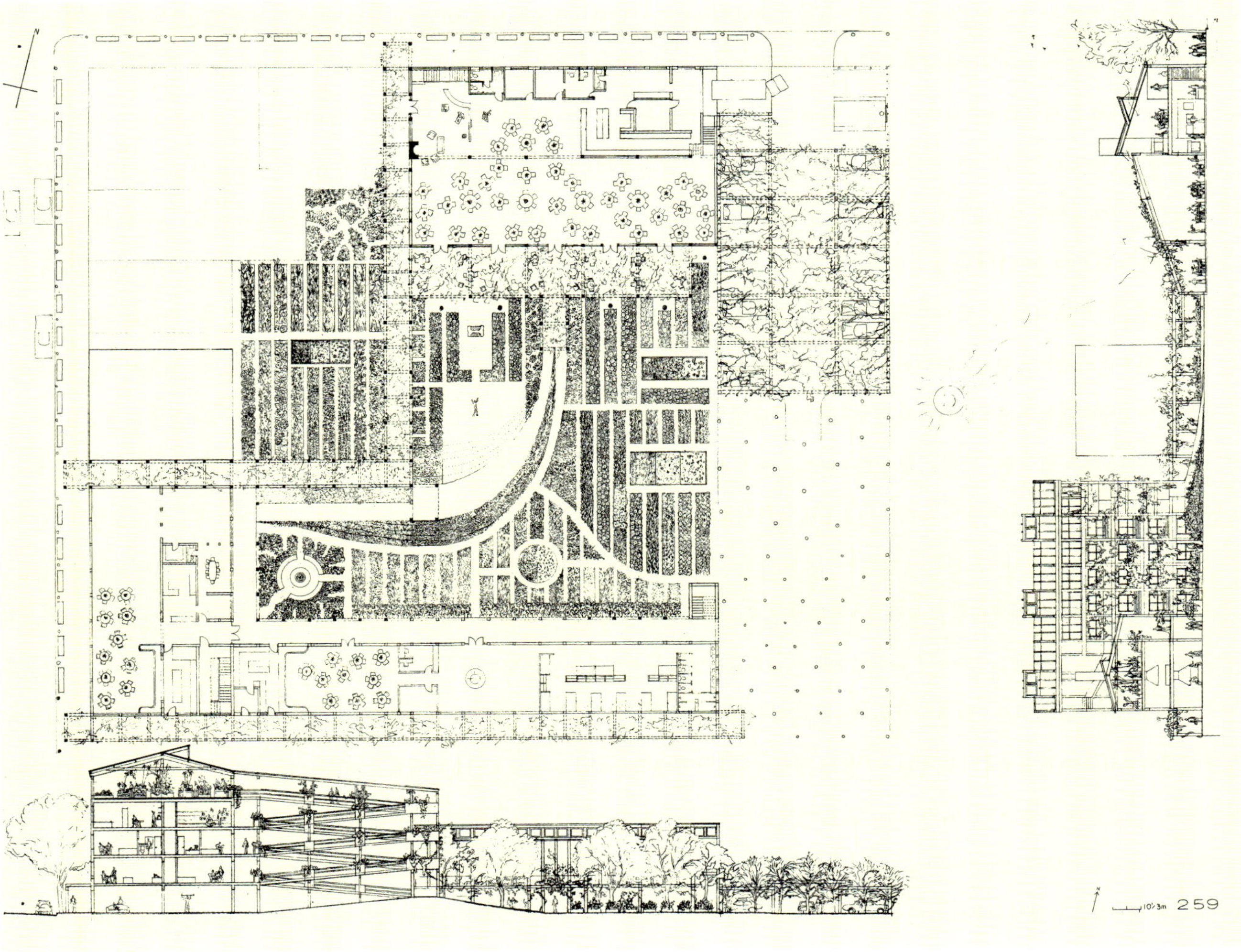


*Pages 184 et 185*
**Eva's Kitchen**
Troy West
Paterson, New Jersey,
États-Unis
Projet

**Nouvelle Maison américaine**
Troy West
Wakefield, Rhode Island, États-Unis
Projet, 1984

en offrant à des jeunes gens une possibilité unique d'étudier la construction et le sens des valeurs communautaires dans le cadre d'une expérience pratique. Dans le même temps, il sert la cause de l'architecture « verte » grâce à des innovations simples et peu coûteuses.

Pour Eva's Kitchen, projet d'une construction de 18 000 m² et un centre de réadaptation dirigé par des religieuses catholiques à Patterson, dans le New Jersey, Troy West a converti plusieurs bâtiments attenants en briques en un centre social attrayant. Le toit du bâtiment a été conçu comme une verrière pour apporter plus de luminosité aux espaces intérieurs, un système de rampes a été installé pour les personnes handicapées et on trouve une cour avec des jardins d'agrément et des potagers. Les fruits et légumes des jardins d'Eva's Kitchen sont servis dans une salle à manger spacieuse et ensoleillée et tout surplus de production est vendu sur les marchés locaux de Patterson. L'édifice en forme de L comprend également des passages pour piétons sous une tonnelle, une zone de parking bénéficiant de l'ombre d'un treillage et un dispositif solaire passif pour économiser l'énergie.

Pour son projet primé sur la Nouvelle Maison américaine, à Wakefield, dans l'État de Rhode Island, conçu en association avec Jacqueline Leavitt, Troy West a proposé une série de maisons mitoyennes, avec des toits en pignon et des jardins inspirés de l'habitat anglais du XIXe siècle, lorsque le gouvernement britannique déclara que chaque résidence avait droit à un espace jardin rattaché à la propriété. Empruntant cette tradition historique, l'équipe de designers a créé un ensemble de maisons rattachées à une communauté plus large tout en formant une enclave intime pour l'habitat urbain. La force essentielle de ce projet tient à la maîtrise avec laquelle les bâtiments réussissent à manier l'imagerie domestique traditionnelle ainsi que des avantages sur le plan du mode de vie et une atmosphère très contemporaine, sans se couper de la structure plus large du voisinage.

Le projet qu'a présenté Troy West dans le cadre d'un concours pour un Centre International de Communication à Paris représente une tentative imposante (mais vaine) de conférer au nouveau centre commercial de la Défense certains accents à l'échelle de la capitale française, avec ses espaces jardins et son architecture classique.

La solution proposée par West est un bâtiment en forme de croissant, qui culmine élégamment à l'extrémité de l'axe historique reliant l'Arc de Triomphe à La Défense. Cette enclave terminale comprend une façade composée de terrasses couvertes de végétation (évoquant la façade verdoyante du ACROS

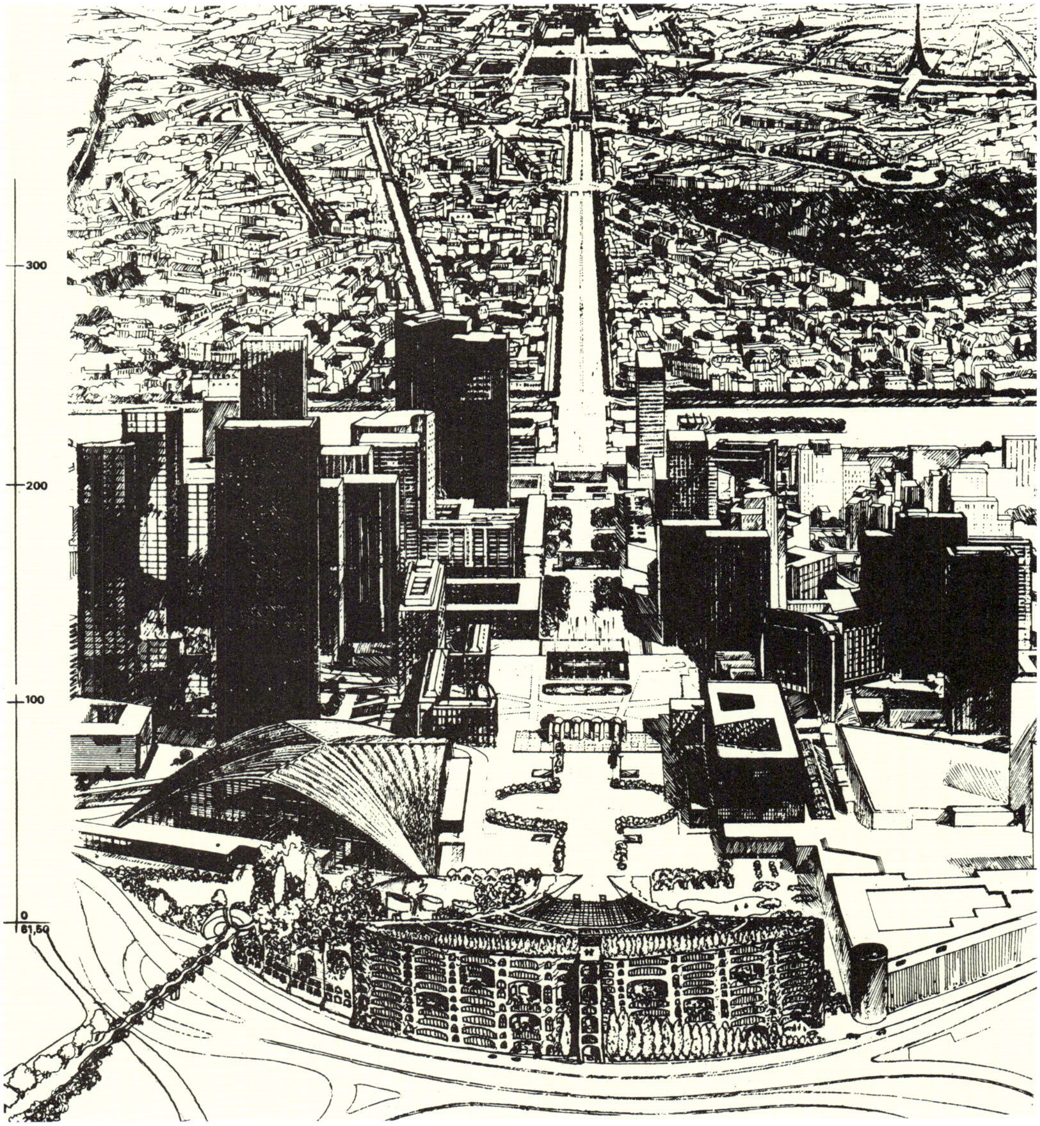


**Centre International de Communication**
Troy West
Paris, France
Projet, 1983

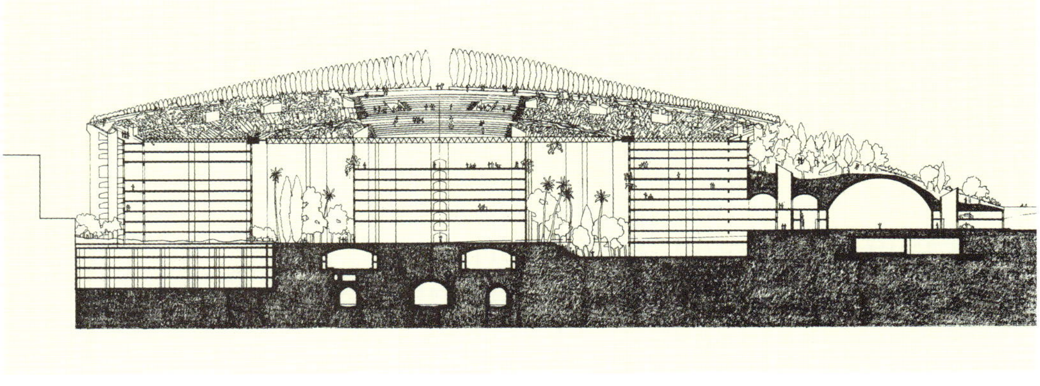

Building d'Emilio Ambasz) et une place publique, typiquement parisienne et classique. Le plan propose également de vastes jardins adjacents qui relient visuellement le centre-ville aux banlieues autrefois verdoyantes (avant l'intrusion de La Défense) et prévoie l'utilisation d'éléments verts naturels pour le système de chauffage et de climatisation du bâtiment. Pour renforcer cet objectif, la structure du toit est un cadre vitré recouvert de plantes grimpantes, qui opère comme un collecteur solaire passif en hiver et apporte une ombre filtrée par les feuilles de lierre en été. L'accès piétons au complexe est assuré par un système de longues rampes et de colonnes creuses de 5 $m^2$, qui servent de support à l'armature et de logement aux ascenseurs, aux cages d'escaliers et aux systèmes électriques et mécaniques.

Dans le cadre totalement différent des collines environnant San Francisco, Stanley Saitowitz s'est taillé une place de choix avec son œuvre, qu'il intègre à ces banlieues arcadiennes. Cet architecte d'origine sud-africaine, mais qui vit désormais en Californie, a trouvé dans la nature environnante l'élément premier générant la forme. Dès son premier projet connu au niveau international pour une Cliff House (1983) dans le Transvaal, en Afrique du Sud – il se distingue par un toit ondulant qui reflète la configuration des rochers environnants –, Saitowitz a développé sa sensibilité pour l'environnement et ses stratégies de formes en observant les surfaces et l'infrastructure de la nature. Ses bâtiments reflètent les rythmes et les modèles que lui suggèrent les courants atmosphériques, la surface de l'eau, les strates géologiques, les accidents topographiques, les cycles hydrologiques et les modifications saisonnières de la flore.

**Cliff House**
Stanley Saitowitz
Transvaal, Afrique du Sud
Projet, 1983

L'œuvre la plus réussie, à ses yeux, est celle qui entre en résonance avec un site, c'est ce qu'il appelle « l'architecture géologique ». Exprimant un intérêt compatible avec les références symboliques trouvées dans l'œuvre d'architectes tels qu'Ambasz, Noever, Ushida-Findlay, Jencks, SITE et Predock, Stanley Saitowitz a décrit ses bâtiments comme une combinaison de sources biomorphiques, géomorphiques et cosmologiques. Il écrit : « La géographie étudie les processus naturels pour découvrir que la croissance et la forme interfèrent : la forme est elle-même le processus d'évolution. L'intervention humaine ne fait qu'abréger ces processus naturels. » Saitowitz considère l'architecture comme simultanément centrée sur la terre et le cosmos et conçoit chacun de ses édifices comme une réponse soigneusement orchestrée à ces deux forces.

Pour la Seadrift Lagoon House (1990) à Stinson Beach près de San Francisco, Saitowitz a voulu que la forme du bâtiment réponde aux nombreuses références ambiantes – quelques-unes réelles et d'autres subliminales –, les vagues de la baie, par exemple, un bateau fendant l'eau, un flanc de colline à proximité, voire une géologie invisible. Décrivant la maison comme une « caverne sculptée par l'eau », l'architecte évoque des liens avec l'habitat troglodytique et d'autres origines primitives de l'habitat humain. À l'opposé, dans un geste tout à fait contemporain, il a ouvert l'espace intérieur à la lumière du soleil, la laissant pénétrer par de grandes fenêtres à claire-voie et filtrer les réflexions kaléidoscopiques de la surface de l'eau sur les murs. Les boiseries

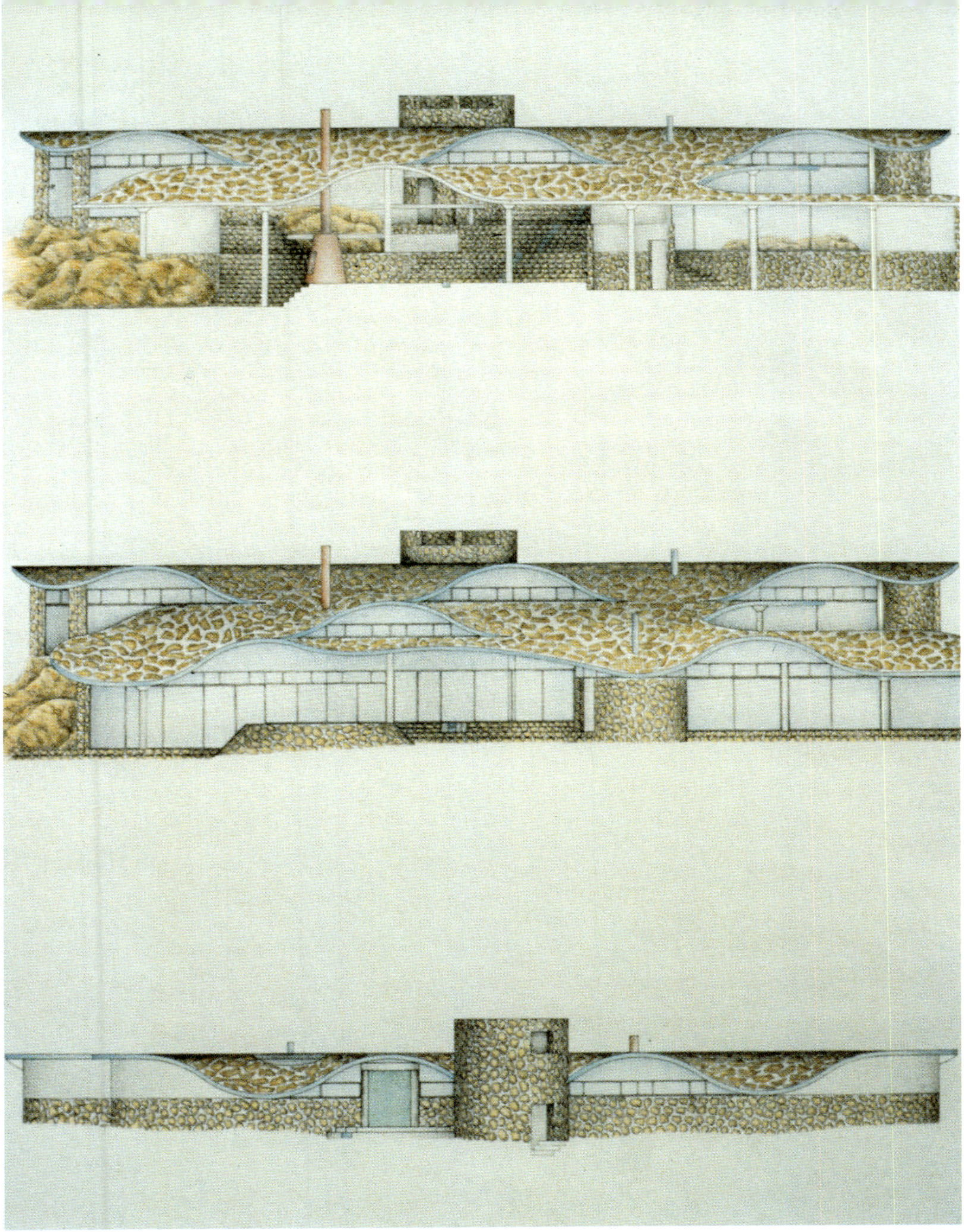

**Cliff House**
Stanley Saitowitz
Transvaal, Afrique du Sud
Projet, 1983

horizontales des surfaces extérieures et le toit incurvé vers l'arrière renforcent également les relations métaphoriques de l'édifice avec la nature et les associations avec l'abri primitif.

Développant ses volumes sculpturaux dans la Storybook Winery de la Napa Valley (1985), Saitowitz a créé un édifice en voûte évoquant par certains aspects la caverne et jetant un pont par-dessus une dépression de terrain. L'ensemble du bâtiment utilise la distillation, la mise en bouteille et l'entreposage du vin comme une analogie architecturale du flux interdépendant des forces dynamiques contenues dans la nature. Le bâtiment a la forme d'un fût de vin à demi enterré qui fait également écho à la forme d'un coteau au loin. Afin d'étendre ces références à la fonction vinicole de l'édifice, un itinéraire pour piétons entraîne les visiteurs sur un parcours leur faisant découvrir l'ensemble des activité, des

**Seadrift Lagoon House**
Stanley Saitowitz
Stinson Beach, près de
San Francisco, Californie,
États-Unis
1990

**Storybook Winery**
Stanley Saitowitz
Napa Valley, Californie, États-Unis
Projet, 1985

**Yumesaki Resort**
Matteo Vercelloni
Yumesaki, Japon
Projet, 1991

vendanges à la dégustation du produit fini. Il s'achève sur une vue panoramique sur la Napa Valley.

Comme chez Stanley Saitowitz, l'œuvre « en situation » de l'architecte et journaliste italien Matteo Vercelloni s'enracine dans une sensibilité classique à l'égard de la nature et une aptitude à incorporer des modes d'habitation transmis au cours des siècles. Né à Milan en 1961, Vercelloni est le fils d'un architecte et historien renommé, Virgilio Vercelloni. Avant le décès de ce dernier, les deux designers ont travaillé ensemble sur plusieurs ouvrages historiques et sur des projets de design environnemental pour le Japon et la Chine. Le premier d'entre eux – le Yumesaki Resort en 1991 – comprenait le développement d'un plan directeur et le design de plusieurs groupes de constructions qui reflétaient les caractéristiques d'un village japonais traditionnel. Cette station était prévue pour une vallée pittoresque près d'Osaka, et visait à transformer deux bassins d'eau voués à la culture du riz en un environnement qui évoquerait le jardin zen classique tout en étant un excellent centre de loisirs contemporain.

Le second projet, un design de 1993 pour le New Shanghai Club et Hôtel en Chine, est situé près d'un aqueduc urbain comportant des réservoirs d'eau et a été spécialement conçu pour évoquer l'influence coloniale européenne sur l'architecture urbaine qui a dominé cette métropole dans les années 20 et 30. Alors que nombre de ces édifices historiques existent encore et garantissent la cohérence idiomatique de certains quartiers, le choix de Vercelloni en matière d'imagerie architecturale apparaît similaire à celui de James Polshek : il retient l'intégrité stylistique du paysage urbain en assimilant des moyens iconographiques. Outre un vaste parc rappelant la tradition des paysages chinois, un jardin sur le toit, construit au-dessus des citernes, offre aux visiteurs une vue panoramique sur la ville.

Les œuvres de Troy West, Stanley Saitowitz et Matteo Vercelloni représentent trois aspects d'architecture dont on peut mesurer l'accomplissement à la manière dont l'œuvre fusionne avec son cadre naturel et à l'intelligence avec laquelle elle sensibilise le public à la valeur de la protection de l'environnement. Dans chaque cas, il convient également de rendre hommage aux mérites de leurs œuvres : contraintes budgétaires réalistes, compétence en matière de construction, respect pour les éléments indéterminés, fragmentés et incontrôlables de la nature et de la ville. La modestie de leurs intentions et leur talent à comprendre l'initiative « verte » en architecture comme un sujet sociologique et traitant de la protection de l'environnement placent leurs efforts à l'avant-garde des idées et services – dont nous avons plus que jamais besoin.

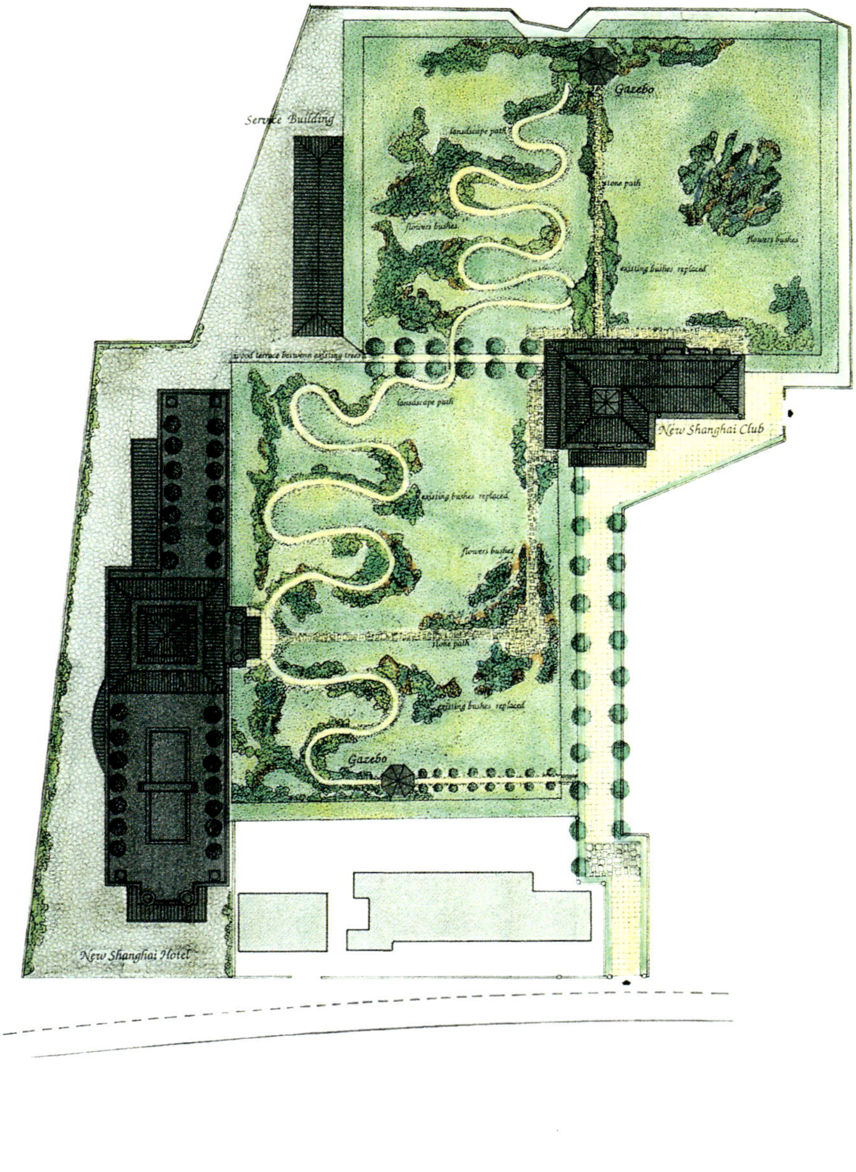


**New Shanghai Club et Hôtel**
Matteo Vercelloni
Shanghai, Chine
Projet, 1993

## Visions prophétiques pour l'avenir

Cette « défense et illustration » de « l'architecture invisible » est conçue comme une préface au dernier chapitre de notre étude sur les architectes contemporains, consacrée à une sélection de designers particuliers, ceux-ci très agressivement visibles et qui ont apporté d'intéressantes contributions au mouvement « vert ». Ce dernier groupe – assez librement rassemblé sous le titre de visionnaires dont les idées pourraient avoir des répercussions importantes sur l'avenir – inclut des novateurs qui, souvent, n'ont rien construit, ou pas grand-chose. De fait, des termes aussi rebattus qu'« avant-garde » ou « progressiste » sont démodés et ont désespérément besoin d'être redéfinis. Nous le remarquons en admettant que le principal regret exprimé par cet ouvrage correspond à une déception. Déception de constater que le vocabulaire récent de l'architecture « verte » n'a pas réussi à assimiler les conséquences dynamiques de la réforme environnementale, de la révolution de l'information et des progrès liés à la technologie. Des positions considérées autrefois comme périphériques en matière de design ont généré, par défaut ou changement de priorités, une nouvelle avant-garde. Dans le même temps, tous ces feux d'artifice architecturaux de la dernière décennie, portés aux nues et qui ne poursuivaient qu'un seul but, celui du style, se révèlent peu à peu désespérément conservateurs.

Malgré cette confusion des termes, l'œuvre de l'architecte américain Jeffrey Miles – que ses propositions soient réalisables ou non – pose certainement le décor de l'architecture du nouveau millénaire. Défenseur de l'écologie et théoricien « vert », il a proposé d'utiliser le design et l'ingénierie pour s'attaquer aux problèmes de la pollution. Dans son Ozonemaker (1993), pour laquelle il a procédé à des recherches très intensives, ce qui semble être

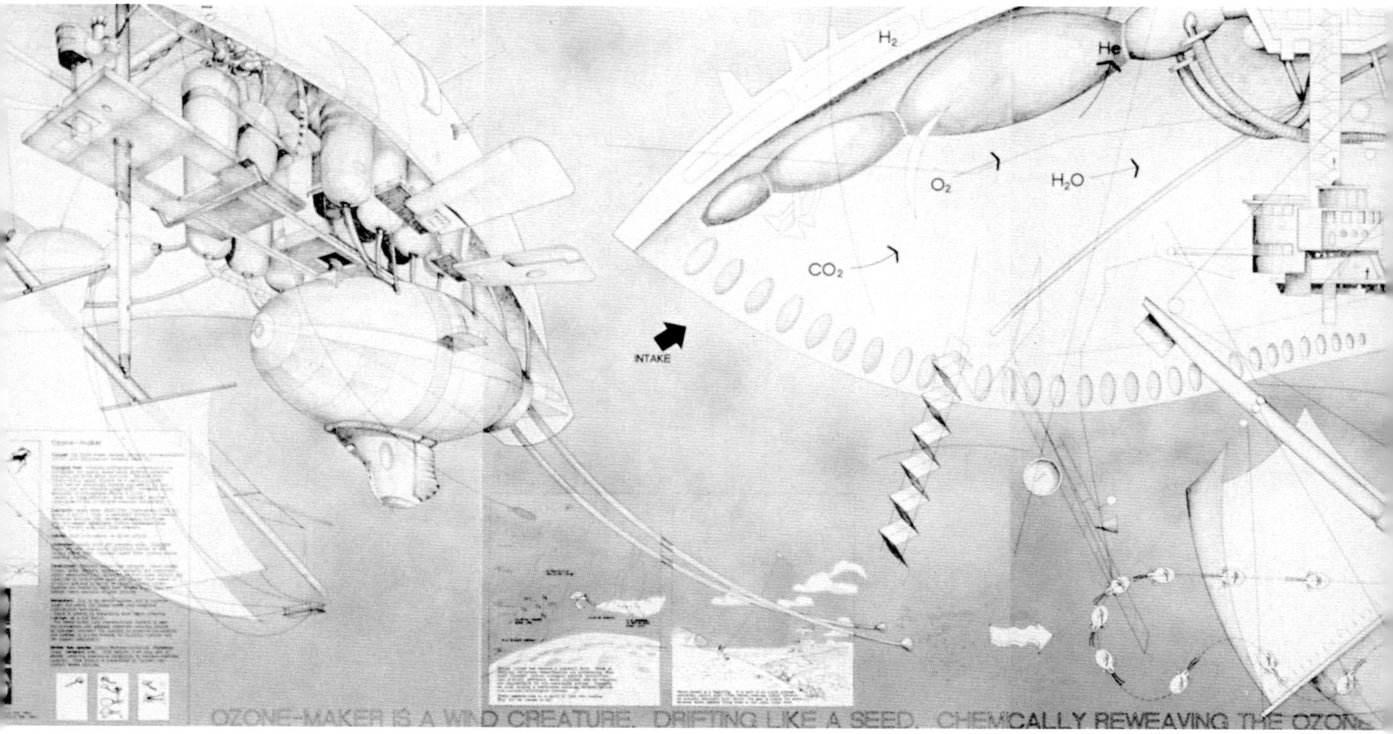

à première vue une idée fantasque, tirée tout droit de la « Guerre des Étoiles », est une suite de satellites conçus destinés à purifier le vent et à réparer la couche d'ozone en éliminant les chlorofluorocarbures (CFC), tout en rejetant l'air pur collecté dans l'atmosphère. Avec une longueur de 433 m, une largeur de 170 m et une vitesse de 5 kilomètres-heure, l'Ozone-maker, dont la forme rappelle celle d'un crabe, tourne autour de la terre à 16 km d'altitude. Le projet de Miles est basé sur le principe selon lequel les CFC nocifs provenant de la combustion des ressources fossiles détruisent la couche d'ozone et menacent la vie sur terre en transformant peut-être le climat et en perturbant la chaîne alimentaire à l'échelle planétaire. Les CFC restant en suspension dans l'air pendant plus d'un siècle avec les conséquences catastrophiques que cela suppose, la « machine verte » de Miles est conçue pour aider à rétablir l'équilibre de l'atmosphère.

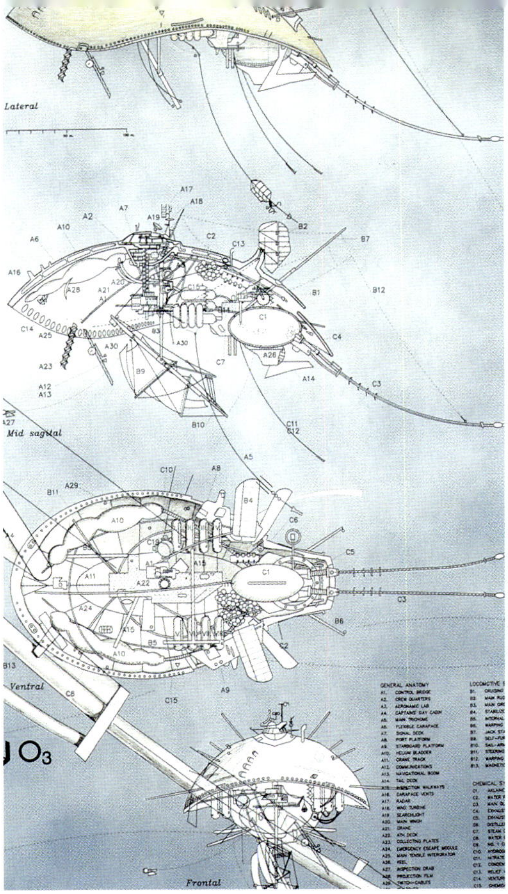


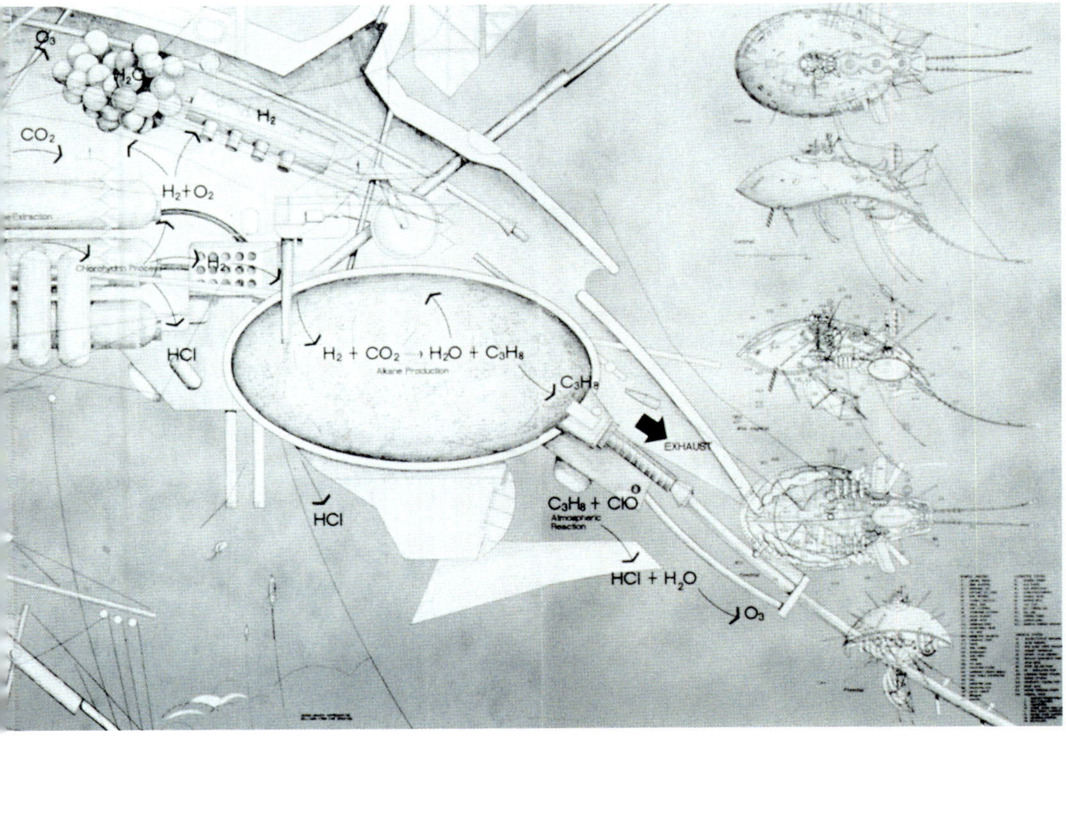


**Ozone-maker (Détail du plan en bas)**
Jeffrey Miles
Projet, 1993

**Ozone-maker**
Jeffrey Miles
Projet, 1993

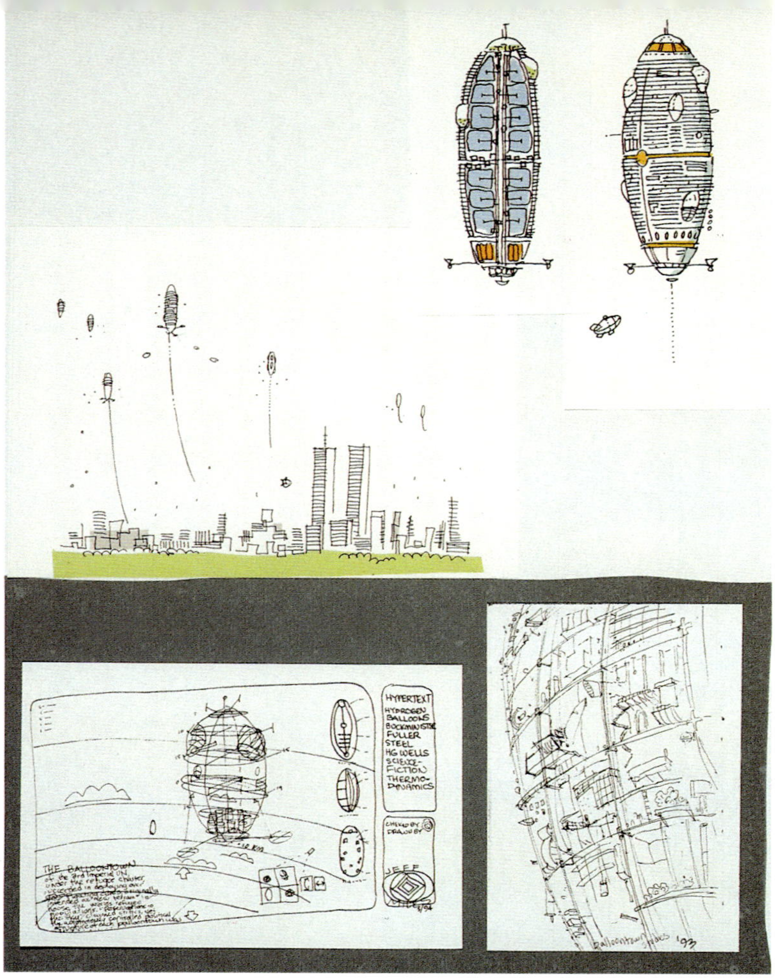

**Biotecture, Balloontown**
Jeffrey Miles
Projet, 1993–95

*Page 197*
**Biotecture, Artificial Island**
Jeffrey Miles
Projet, 1995

Gérée par une équipe de 12 «bionautes», la machine, qui fonctionne à l'hydrogène, est gonflée à l'hélium et se déplace essentiellement grâce à l'énergie éolienne, utilisant des voiles rappelant les clippers du XVIIIe siècle. Les vivres et autres fournitures sont apportées à bord par des stations et des ballons dirigeables. Les bactéries chimioauthropiques qu'elle transporte ensemencent l'atmosphère avec des alcanes qui éliminent chimiquement le chlore et les hydro-chlorures. Les sous-produits restants sont recueillis et oxydés pour approvisionner ensuite des sous-systèmes supplémentaires de flottabilité et d'équipements nécessaires à la vie.

L'Ozone-maker qui échappe aux regards humains ne correspond pas exactement au thème de ce livre sur l'art de l'architecture «verte»; néanmoins, ses caractéristiques visuelles sont si merveilleusement articulées dans les croquis de Miles et l'idée, en elle-même, est si fascinante que nous devons la mentionner. Restaurer la couche d'ozone est un objectif tellement urgent que l'œuvre de tout architecte s'intéressant à ce problème devrait être traitée comme la forme suprême de l'effort esthétique. Peut-être qu'après tout, ce projet contribuera à l'«art salvateur».

Dans un autre concept de style science-fiction, appelé Biotecture, Miles a repris certains aspects de la Broadacre City de Wright (1933) avec ses solutions idéalistes pour un habitat géocentrique ainsi que la vision de STERN d'un centre urbain. En combinant des objectifs similaires, Jeffrey Miles a déclaré que les centres urbains devraient être un prolongement de la structure intégrée de la nature. Il suggère qu'en étudiant les écosystèmes et le comportement des plantes et des animaux, il est possible d'entrer dans une période productive d'«ingénierie inversée». La ville de demain, produit d'un recyclage total, serait une structure en forme de canalisation avec un habitat souterrain. L'objectif est de ménager la surface terrestre et de développer des technologies qui permettraient de profiter de tous les avantages de la lumière du soleil dans l'habitat souterrain.

Utilisant les avantages potentiels de l'ingénierie génétique et moléculaire, Jeffrey Miles imagine une nouvelle métropole composée de multiples organismes vivants (pas seulement végétaux) qui opéreraient comme une partie intrinsèque de l'écosystème. Dans le scénario holistique de Miles, le design écologique n'est pas seulement un ensemble de remèdes technologiques appliqués à une situation défavorable. Biotecture se présente comme une subdivision de Gaia, la Terre entière étant conçue comme un organisme vivant. De cette manière, toute entreprise humaine relèverait d'une structure interdépendante où la motivation ne tiendrait pas seulement aux produits ou aux profits mais serait, au contraire, orientée sur l'économie, la communication et le partage de l'énergie, avec la soutien d'un immense système mondial de feed-back de l'information.

Avec une ferveur futuriste comparable à celle de Jeffrey Miles, l'architecte américaine Donna Goodman a travaillé pendant plus de

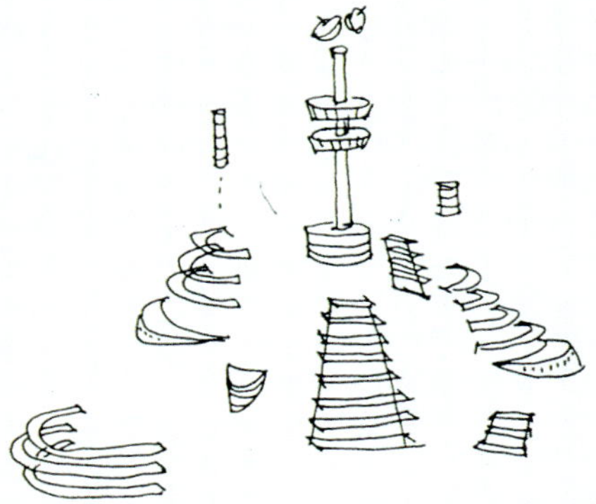

Habitable program

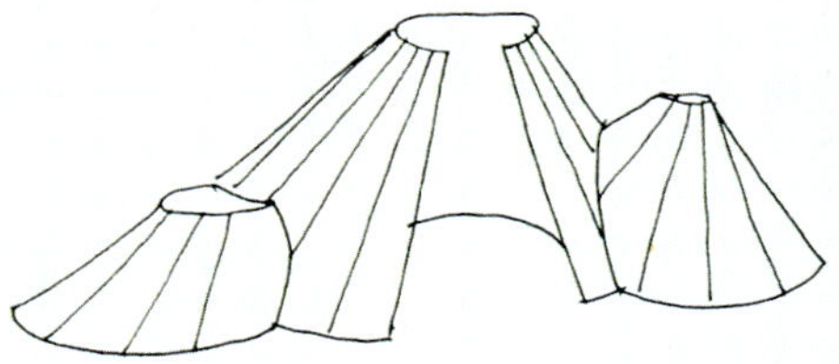

Shell

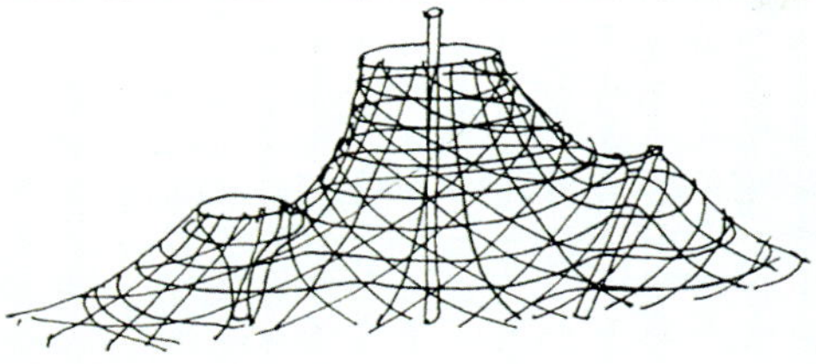

Structure

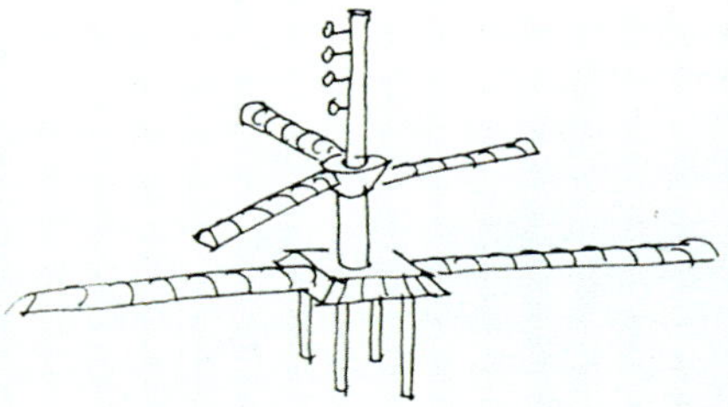

Transport and Processing

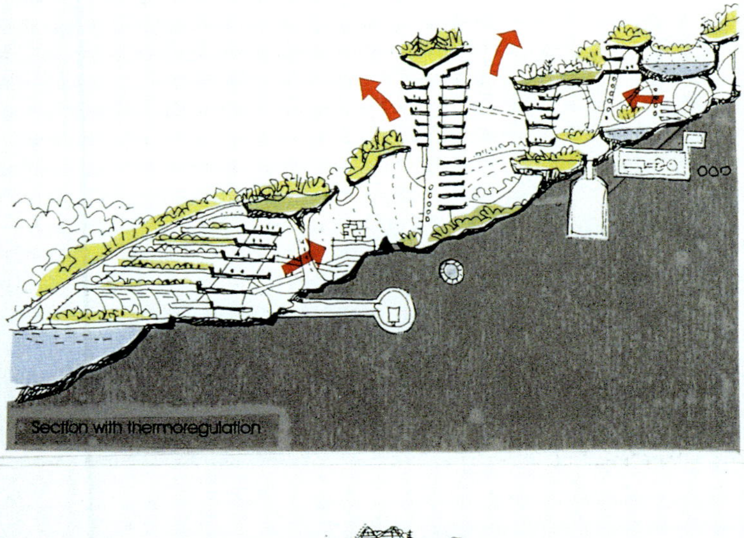

Section with thermoregulation

## Artificial Island
1995

People love the Caribbean islands so much- why not build a few more?

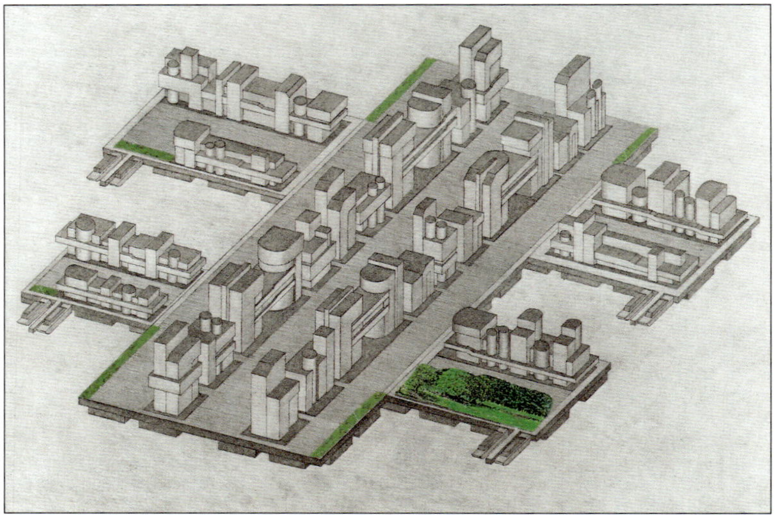

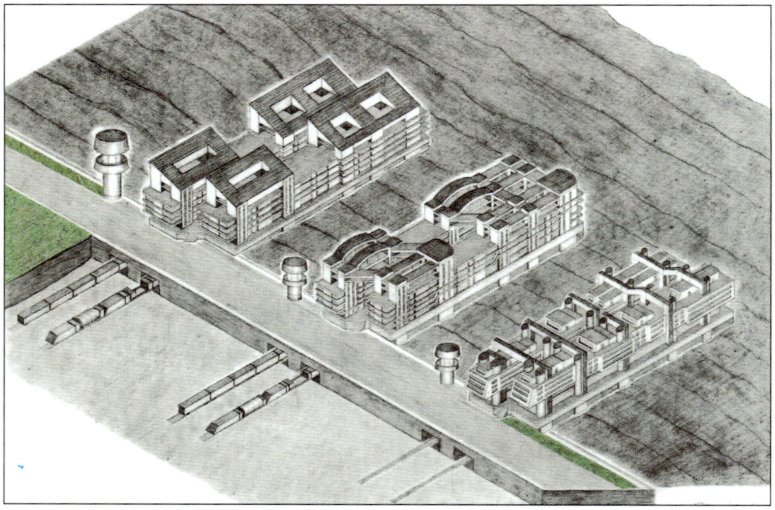

*Pages 198 et 199*
**Floating City**
Donna Goodman
Projet, 1983–95

dix ans sur un concept qu'elle appelle la Floating City. Ses antécédents interdisciplinaires – elle a étudié l'art et la philosophie au Smith College et l'architecture à la Columbia University – se traduisent dans le vaste éventail des centres d'intérêt présidant à ce projet. En 1979, elle a également eu l'occasion de travailler sur un chantier naval à Rhode Island et, au cours de cette période, elle s'est intéressée à la technologie offshore de l'institut océanographique Woods Hole.

La Floating City a été conçue pour répondre aux projections futures faisant état d'une effrayante explosion démographique (plus de 8 milliards de personnes d'ici 2025), synonyme d'une exploitation à outrance des ressources de la surface terrestre et menace pour la survie de l'humanité. La proposition de Goodman est fondée sur l'observation selon laquelle la recherche de possibilités d'habitat sur et sous la mer a été jusqu'ici minimale et mérite une approche à la fois technique et philosophique. L'architecte évoque les pays privés d'espace vital tels que le Japon, où plus de 60 îles artificielles ont dû être créées pour faire face aux problèmes de logement ou, plus généralement, à l'urbanisation galopante de la dernière décennie. Au lieu d'imposer la solution habituelle : un remplissage de terrain entraînant une inévitable perturbation des écosystèmes sous-marins, l'île de Goodman flotterait à 12 m au-dessus du niveau de la mer sur de vastes pontons remplis d'air. Stabilisée par des câbles ancrés au fond de l'océan, cette mini-ville, capable de flotter, présente des composantes techniques et agricoles autosuffisantes qui, pour leur alimentation énergétique, ne dépendent que de la mer. Le projet prévoit en outre un treillis d'acier, sous l'eau, qui peut être ajusté pour permettre une expansion supplémentaire. Au nombre de ses avantages économiques et environnementaux, le complexe compte l'exploitation du sol marin et de ses différents minéraux (fer, tungstène, cuivre, nickel et cobalt), l'aquaculture et les plantations sur les toits pour diminuer la pollution et fournir de l'ombre, ainsi qu'un système dernier cri de transport public.

Même si les séduisants dessins de Goodman représentent la Floating City comme une sorte d'utopie technologique avec un nombre illimité d'éléments assistés par ordinateurs, orientés sur le confort, bénéfiques à la santé et progressistes sur le plan administratif, ils ne montrent pas clairement comment ces avantages se décomposent en modules personnalisés qui rendent la vie urbaine agréable. Elle décrit les plantations, les blocs flexibles et les économies d'échelle mais les dessins semblent plus porter sur des méga-systèmes que sur des mini-plaisirs. Si l'on juge l'inclusionnisme discret d'architectes tels que Troy

West et Stanley Saitowitz trop local et modeste, alors peut-être peut-on considérer la cité sur l'eau de Goodman comme trop radicale et ambitieuse. D'autre part, ses différents textes sur le projet ne se privent pas de critiquer les aspects négatifs des projets utopiques du passé et leurs prescriptions autoritaires régissant la vie en communauté.

À l'opposé de l'architecture visionnaire de Donna Goodman, le projet Ecstacity (1992) de Nigel Coates, à Londres, est essentiellement basé sur le recours résolu à tous les éléments chaotiques et imprévisibles de l'environnement urbain. Coates a été l'un des premiers chefs de file du mouvement de l'architecture narrative des années 70 et a été autrefois directeur d'une publication appelée NATO (Narrative architecture today ; L'architecture narrative d'aujourd'hui). À la différence des modernistes qui proclament des formules utopistes, la mission première de l'organisation était d'utiliser de nouvelles constructions pour préserver et intégrer toutes les imperfections, la sensualité et les très diverses qualités qui renforcent la vitalité urbaine. « Notre processus narratif d'alors ne consistait pas à raconter des histoires, mais à greffer des fragments de signification, sensuels et illogiques, sur la réalité afin de la mettre en valeur », écrit Coates pour commenter ce stade de son évolution. Depuis le début de sa carrière, il n'a cessé de prôner une absorption complète des fragments vivants, évolutifs et disparates de la vie urbaine, dont l'importance est cruciale pour la survie d'une métropole. À bien des égards, sa philosophie va à l'opposé de la recherche de la durabilité dans le design « vert ». En effet, Coates affirme qu'à son avis, « la vraie culture contemporaine a un caractère éphémère qui lui est inhérent et qui tient aux changements dans les goûts et à la durée de vie de l'information. L'architecture, en revanche, a de son plein gré accepté d'être marginalisée par son engagement à durer toujours. »

Après avoir étudié à la célèbre Association d'architecture à Londres, où il a continué de s'engager depuis en tant que professeur, conseiller et collaborateur sur certains projets particuliers, Nigel Coates s'est associé avec A. A. associates en 1991 afin de proposer son Ecstacity pour la grande célébration du millénaire en Angleterre. Pessimiste face aux tours et gratte-ciel qui, un peu partout dans le monde, accompagnent l'expansion urbaine et détruisent l'identité des quartiers, il a proposé que Londres soit transformée en une place de marché pour ce qu'il appelle des « interventions urbaines douces ». Celles-ci compren-

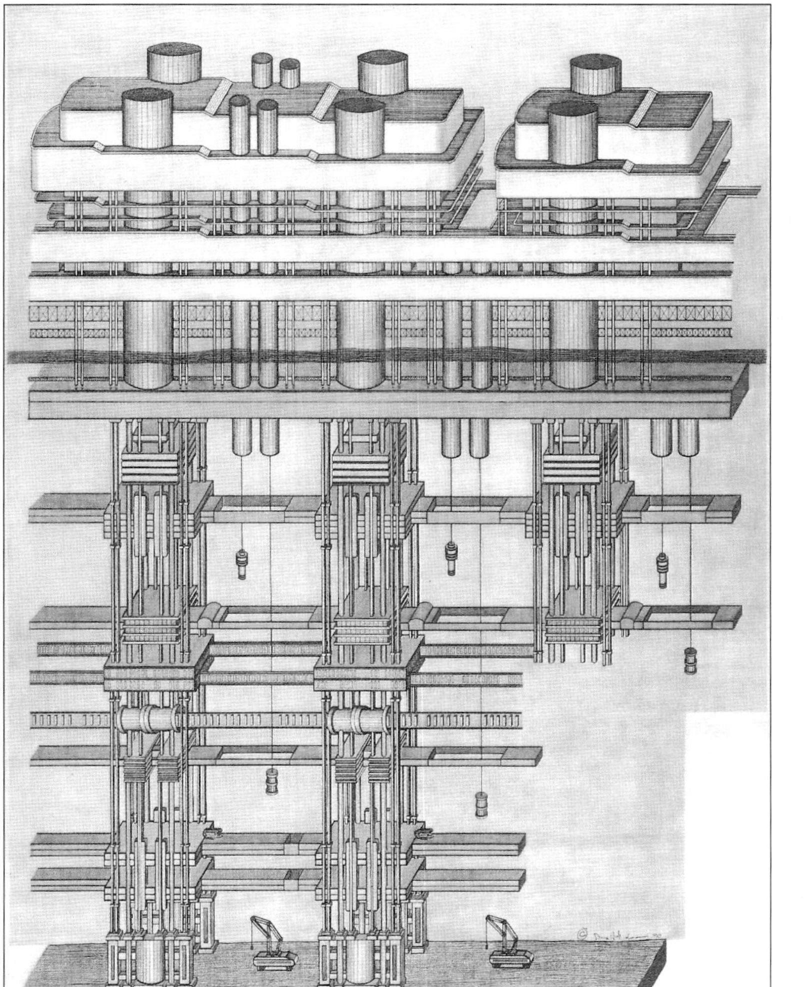

**Ecstacity, Exposition**
Nigel Coates
Londres, Angleterre
Projet, 1992

draient des appendices narratifs rattachés aux bâtiments et destinés à révéler leurs origines et leurs objectifs, des objets informationnels qui seraient intégrés aux espaces épargnés par les ravages de la construction immobilière, des œuvres d'art qui surgiraient sur les trottoirs et des œuvres de la rue, changeant sans cesse, qui mêleraient passé et futur et seraient orchestrées selon une chorégraphie organique. Mettant en lumière la valeur de l'intégration dans l'architecture de la diversité humaine, de l'imagerie populaire et des signes témoignant de l'inconscient collectif, Coates, que l'on n'associe habituellement pas au design « vert », a contribué au développement de théories qui ont élargi le concept d'une écologie sociale.

Avec un instinct interventionniste similaire mais axé sur l'environnement naturel, l'œuvre de François Roche, en France, lui fait porter ses expériences sur le terrain qui sépare l'idée d'espace rituel et celle de construction provisoire. De tous les nouveaux architectes qui rompent avec les définitions courantes de ce qui est « vert » ou pas, Roche est l'un des plus étroitement liés aux croyances aborigènes en une architecture périssable qui retourne à la nature. Anti-moderniste convaincu, il rejette l'idée que les bâtiments doivent être définitifs et faire irruption dans l'environnement, décrivant son approche philosophique comme un respect pour les possibilités multiformes, « caméléon », de l'architecture. Lorsqu'il conçoit un projet, Roche est guidé par ce qu'il a appelé un « code génétique de territorialité », où l'habitat trouve ses moyens de subsistance dans son environnement immédiat et est, par conséquent, en état permanent de renouvellement.

Pour une œuvre réalisée en 1993 et appelée Mimesis, près du pont de la Concorde à Paris, François Roche a utilisé un site des anciens Bains Deligny : il a désassemblé la piscine et certaines parties des restaurants et les a réparties sur 8 péniches situées sur la Seine, les soumettant aux mouvements du fleuve.

Pour un projet intitulé Transfert et un autre appelé Camouflage, chacun traitant de la territorialité et réalisé en 1993, Roche a construit avec des grillages deux cabines

*À droite et en bas*
**Ecstacity (détails)**
Nigel Coates
Londres, Angleterre
Projet, 1992

*Page 202*
**Mimesis**
François Roche
Paris, France
1993

**Mimesis**
François Roche
Paris, France
1993

**Camouflage**
François Roche
Forêt de Compiègne, France
1993

**Mimesis**
François Roche
Paris, France
1993

*Page 203*
**Camouflage**
François Roche
Forêt de Compiègne, France
1993

**Transfert**
François Roche
Forêt de Compiègne, France
1993

FORET SECHE
FORET HUMIDE

provisoires de 10 m sur 2 dans la forêt de Compiègne – l'une située dans la partie sud de la forêt au milieu d'un bois de hêtres et l'autre dans le nord, entourée de conifères. Ces constructions ont été recouvertes de mousse et conçues de manière à s'adapter aux conditions climatiques respectivement sèches et humides. Camouflage a permis à Roche d'explorer plus en détail les qualités de mimétisme (à la façon du caméléon) de l'architecture. Ici, une série de fenêtres est suspendue à des poteaux à l'intérieur d'un groupe de 15 érables. Les arbres poussant et changeant au gré des saisons, l'œuvre évolue également à sa manière.

Ces deux constructions de petite taille, conçues pour se désintégrer dans la nature, rappellent le Buried Shed de Robert Smithson (Kent State University, en 1973) et son intérêt pour les relations entre l'entropie et l'art. Fasciné par les descriptions des phénomènes d'entropie tels que les décrivent les astrophysiciens et par la notion d'un univers entier pris dans une bataille thermodynamique pour survivre, Smithson estimait que l'art pouvait être interprété comme une métaphore de la dégradation de la matière et de l'énergie. En reliant l'art, la science et la culture, l'œuvre de Roche et de Smithson a retenu les implications de l'entropie tout en partageant l'idée des aborigènes australiens selon laquelle entretenir une relation symbiotique avec la nature signifie devenir partie intégrante de sa structure, et non résister à ses forces.

Si le présent chapitre a retenu l'exemple de François Roche et de son art spécifique au site, c'est parce qu'il opère comme une chronique de sujets auxquels les architectes devraient réfléchir (mais le font rarement) – par exemple l'indétermination, la dématérialisation, l'entropie, le processus de mutation et d'évolution et le feed-back du territoire –, et non parce que ses concepts proposent une liste de solutions pratiques. Du point de vue du courant dominant, ses interventions sont bien trop conceptuelles et éphémères pour avoir un effet substantiel sur les initiatives plus pragmatiques de la technologie « verte ».

Elemér Zalotay joue un rôle similaire de non-conformiste en fournissant un méli-mélo de théories, de nouveautés et d'expression individuelle, qui peut être perçu comme périphérique mais qui, en réalité, propose des matériaux susceptibles changer les choses. L'œuvre de Zalotay est un mélange fascinant d'excentricité pure et de prescriptions sérieuses pour l'ère de l'écologie et contient les propositions les plus échevelées, des gratte-ciel couverts de végétation aux plans urbains inspirés de la Broadacre City, en passant par le collage chaotique qu'est sa propre résidence de Ziegelried, près de Berne.

Zalotay, vivant aujourd'hui en Suisse, est né en 1932 en Hongrie où, lorsqu'il était étudiant, il s'est fait une réputation de radical aussi bien en art qu'en politique, ce qui lui a

*Pages 204–207*
**Maison Zalotay**
Elemér Zalotay
Ziegelried, Suisse
1984

*Pages 208 et 209*
**Maison Zalotay**
Elemér Zalotay
Ziegelried, Suisse
1984

valu d'être emprisonné à plusieurs reprises pendant la révolution hongroise. Installé en Suisse, il a concentré sa carrière architecturale sur la promotion d'un système de panneaux préfabriqués permettant de construire soi-même des bâtiments à plusieurs niveaux. Ceci l'a amené à s'intéresser à un vaste éventail de sujets sociaux et environnementaux, qu'il a ensuite repris dans quelques écrits théoriques publiés sous le titre «Corb plus». Selon ces manifestes, une architecture valable devrait combiner l'urbanisme socialiste de Le Corbusier avec le sens du contexte organique de Wright – un hybride étrange où le modernisme épouse l'utopie arcadienne.

La Maison Zalotay résume les multiples facettes de l'imagination, c'est le meilleur exemple d'une sensibilité libérée travaillant de concert avec la nature. Sur le plan technique, l'habitation est construite en bois, verre et plastique recyclés, greffés autour d'un centre en béton et amarrés par des câbles. Sur le plan visuel, c'est une apparition hybride – Robert Rauschenberg rencontrant Frank Lloyd Wright – parachutée dans l'ambiance pastorale d'un paisible village suisse. La Maison Zalotay fusionne avec son environnement, célèbre délibérément les interactions imprévisibles entre la nature et l'architecture. Elle émerge du paysage comme une éruption naturelle, articulée par une chorégraphie de collage qui remplit le site d'un mouvement anarchique et cacophonique. La Maison Zalotay a suscité la colère de la communauté environnante et a même été à plusieurs reprises bombardée de pierres par des mécontents.

Si l'on peut dire de l'œuvre d'Elemér Zalotay qu'elle représente une utopie régionaliste, Michael Sorkin, quant à lui, est un internationaliste. Au cours des dernières années, il est devenu une figure catalytique du design urbain, proposant des plans qui englobent la plupart des questions environnementales couvertes par la présente étude sur les architectes dont les idées ont des répercussions importantes sur l'avenir. Il est un designer visionnaire dont les intérêts, qui repensent la métropole du siècle à venir, vont du macrocosmique au microcosmique. Comme Coates et Zalotay, il souhaite préserver le charme d'un ancien site, inclure des espaces «verts» et promouvoir le design écologique, tout en passant par la programmation de la matrice organisationnelle d'une nouvelle ville.

Sorkin est un architecte américain formé à Harvard et à l'Institut de Technologie du Massachusetts et qui peut se targuer d'une double carrière en tant qu'écrivain connu d'œuvres sur l'architecture et fondateur d'un cabinet d'architectes renommé à New York. Il s'intéresse profondément à la morphologie de la ville et aux similitudes existant entre la mutabilité des organismes dans la nature et les modèles de croissance des centres urbains. Les configurations de ses constructions individuelles sont fréquemment inspirées d'éléments de l'environnement naturel – généralement des plantes et des animaux qui semblent avoir migré dans ses projets de design pour rappeler les origines de la communauté dans un passé très ancien. Ces témoignages de biomorphisme dans l'œuvre de Sorkin n'ont rien à voir avec la nostalgie d'une milieu alluvial des premiers temps et, contrairement à un mouvement tel que l'Art nouveau, il ne voit pas non plus dans la flore et la faune des antidotes romantiques à l'univers de la ville industrielle. Pour Sorkin, le lien biomorphique est à la fois une manière de commenter avec humour les traditions de l'architecture organique et une exploration extrêmement intelligente des rapports existant entre les images et les fonctions de la ville et leurs pendants dans la nature.

Michael Sorkin est également partisan d'une ville géomorphique qui reflète les influences à la fois locales et hémisphériques. Bien que nombre de ses croquis, séduisants sur le plan visuel, semblent décrire des concepts organisationnels plus nombreux que nécessaire, c'est le contraire qui est vrai : ces illustrations doivent être comprises comme étant plus schématiques que normatives. Son intention est d'appréhender graphiquement, au niveau macrocosmique, des modèles urbains qui suggéreraient en une seconde étape des interventions modelées sur les rythmes métropolitains. En travaillant enfin au niveau microcosmique, il accepte le désordre naturel ainsi que la vitalité de la rue, et son rôle architectural est modulé par la nécessité de préserver cet « ordre complexe et contradictoire » dans la vie de la communauté, prôné par Venturi. En embrassant cette dualité, Sorkin rompt avec le moule autoritaire des plans directeurs modernistes de ce siècle.

En concevant un projet pour East New York en 1996, Sorkin a recouru à une approche pluraliste en résistant à ce qu'il appelle les « homogénéisations de la culture mondiale ». Il préfère considérer la communauté comme une « maximisation de l'autarcie économique, sociale, culturelle et environnementale » qui peut encore profiter des avantages collectifs de la ville de New York dans son ensemble sans perdre son identité. Le site est un quartier pauvre de Brooklyn, où Sorkin a pris en considération les diverses caractéristiques de la topographie et des constructions existantes – combinant littoral, marécages, usines et quelques groupes d'immeubles particulièrement laids. Evitant les tactiques habituelles de démolition, Sorkin a étudié les caractéristiques les plus populaires du quartier et a ensuite proposé un plan pour les relier entre elles par des parcs, des prés communaux et divers objets sculpturaux qui se métamorphosent parfois en bâtiments. L'objectif est d'aider la communauté à retrouver son unité à l'aide d'une panoplie de symboles unificateurs et d'interventions inattendues. Au nom de ce qu'il appelle les agréments de « l'acuponcture », Sorkin a

*Pages 210 et 211*
**East New York**
Michael Sorkin
New York, New York, États-Unis
Projet, 1996

planté un arbre au milieu d'un carrefour, créant ainsi quatre artères piétonnes (et réduisant avantageusement la circulation), lançant par la même occasion un programme d'élimination des émissions toxiques et des embouteillages en réduisant l'espace accessible aux véhicules motorisés. S'inspirant de ces modèles de grandes zones piétonnières opérant encore et toujours pertinents dans les cités historiques, Sorkin utilise le corps humain comme « mesure centrale de l'urbanité ». En résumé, ses villes sont faites pour se déplacer à pied.

Dans un autre plan concernant l'est de New York et datant de 1994, Sorkin a proposé une série de constructions appelées « Shroom », évoquant les souks (les marchés couverts orientaux) et qui relieraient l'ensemble du voisinage à un groupe de pavillons (ou « cosses »). Ces unités sont conçues pour occuper des terrains vagues ou être greffées sur des parties de bâtiments existants afin d'améliorer leur commodité latente et d'ajouter plus d'espaces jardins et de parcs publics. L'archétype de Shroom est le « loft » new-yorkais avec les innombrables utilisations qu'il permet. Cette ceinture de constructions située à Brooklyn est considérée comme une alternative au concept européen des grands espaces urbains (une idée universaliste qui fonctionne rarement dans la ville américaine). L'aménagement de l'est de New York est conçu comme une chaîne publique et privée d'installations qui rassemblent les gens dans des décors plus intimes afin d'obtenir une grande variété de services et de loisirs. Technique caractéristique de Michael Sorkin – intégrer des espaces verts dans le paysage urbain –, le projet Shroom comprend également des rubans fluides de végétation qui commencent au niveau de la rue et réapparaissent sur les toits des usines. Vu d'en haut, tout le quartier semble être relié par des tentacules de paysage sans formes définies.

Michael Sorkin peut être à juste titre qualifié de visionnaire, un visionnaire qui n'a pas perdu le sens de l'humain. Il a compris qu'au-delà des discours sur les gens vivant dans le cyberespace et communiquant essentiellement par l'intermédiaire de longueurs d'ondes tout autour de la planète, c'est déjà une réalité et rien d'autre qu'un nouvel outil commode, qui fera bientôt partie de la routine. À cet égard, les ordinateurs ne sont rien de plus que les autres technologies exotiques qui ont nourri la science-fiction et ont fini dans des ventes aux enchères. En concevant la ville de demain, Sorkin a tenu compte du fait que les gens sont las de regarder des écrans numériques à longueur de journée et des sit-coms toute la nuit ; dans ces conditions, pourquoi voudraient-ils que leur environnement devienne une autre réalité virtuelle ? Le fait est que les gens ont besoin de l'interaction humaine et l'estiment plus que jamais à cause de la technologie informatique. Dans la ville de Sorkin, ils se déplacent à pied, discutent, s'assoient sur des vérandas, entretiennent leur jardin et respirent un air plus pur. Préserver cette réalité désirable est l'objectif primaire d'une durabilité bien comprise et le grand défi à relever en matière de design urbain.

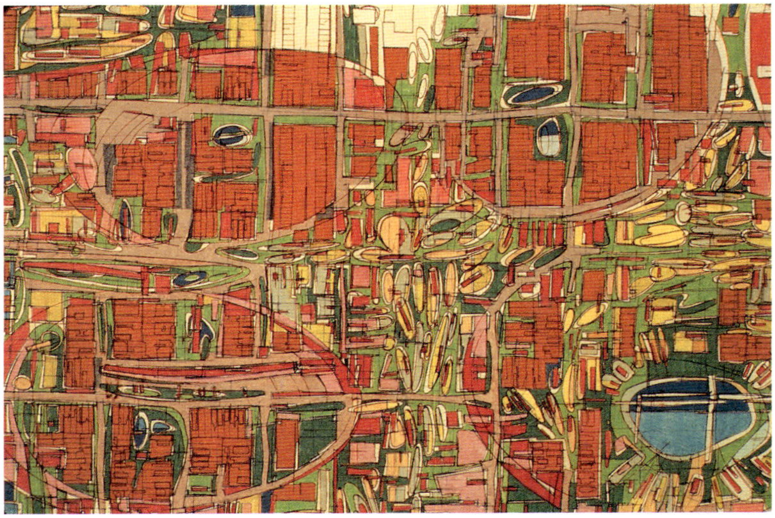

*Pages 212 et 213*
**Shroom**
Michael Sorkin
New York, New York, États-Unis
Projet, 1994

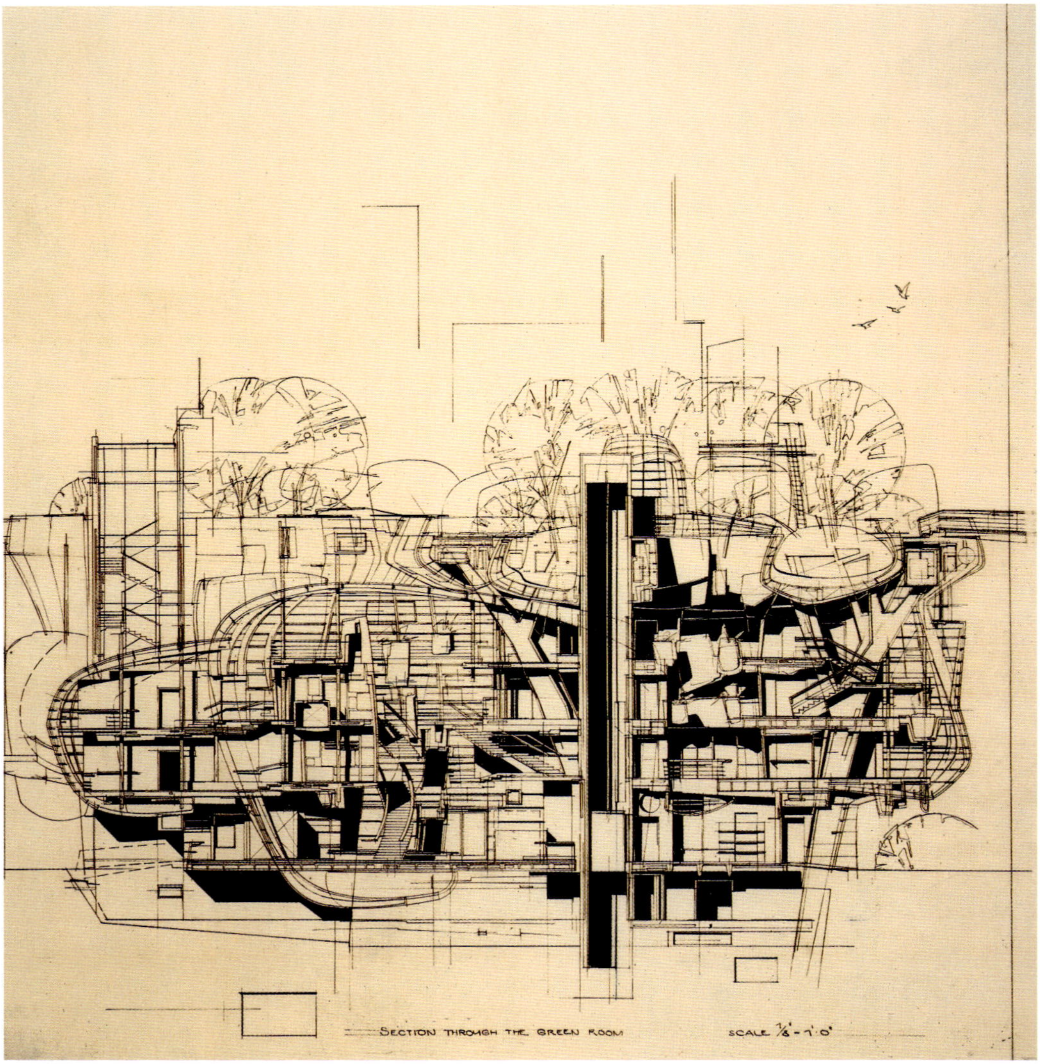

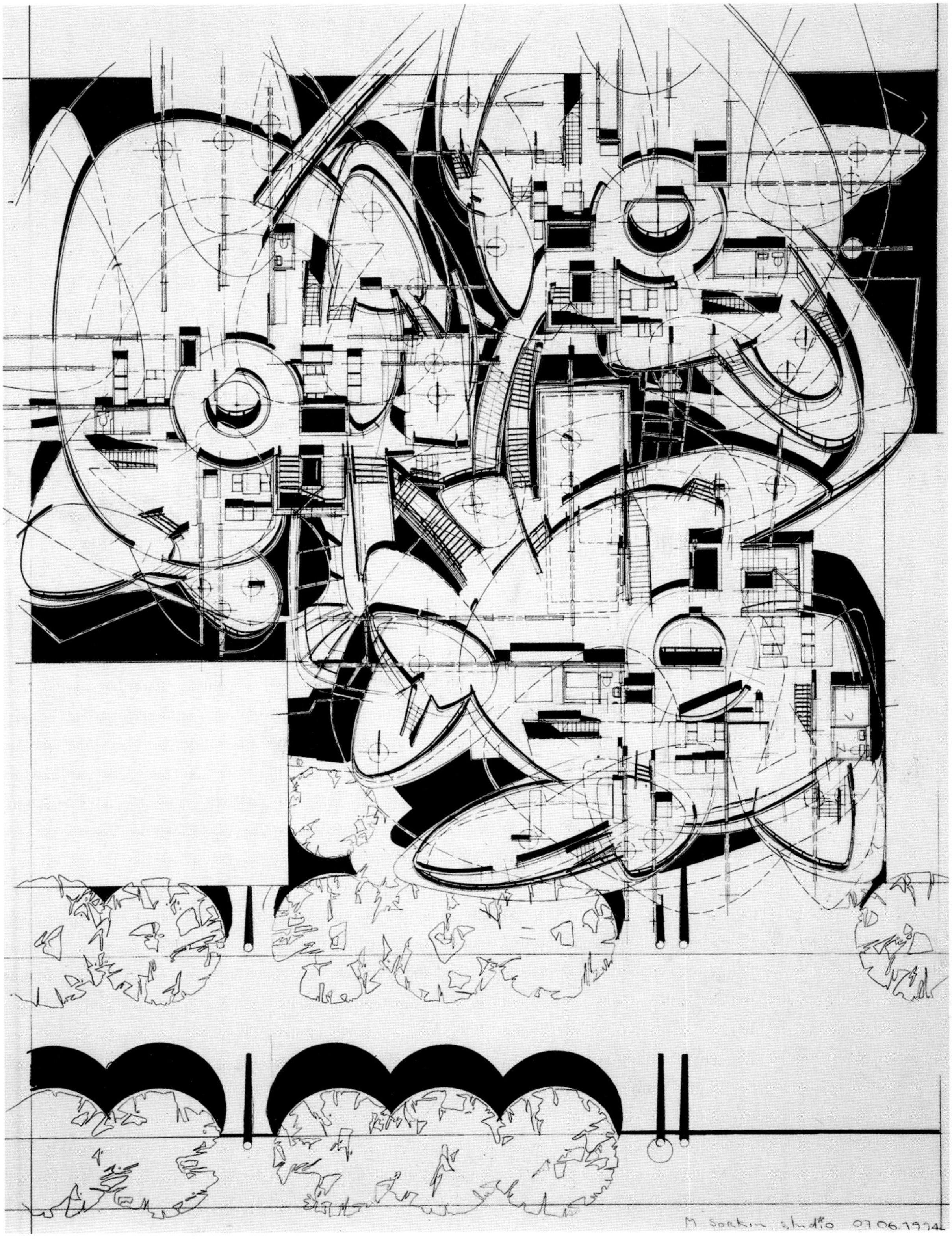
M Sorkin studio 07.06.1994

**Immeuble de bureaux sur le Kurfürstendamm**
Zaha Hadid
Berlin, Allemagne
Projet, 1986

La recherche d'un vocabulaire architectural qui exprimerait les complexités d'une société postindustrielle a été, ces 20 dernières années, un objectif séduisant pour les designers. Cette quête ressort particulièrement de l'œuvre de la plupart des architectes « verts » passés en revue dans ces pages. On ne sait pas encore, comme cela a été le cas aux premiers stades, exploratoires, du modernisme au début du siècle, quelle forme ce langage devrait prendre, quels sont les éléments du passé qu'il conviendrait de laisser de côté et quels aspects des changements sociétaux devraient être exprimés. À son niveau le plus authentique et fondamental, l'esthétique architecturale d'inspiration néo-machiniste a marqué toute chose, de la célébration de la manière dont fonctionnait la technologie à l'approche d'une utopie sociale du XX^e^ siècle.

Lorsque les idées modernistes eurent mûri dans les années 30, leurs diverses interprétations faisaient preuve de beaucoup d'imagination et les hypothèses théoriques étaient convaincantes. Mais dans la lente évolution actuelle de la théorie et de la pratique postindustrielle, c'est le contraire qui est vrai. Cela a commencé à la fin des années 60, lorsqu'il est devenu de bon ton de dénigrer le modernisme comme une tradition architecturale rétrograde et inhumaine ; les alternatives étaient toutefois souvent bien moins convaincantes que la cible des attaques. De nombreux bâtiments remarquablement novateurs ont été construits au cours des 20 dernières années sur la base des héritages du modernisme, du constructivisme et du mouvement De Stijl, qui avaient ouvert la voie – en particulier ceux de Frank O. Gehry, Zaha M. Hadid, Peter Eisenman, Richard Rogers, Rem Koolhaas, Eric Owen Moss, Morphosis, Jean Nouvel et quelques autres ; mais en même temps, nombre de mouvements que l'on rangeait dans « l'avant-garde » sont devenus des forums pour dissidents branchés, architectes bidon et tendances stylistiques éphémères – quelques-unes reposant sur des principes ridicules et très contestables. Dans les années 70, nous avons été témoins de la très sérieuse explosion de l'architecture radicale – en grande partie restée irréalisée – plus souvent devenue une mission de protestation sociale et un moyen d'expression (« performance art ») que la base d'un habitat viable. Pendant cette période, nous avons également assisté à l'isolationnisme nomade de communautés du mouvement « Drop City », avec leurs édifices de « guérilla verte » et leur rhétorique inspirée de Gaia, mouvement qui a perdu son dynamisme faute d'objectifs réalistes. Ont suivi le postmodernisme, avec sa prolifération de frontons aux teintes pastel et de gratte-ciel couronnés de tourelles ainsi que son appropriation finale par les industries du spectacle et leur tendance à couvrir le monde de grotesques parcs à thème.

Et le mouvement « vert » lui-même, en pleine expansion dans les années 90, risque déjà de tomber dans les excès de la mode avec ses maisons thermiques recouvertes de plantes grimpantes et leurs arbres sur le toit, tout comme il menace de créer un climat d'élitisme environnemental plus propre à repousser qu'à attirer d'éventuels amis de la Terre. Certes, idiomes et attitudes stylistiques sont un sous-produit inévitable de l'identité d'une époque mais la fin des années 90 semble être aussi caractérisée par les extravagances des maniérismes.

L'absence de « pensée environnementale » contribue à appauvrir le contenu. Je veux parler d'une approche conceptuelle de l'architec-

*Que l'architecte soit éduqué. Habile au crayon, instruit en géométrie, qu'il connaisse bien l'histoire, qu'il ait suivi attentivement l'enseignement des philosophes, qu'il comprenne la musique, qu'il ait des connaissances en médecine, soit au courant des avis rendus par les juristes et familier de l'astronomie et des théories cosmographiques.*

Vitruve

ture «verte» allant au-delà des éléments conventionnels associés au design écologique. Elle postule que les sources d'imagerie les plus intéressantes pour un édifice ne proviennent pas exclusivement des éléments existant réellement dans l'environnement – mais qu'elles découlent plutôt de «réflexions sur les choses» qui sont supposées exister. L'idée est difficile à expliquer et à mettre en pratique. Elle suggère essentiellement qu'une œuvre d'architecture, si elle est un vrai produit de la pensée environnementale, ne peut être conçue indépendamment d'un site particulier sans sacrifier son sens absolu. Aucune règle ou ligne directrice clairement définie ne spécifie quelles caractéristiques ambiantes doit reprendre une construction afin de répondre à ces normes d'assimilation contextuelle ; toutefois, on peut probablement avancer que la plupart des observateurs sont capables de faire la différence entre une construction conçue comme un objet sculptural abstrait, sans relation avec quoi que ce soit d'autre que lui-même, et un édifice qui répond à son environnement par des liens symbiotiques. «Pensée environnementale» signifie que les murs d'un bâtiment, ses façades, ses espaces intérieurs et, de façon générale, ses matériaux – outre leurs contributions évidentes à la fonction architecturale – peuvent être perçus comme étant bien plus que de simples composantes physiques de la manipulation de la forme et de l'espace. Ils deviennent des véhicules d'absorption et de communication de l'information contextuelle. Dans cette perspective révisée, la nouvelle science de l'environnement est autant une condition sociale et psychologique qu'une composante de l'initiative écologique. Dans la foulée de la révolution de l'information, les bâtiments peuvent pénétrer sur des territoires qui étaient autrefois exclusivement l'apanage de l'art conceptuel, environnemental et de l'art performance. Tout comme Michel Foucault explorant la nature équivoque du langage et montrant les frontières floues qui séparent la raison de la folie, l'art, conçu comme une interrogation sur sa propre définition, a affaire à des niveaux similaires d'ambivalence et d'interrogation des valeurs institutionnalisées. Si l'on applique ce raisonnement à l'architecture, ces zones d'indétermination peuvent devenir la base à partir de laquelle les bâtiments seraient à la fois une source d'investigation psychique et un moyen de parvenir à une plus grande prise de conscience du contexte.

Le précurseur classique de cette remise en cause des définitions et du contexte est la célèbre «Fontaine» de Marcel Duchamp, datant de 1917/64, (un urinoir ordinaire, signé R. Mutt) qui, lorsqu'elle a été exposée pour la première fois à New York, a obligé le public à s'interroger sur les problèmes de la légitimité artistique. La «Fontaine» n'était de toute évidence pas un de ces objets sculptés à la main, aptes à renforcer les attentes de prestige d'une galerie d'art, mais au contraire un acte hérétique de sélection et de placement d'un objet manufacturé qui heurtait de front la définition conventionnelle d'un espace d'exposition. Sa signification naissait d'un renversement de situation. Appliquée à l'architecture, cette attitude suggère que la présence d'un bâtiment dans un paysage ou un centre urbain renferme un jeu subliminal d'associations qui peuvent être utilisées pour inverser son sens. Le contenu communicatif de l'architecture est alors fondé, non pas sur une pure forme sculpturale, mais plutôt sur sa capacité à absorber et transmettre des idées par d'autres moyens. L'exploration de ces autres moyens est l'un des principaux défis à relever dans le cadre d'un nouveau niveau de pensée environnementale.

Le témoignage le plus flagrant de la dérive conservatrice dans l'architecture des années 90 est la montée du musée d'art en tant qu'icône culturelle de premier plan. Il a remplacé l'édifice religieux, le jardin public et le centre municipal en tant que catégorie la plus convoitée de commande architecturale. Comme un défi pour le design, ses objectifs vont à l'encontre d'une sensibilité inclusionniste. Le musée d'art est hermétique, monstrueusement cher à bâtir et sa mission première est d'isoler des objets d'art de la vie publique. Le modèle proposé par les constructions récentes de musées est le résultat d'un concours

**Piazza d'Italia**
Charles Moore
Nouvelle-Orléans,
Louisiane, États-Unis
1975–78

**Public Service Building**
Michael Graves
Portland, Oregon,
États-Unis
1980–83

d'extravagances dans le style « au diable les coûts » et d'une décision administrative de rejeter la moindre chose qui apparaîtrait, ne serait-ce que vaguement, liée au respect de la terre. Étrangement, ces grandioses faiblesses semblent prendre de l'ampleur en même temps que l'obsession des conservateurs de musée à maintenir la sacro-sainte primauté du musée vu comme vitrine d'art traditionnelle.

Que les tendances des récents musées d'art aient été audacieuses sur le plan économique et désastreuses sur le plan des ressources naturelles, tel n'est pas notre sujet ici. Leurs répercussions négatives résident dans le fait qu'ils vont à l'opposé de la pensée environnementale ; en fait, ce sont les modèles optimums de la « pensée-objet ». Identifié à l'origine à la croissance des collections privées lorsque les monarchies (principaux mécènes à côté des instances religieuses) commencèrent à disparaître, le musée d'art est aujourd'hui un anachronisme. Depuis lors, son principal objectif a été d'encourager les complaisances égocentriques. Lorsque les artistes ont commencé à perdre leurs sources de patronage public après les années 1850, leur œuvre est devenue plus introspective, reflétant une retraite dans l'intimité de leur atelier. Au tournant du siècle, « l'art privé » est devenu synonyme d'« art réel » et la galerie d'exposition est venue remplacer le domaine public en tant que vitrine de choix. L'identification même de ce qui pouvait être considéré comme « avant-garde » était fondée sur des défis lancés au contexte du musée d'art (se traduisant naturellement par un consensus l'acceptant en tant que sanctuaire protecteur). Peu importait que les manifestations de l'art soient scandaleuses et iconoclastes, le seul fait accréditant que c'était en premier lieu de l'art dépendait d'un sceau institutionnel qui servait également de baromètre de qualification pour l'accueil que lui réservait ensuite le public. Le mouvement de l'art environnemental, dans les années 70, a constitué une courageuse alternative. À l'exception des réalisations complètement originales d'artistes réfractaires aux musées tels que Vito Acconci, Robert Smithson, Nancy Holt, Mary Miss, Christo et Jeanne Claude, Gordon Matta-Clark, Alice Aycock, Richard Long et quelques autres, les conventions de « l'objet exposé » ont prédominé comme critère de reconnaissance et d'évaluation de l'art visuel.

Les enthousiastes des musées répliquent en faisant remarquer qu'aujourd'hui, le nombre sans précédent de visiteurs dans les institutions d'art prouve qu'elles ont une fonction précieuse pour la communauté – bien que cela ne soit certainement pas le cas dans une perspective environnementale. Le musée est devenu une grande entreprise et il fait preuve d'une absence de conscience écologique.

Face à la recherche maniaque de commandes pour les musées d'art – preuve que la profession ne voit pas très loin –, la recherche d'un horizon libérateur sur le plan conceptuel en architecture, qui pourrait inclure et transformer le contenu environnemental, devrait certainement commencer par une remise en question des idéologies des architectes ainsi que de leurs tendances à résister à toute nouvelle idée. Premier de ces principes arbitraires à passer au crible de la critique : l'hypothèse selon laquelle l'architecture est forcément une orchestration d'énormes volumes sculpturaux. Il est bien évident que tout bâtiment est une composition d'éléments physiques ; mais cela ne doit pas être considéré comme un parti pris d'interprétation. Le plus souvent, les conventions auxquelles obéit le design de l'ère industrielle n'arrivent pas à aborder les questions de l'échelle humaine en tenant compte du besoin psychologique qu'ont les piétons de voir les grandes surfaces verticales ramenées à un niveau où les détails redeviennent lisibles et les contenus communicatifs. Sans doute, les principales leçons que nous ont enseignées l'architecture médiévale et celle la Renaissance en Europe sont la puissante valeur artistique des caractéristiques sculpturales jouant sur les ombres et la lumière, et l'importance d'une lisibilité iconographique des bâtiments et des espaces publics. Le défaut fondamental du design urbain du XX^e^ siècle a été la tendance des architectes à croire que les exercices sur les formes abstraites, réduites à des dimensions de maquettes – si séduisants par ailleurs que soient ces objets lilliputiens – se convertiraient automatiquement en réalisations compréhensibles lorsqu'elles seraient vraiment construites à une échelle normale. La désolation et le gigantisme oppressant du paysage urbain contemporain témoignent de ces complaisances peu judicieuses. En revanche, la richesse des thèmes associés à la nature, ses dimensions agréables à l'échelle humaine, la complexité de sa structure et la science permettant de décrire ses processus offrent un vaste vivier d'idées et d'images apte à insuffler à l'architecture un contenu visuel plus approprié.

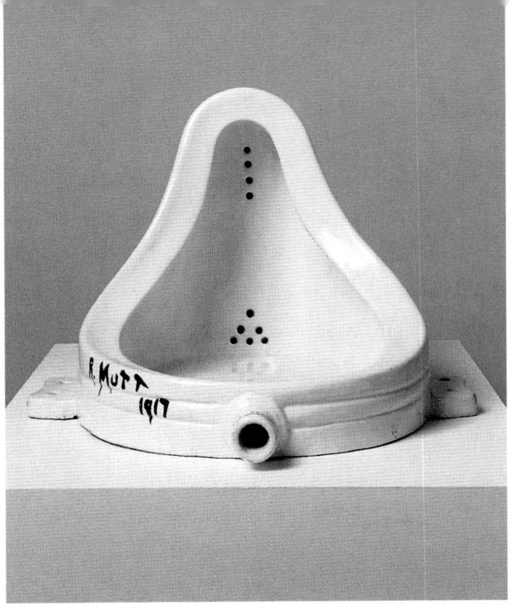


**Fontaine**
Marcel Duchamp
Dimitris Daskalopoulos
Collection, Grèce
1917/64

Le design de ces fameuses maquettes – aujourd'hui soutenu par une technologie assistée par ordinateur –, permet à l'architecture de procéder à une évaluation des plus révélatrices sur le plan esthétique ; il s'agit de ce que j'appellerais le « test du piédestal ». Ce procédé d'évaluation critique a de multiples fonctions. Il s'attaque à cet interminable débat du XX^e^ siècle sur les différences opposant l'art et le design et il permet de faire un tri des sensibilités vis-à-vis de l'objet par opposition aux bâtiments et leur contexte. Le « test du piédestal » confirme que les œuvres de certains architectes aux puissantes caractéristiques sculpturales – Le Corbusier par exemple – peuvent être aussi impressionnantes sur le terrain qu'en tant que maquettes présentées sur un socle. D'autre part, ce test permet également de distinguer les bâtiments valables uniquement dans leur version en maquette et d'autres qui ne sont rien de plus que du mauvais design à quelque échelle que ce soit. Le socle d'exposition, ou piédestal, souligne le fait qu'une grande partie de l'architecture actuelle est dérivée de formes sculpturales cubistes et constructivistes souvent rejetées sur le plan stylistique parce que démodées, lorsqu'on les analyse dans une perspective artistique, mais reprises avec enthousiasme par divers architectes contemporains qui y voient une possibilité de se profiler. En résumé, le critère « du piédestal » permet de distinguer les « bons bâtiments » à l'échelle de la maquette – en particulier ceux qui ont des ambitions environnementales déclarées – des « mauvais bâtiments». Il suffit de poser la question: ont-ils l'air plus convaincant installés sur le site prévu ou montés sur des socles d'exposition?

Ce «test du piédestal» peut jeter un jour nouveau sur le débat de l'art contre le design. Par exemple, si on l'applique à l'œuvre riche et originale d'éminents sculpteurs tels que Vladimir Tatline (1885–1953), Julio Gonzáles (1876–1942), Constantin Brancusi (1876–1957), Alberto Giacometti (1901–1966), David Smith (1906–1965), Richard Serra (né 1939), Robert Smithson (1938–1973) et Vito Acconci (né en 1940), on note qu'un aspect majeur de leur art peut être évalué au degré d'innovation ou de libération dont font preuve leurs travaux soumis aux limites du socle. Smithson et Acconci, en particulier, avaient pour objectif principal de libérer la sculpture des contraintes des galeries et de la rendre environnementale dès le stade du concept. Il importe ici de se concentrer sur le fait qu'à la différence de l'architecture avec ses responsabilités fonctionnelles et son assujettissement au commerce, la notion d'«utilisation» n'existe pas dans l'art pur; ainsi, ses mérites esthétiques sont basés sur la créativité avec laquelle l'artiste a su tirer parti de cette liberté implicite. Deux critères fondamentaux pour l'appréciation de l'art sont l'effet qu'il exerce sur un autre art et l'absence d'applications pratiques (bien que la propagande politique et religieuse puissent être considérée comme une véritable fonction). La fonction principale de l'architecture étant de proposer un abri commode, sa qualité artistique est généralement évaluée d'après son degré de soumission aux contraintes fonctionnelles – ou à la manière dont elle parvient à s'y soustraire. Le «test du piédestal» permet d'exposer des bâtiments de qualité contestable et de déterminer s'il s'agit de sculptures médiocres ou d'objets insensibles à leur contexte – ou les deux à la fois.

Dans le cas de l'exposition de sculptures traditionnelles, il est bien évident qu'un bronze d'Henry Moore est mieux apprécié à sa juste valeur si on le présente sur un socle standard. Inversement, la «Spiral Jetty» de Robert Smithson, à Salt Lake City, est une œuvre d'art conçue comme une partie intrinsèque de son contexte, et elle aurait l'air ridiculement gauche et dénuée de sens, même sous forme de maquette, si on la juchait sur un piédestal. Mais revenons-en à la maquette d'architecture: la Villa Savoie (1929–1931) de Le Corbusier, par exemple, est un édifice magnifique dans son site, la campagne française, toutefois ses innovations sculpturales restent convaincantes si on le réduit à une échelle miniature pour l'exposer dans un musée. Quant à la Maison Kaufman de Wright à Bear Run, en Pennsylvanie, elle a l'air ridicule si on la sépare des vastes forêts qui l'entourent.

En résumé, le «test du piédestal» devient une source d'évaluation provocatrice (et généralement fiable) lorsqu'il s'agit de savoir si le contenu esthétique d'un bâtiment dépend ou non de l'inclusion d'informations contextuelles, des phénomènes de mutation de la nature et des corrélations sociales et psychologiques (à savoir ces «réflexions sur les choses qui sont supposées exister» mentionnées plus haut). On pourrait poser comme principe que, lorsqu'un objet peut être amélioré visuellement par sa présentation sur un piédestal, cela souligne simplement son état limité «d'objet». Une exception, déjà notée, serait l'urinoir de Duchamp, la «Fontaine», où les réactions instinctives du public disposé à accepter les conventions liées à une œuvre d'art exposée sont utilisées pour arriver à un nouveau niveau de signification à partir d'une inversion du contexte de la galerie. En architecture, on sera tenté de dire que le test du piédestal révèle que, si un bâtiment est mieux en maquette, il y a des chances qu'il doive rester où il est.

Les questions qui soulèvent cette méthode ouvrent un chapitre – qui pourrait être fécond – sur le développement d'une nouvelle architecture environnementale. Ce défi est complexe au niveau conceptuel. Car cette nouvelle architecture devrait continuer d'offrir les critères essentiels d'utilité, préserver les caractéristiques les plus familières d'une imagerie archétype (pour maintenir la force communicative d'un symbolisme de consensus), reprendre les concepts d'indétermination et

**Musée Guggenheim de Bilbao**
Frank O. Gehry
Bilbao, Espagne
1991–97

**Getty Center**
Richard Meier
Los Angeles, Californie, États-Unis
1984–97

de hasard qui dominent le discours philosophique contemporain et continuer à se montrer consciente de ses responsabilités en matière d'écologie. Lorsqu'il renonce à la puissance subliminale de l'identification proposée par les bâtiments, le designer laisse passer une occasion de jouer avec de subtils niveaux de signification et de commentaire et avec les interférences de signification. Ces objectifs fascinants se voient déjà menacés par une tendance à imposer des formes superficielles ne servant que leur propre cause (avec les inévitables intrusions que ces vanités imposent à l'espace fonctionnel), avec le risque final – confirmant l'utilité du « test du piédestal » – que tout bâtiment finisse par avoir l'air d'une sculpture régressive plutôt que d'une architecture progressive.

Si on réfléchit au développement d'une nouvelle imagerie architecturale environnementale et capable de passer avec succès ce test, on voit clairement qu'elle doit se situer aux antipodes d'un technocentrisme à tout crin. À maints égards, l'effort de démêler les thèses rhétoriques présentes dans le design, en les filtrant à l'aide de nos perceptions du chaos dans la nature, peut être comparé aux études sur la déconstruction menées pendant les années 80. Dans un contexte plus large, la déconstruction est un modèle utile de méthodologie critique. Elle peut être perçue comme une inversion du langage – ou comme langage en tant que critique du langage –, utilisée pour remettre en question notre lecture habituelle et notre façon d'accepter la forme, la syntaxe, la structure et la signification en littérature. C'est un moyen de libérer le lecteur des formules structuralistes traditionnelles, des préjugés d'interprétation et des habitudes de lecture ritualisées qui peuvent empêcher une compréhension plus profonde de la communication écrite et parlée.

Partant des nouvelles théories formulées par la physique, où le modèle ordonné de l'univers fait place à un modèle régi par le désordre, Derrida s'est inspiré de la science parce que ses échafaudages théoriques ne prennent plus comme point de départ axiomatique la notion traditionnelle de « centre ». Les scientifiques et les philosophes ont reconnu que le cerveau humain n'est qu'un fragment d'un désordre infini (et un instrument plutôt rudimentaire de spéculation sur les phénomènes complexes qui composent celui-ci) et ils en sont venus à considérer le langage comme un mécanisme plutôt inadéquat dans la quête de révélations suprêmes. Derrida est parti de cette situation pour signifier qu'il n'existe pas de « vérité absolue » et il est fréquemment revenu à des dialecticiens tels que Hegel et Heidegger afin de lire leurs idées dans ce contexte révisé. Cette méthode a révélé que les ambiguïtés du langage correspondaient à celles de la philosophie et des sciences, nécessitant ainsi un système de lecture inédit qui puisse embrasser le concept du chaos universel et de son centre absent. En poursuivant son objectif – et afin de prouver que la littérature n'est qu'une manifestation de plus de l'indétermination –, Derrida a suggéré que la vie elle-

**Spiral Jetty**
Robert Smithson
Grand Lac Salé, Utah,
États-Unis
1970

**Splitting**
Gordon Matta-Clark
Engelwood, New Jersey,
États-Unis
1974

**Public Art Projet**
Vito Acconci
MAK, Musée de l'art
contemporain/
Arts appliqués
Vienne, Autriche
1993

même est un texte et qu'il n'existe aucun sens à l'extérieur de ce texte.

Le processus de déconstruction part souvent du principe selon lequel la majeure partie de la littérature contient une structure narrative traditionnelle, entraînant une réponse réflexe à certains emplois du langage. Ce que Derrida a appelé des « archétextes » constitue un modèle de significations clé devant être déconstruites. Il va sans dire qu'une méthodologie similaire, appliquée à l'architecture, demanderait l'identification d'« archétypes » servant d'équivalents aux archétextes. Faute de mots servant d'outils critiques, il faudrait trouver un moyen comparable pour parvenir à un niveau équivalent de décryptage en architecture. S'appliquant à des bâtiments, ce langage dériverait plus logiquement des composantes conventionnelles et des processus standard de construction – en d'autres termes, d'un ensemble d'objets, de méthodes et de matériaux archétypes –, qui déclenchent des associations dans l'esprit de l'observateur.

Une démonstration classique de ce processus d'inversion, que l'on pourrait rapprocher de la déconstruction en architecture, est la porte de la rue Larrey de Duchamp, réalisée en 1927 à Paris. L'artiste a installé une porte conventionnelle en bois dans l'angle d'une pièce où deux voies d'accès adjacentes se rencontraient à angle droit et menaient l'une à la cuisine, l'autre aux toilettes. La porte simple était conçue de telle sorte qu'elle servait aux deux pièces. Si la porte était fermée sur la salle de bains, elle était ouverte sur la cuisine et vice versa. Par ce geste délicieusement pervers, Duchamp remettait en question la nature même de l'« être-porte », la manière dont nous acceptons inconsciemment ses fonctions pratiques et les relations de type « mot-contre-objet » contenues dans un banal élément d'architecture. La porte de la rue Larrey n'était pas « ouverte *ou* fermée » mais toujours « ouverte *et* fermée ». En posant la notion rhétorique de « l'utilisation » comme sujet de l'art, Duchamp a prophétiquement jeté les bases d'une application bien plus complexe et intéressante de la déconstruction en architecture que son appropriation sous forme de raisonnement dans certaines versions révisionnistes du design constructiviste des années 90.

Contrairement aux qualités cérébrales et intangibles de la littérature, où la déconstruction représente un moyen naturellement fécond d'exploration, la masse physique d'encombrants éléments de fabrication et les handicaps sur le plan environnemental qui caractérisent l'architecture semblent devoir résister à cette sorte d'approche critique. D'un autre

**Portlandia Sculpture**
Raymond Kaskey
Portland, Oregon, États-Unis
1985

**Draped Reclining Figure**
Henry Moore
Museum Ludwig, Cologne, Allemagne
1952/53

**La Porte du 11, rue Larrey**
Marcel Duchamp
Paris, France
1927

**Max Reinhardt Haus**
Peter Eisenman
Berlin, Allemagne
Projet, 1994

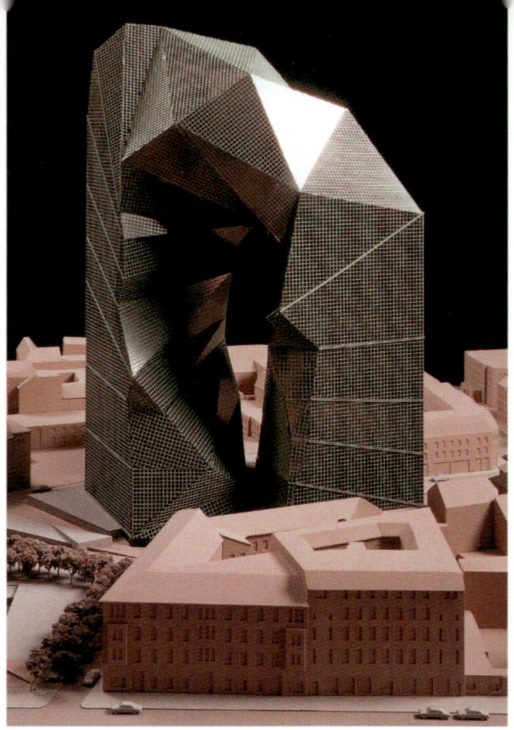

côté, appliquée à l'architecture et à ses relations avec l'environnement, la déconstruction pourrait éventuellement permettre d'intégrer les inconsistances et les contradictions de la nature comme langage d'accès dans la recherche de nouveaux rapports entre les bâtiments et leur environnement. Ces forces « désarchitecturisantes » fournissent un moyen tactique subversif permettant de remettre en question les pratiques méthodiques de la technologie de construction et l'influence qu'elles exercent sur les choix iconographiques.

Cela dit, la majeure partie de la philosophie post-structuraliste en architecture se détourne aujourd'hui des références à la déconstruction et à la théorie du chaos en faveur d'idées que l'on pourrait considérer comme allant davantage de concert avec les « autoroutes de l'information » et le mouvement écologique. Une direction récente, à laquelle on se réfère en parlant de « folding » (constructions en plissés), est décrite dans les termes suivants : « la souplesse des systèmes continus et hétérogènes, des transformations fluides et des mélanges homogènes d'éléments disparates ». Bien que ce langage semble essentiellement suggérer une sympathie nouvelle pour l'architecture organique de Frank Lloyd Wright, les manifestations actuelles sous leur forme construite et en maquette (à la différence de Wright) ont tendance à traiter l'environnement – en particulier le paysage – comme un territoire étranger, habituellement peuplé d'« arbres-sucettes » qui semblent avoir été posés ici ou là, au petit bonheur, et sans vraiment tenir compte du bâtiment se trouvant au centre du terrain. Le « folding » en architecture est généralement caractérisé par des exercices de formes dans l'utilisation de surfaces planes voilées destinées à modifier les rapports conventionnels entre l'extérieur et l'intérieur. Qu'elle revendique ou non « souplesse et fluidité », la construction en « folding » demeure un objet hermétique familier, basé sur les principes de l'art abstrait, et peut normalement être photographiée hors de son contexte sans perdre de sa signification.

Bien que quelques propositions de « folding » en architecture semblent être en accord avec la nouvelle éco-sensibilité, celui-ci ne montre pas de vraie « conscience de la terre » et ne vise pas à faire fusionner l'édifice avec son contexte. Cette tendance ne propose pas non plus la moindre référence aux responsabilités les plus élémentaires de l'architecture en matière de défense de l'environnement et de design durable. Au lieu de cela, à l'instar de l'appropriation du mot « déconstruction » comme une manière camouflée de décrire un simple design néo-constructiviste, l'interprétation que l'on donne en général du « folding » semble être seulement une extension de plus du formalisme orthodoxe du XX^e siècle. Ses exemples représentatifs peuvent donc tous être regroupés en fonction de cette idée qu'un bâtiment doit toujours être, d'une certaine manière, une forme de sculpture abstraite – dans ce cas, comparable à une sorte d'origami architectural.

Une contribution linguistique intéressante du « folding » en architecture est le glissement de sens du mot « information » vers l'« in-formation » (à savoir : « en formation ») qui implique une assimilation entre le processus de transmission de données et le processus d'élaboration de nouvelles idées. Cette réflexion nous amène directement à l'interprétation de l'architecture comme un système de « passages » (une approche de design à laquelle a recouru SITE pour le Musée des Arts Islamiques au Qatar). Il s'agit d'un concept qui relie les bâtiments, le paysage et certains éléments de communication sociale, contextuelle et environnementale. Les édifices conçus sur la base de termes strictement formels et posés ensuite sur un terrain pour recevoir un pan de végétation périphérique ont tendance à rester statiques et insulaires. Les bâtiments conçus comme une intégration de la construction et du paysage créent une ambiguïté biomorphique qui stimule le dialogue entre l'inerte et le mutable, le technologique et le botanique, l'architectural et le topographique. Il fournit de nouveaux niveaux de communication en ouvrant une richesse de connexions à la fois avec la révolution de l'information et avec celle de l'écologie.

Une manière éventuellement fructueuse de considérer l'intégration de l'architecture et du paysage dérive d'une observation sur la télévision. L'appareil de télévision dans une salle de séjour est rarement considéré comme quelque chose de plus qu'un objet générique permettant de recevoir et de diffuser des images générées par l'électronique. Habituellement, le téléspectateur ne se demande pas si le design de son téléviseur est bon ou mauvais ou s'il s'agit d'un objet d'ameublement important. L'importance de la télé omniprésente est ailleurs, elle réside dans sa capacité à traiter l'information. Si l'on considère par analogie les bâtiments et leur rapport avec l'environnement, on peut dire que, pour répondre à ce rôle de communication, il faut faire basculer le centre d'intérêt esthétique de l'architecture, qui ne doit plus seulement être considérée comme objet sculptural mais devenir une réalisation capable d'absorber et de transmettre des messages. Cela implique que les murs, au lieu d'être surtout perçus comme des barrières, des clôtures ou des éléments de composition, puissent servir de membranes filtrant l'information (ou de points de passage), qui amalgament et fassent disparaître les rapports traditionnels intérieur/extérieur et intègrent un commentaire narratif. Il n'y a rien de nouveau dans cette idée de murs délivrant des messages – en Europe, toutes les églises et tous les édifices profanes du Moyen Âge et de la Renaissance étaient fondés sur cet objectif – mais aujourd'hui, son attrait radical réside dans l'alternative qu'elle propose à la géométrie architecturale conventionnelle et dans les nombreuses possibilités d'obtenir une fusion des bâtiments et de la conscience environnementale en tant que matière première d'une iconographie nouvelle et pertinente.

L'interprétation des « passages » est variable à l'infini et ne devrait pas être considé-

**Télévision américaine**
États-Unis
années 70

rée comme une quelconque formule de design. L'idée fondamentale est que, dans un bâtiment, les murs et les sols soient considérés comme des éléments fluides et répondant au contexte, l'évaluation de la qualité esthétique en architecture ne portant plus sur le design formel, sur la manière dont un édifice réussit à refléter et à intégrer divers aspects du paysage, de l'identité régionale, de la topographie et des références culturelles. Dans l'architecture contemporaine, les murs sont interprétés le plus souvent comme des cloisons verticales, essentiellement utilisées pour diviser l'espace intérieur et définir les limites extérieures d'un plan. Les murs en tant que passages peuvent défier le plan et réaliser un éventail d'objectifs au niveau de la communication et de la fonction, par exemple : s'étendre aux territoires environnants, changer de direction au gré du hasard, tels des bandes transitoires indéterminés se déroulant dans l'espace, et opérer comme éléments de contrôle de l'évolution de la pensée environnementale.

**Passages diagrams**
James Wines
1996

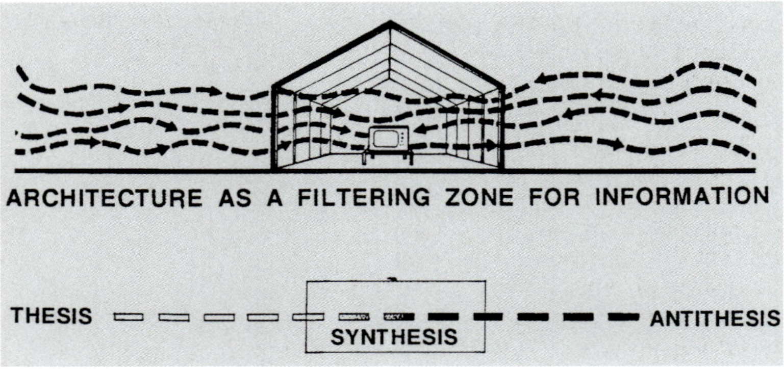

En termes de construction architecturale, le concept des passages signifie que les arbres, la végétation, l'eau et d'autres combinaisons d'éléments atmosphériques et terrestres devraient faire partie de la substance physique de la construction au même titre que les matériaux conventionnels. D'un point de vue esthétique, l'objectif est de considérer la fusion de l'édifice et du paysage comme une sorte de dialogue interactif qui décrirait visuellement leurs origines communes dans la nature. La tendance tout entière du design va ici vers le développement de nouveaux paradigmes basés sur des modèles écologiques.

Mais cette approche n'est pas si aisée qu'il y paraît. Notre société ne partageant pas d'associations collectives d'ordre cosmologique ou religieux avec la nature – du genre de celles qui ont, par exemple, servi à la construction des monuments du Wiltshire (Stonehenge) ou des sanctuaires rupestres d'Ajanta, en Inde –, les designers actuels ne peuvent pas se fonder sur une iconographie de consensus pour communiquer. Par ailleurs, il ne faut pas oublier que la terre et le soleil sont restés de puissants symboles. La conscience mondiale de l'écologie est devenue, sur le plan sociologique et psychologique, un moteur agissant dans le développement d'une version postindustrielle de l'inconscient collectif tel que le voyait C. G. Jung.

Alors que le terme de « folding » en architecture semble suggérer un processus de design reposant sur des stratégies méthodiques, géométriques et formelles, la notion de « passages » a été créée pour décrire un ensemble de rapports, organique et informel, entre les bâtiments et le paysage. Par exemple, ce concept peut prendre la forme d'une succession de murs informationnels distribués au hasard sur une parcelle de terrain et permettant aux toitures et au contexte environnant de surmonter les séparations et/ou de pénétrer avec désinvolture dans les espaces contenus entre les cloisons verticales. Ce système permet une grande souplesse d'orientation des volumes d'habitat et, considéré dans ses conséquences extrêmes sur le plan artistique, il peut totalement renverser la définition établie qui prétend savoir où commence l'architecture et où s'arrête le paysage.

Quelques problèmes pratiques et conceptuels apparaissent lorsque l'on essaie d'introduire cette théorie des passages dans une formule standard qui régirait l'architecture des tours de bureaux ou d'habitation. Dans la mesure où le coût de l'immobilier est le facteur déterminant dans les prises de décision écologiques et esthétiques, la vision d'une tour de bureaux faite d'« éléments indéterminés et disparates » ou produit d'une « absorption de son propre contexte » est difficile à vendre. D'un autre côté, il est possible d'interpréter certaines structures urbaines sous forme de niveaux multiples de jardins en gradins ou de microcosmes de la végétation locale. S'inspirant de la notion de « paysage d'emprunt » issue du zen japonais, les constructions élevées peuvent être perçues comme des tableaux ou comme les équivalents contemporains des jardins suspendus de Babylone. Une dernière remarque au sujet des tours : désormais se pose la question fondamentale de leur viabilité à long terme, en particulier depuis qu'il est de plus en plus reconnu que les gratte-ciel, gros consommateurs de ressources naturelles et résultant de choix discutables en matière de technologie de construction, sont problématiques sur le plan écologique. En fait, les lois sur la protection de l'environnement interdiront peut-être un jour toute construction de tours en faveur de bâtiments bas et regroupés ou bien d'une architecture essentiellement souterraine, la surface terrestre devenant de plus en plus précieuse et le besoin d'une agriculture urbaine allant croissant. Souhaitons que l'idée des « passages », instrument de critique et principe d'une pensée révisée sur l'enceinte architecturale en soi, contribuera à renverser les conventions anti-écologiques et improductives par lesquelles l'art de construire s'illustre si tristement aujourd'hui.

L'ère de l'écologie est un moment crucial de transition et un carrefour. Certains architectes l'ont vue débouler sur eux comme un fléau harcelant leur conscience, menaçant leurs convictions bien arrêtées, leurs préférences stylistiques et leurs méthodes habituelles de travail. Pour d'autres, elle représente la grande chance, révolutionnaire, de réussir à préserver les ressources naturelles tout en développant une nouvelle technologie. Certains architectes plus méditatifs y voient le début d'une prise de conscience plus profonde de la Terre et l'occasion de repenser les fondations de l'architecture en opérant une synthèse des systèmes intégrés de l'art, de la philosophie, de la technologie et de la nature. Ce troisième groupe est potentiellement le plus fécond ; toutefois, les défis qu'il doit relever sont formidables. Car ils auront à confronter et à interroger. Et sans doute devront-ils adopter des concepts qui risquent de compromettre les structures même de nos institutions religion, économie et politique, c'est-à-dire la plupart des choses qui ont fait de l'architecture ce qu'elle est depuis l'avènement de la révolution industrielle.

**Highrise of Homes**
James Wines
Esquisse, 1981

*Ce nom éclaire à la fois ce sur quoi et en quoi l'homme fonde son séjour. Cela, nous le nommons la Terre ... La Terre, c'est le sein dans lequel l'épanouissement reprend, en tant que tel, tout ce qui s'épanouit. En tout ce qui s'épanouit, la Terre est présente en tant que ce qui héberge.*

Martin Heidegger

*Je sais aussi, dit Candide, qu'il faut cultiver notre jardin. – Vous avez raison, dit Pangloss ; car quand l'homme fut mis dans le jardin d'Éden, il y fut mis ut operaretur eum, pour qu'il travaillât : ce qui prouve que l'homme n'est pas né pour le repos.*

Voltaire

## Conclusion : où il est temps de tourner la page

**Habitat-abri aborigène**
Territoires du Nord, Australie

Si l'on prend pour critère de base la technologie environnementale telle qu'elle est définie à notre époque, il est certain que la plupart des œuvres d'architectes contemporains présentées dans cette revue de l'architecture environnementale des années 90 ne pourraient recevoir le label « vert ». Toutefois, avant que les forces « écologiquement correctes » ne s'en prennent à l'approche artistique et philosophique de cet ouvrage, il est nécessaire de souligner que, de nos jours, pratiquement aucune forme d'habitat construit (à l'exception de celui que proposent les rares cultures aborigènes ayant survécu) ne peut légitimement être considérée comme « verte » au sens le plus strict du terme. Tout ce que nos sociétés considèrent comme indispensable à leur survie – y compris les moyens d'action corrective proposés par les plus « verts » des architectes – met inévitablement en œuvre les mêmes ressources énergétiques en voie d'épuisement. Chaque panneau absorbant et le matériel isolant nécessaires pour construire un collecteur solaire, tout détergent chimique utilisé dans une usine de traitement des ordures, chaque rame du papier consacré à la diffusion du message écologique, chaque goutte de kérosène brûlée pour transporter les distingués écologistes à leurs congrès internationaux représente une ponction supplémentaire infligée à ces ressources. Plus globalement, on peut dire que, pour l'instant, l'architecture « verte » n'est guère plus qu'un emplâtre là où un traitement chirurgical radical serait nécessaire. Bien sûr, l'aphorisme selon lequel « les petits ruisseaux font les grandes rivières » reste valable, mais il faudrait mobiliser les efforts à tous les niveaux. Dans le domaine architectural, cela signifierait repenser de fond en comble les valeurs philosophiques et esthétiques sur lesquelles repose la profession et soumettre à un impitoyable examen critique les aspects technologiques, politiques et économiques qui dictent son action. Le présent ouvrage – et c'est son message fondamental – ne se lasse pas de réitérer cet appel à un engagement plus profond en faveur du concept des systèmes intégrés.

Dans la majorité des édifices dits « écologiques » de réalisation récente, l'orthodoxie « verte » se mesure en premier lieu à l'utilisation plus ou moins résolue de systèmes permettant d'économiser l'énergie et de matériaux de construction durables, ainsi qu'à la quantité de produits recyclés mis en œuvre. La seule mission raisonnable est d'organiser toutes les réponses en vue d'une seule et même cause : l'harmonie retrouvée avec les modèles d'intégration offerts par la nature.

Le danger qui se présente maintenant est d'accorder une confiance excessive à ces visions illusoires d'un salut par le biais de la technique alors que les problèmes sont beaucoup plus complexes, impliquant par exemple la souffrance psychologique résultant de la coupure entre l'homme et la nature, et l'absence d'une philosophie géocentrée. Aucune des mesures réparatrices proposées par la technologie environnementale ne prend en compte les dimensions métaphysiques, phénoménologiques et symboliques qui forgent l'inconscient collectif des peuples. Dans notre monde hautement technicisé, les engagements environnementaux reposent sur la réparation et non sur la cosmologie – sur la récupération et non sur la philosophie. Ils ne proposent ni une modification significative des priorités dans notre civilisation consumériste, ni de nouvelles révélations sur nos rapports avec la Terre. Si nous jugeons les actions écologiques mises en route par les sociétés occidentales, nous sommes obligés de dire qu'elles sont essentiellement défensives, conservatrices et opportunistes. On y trouve également le reflet de ce fatalisme dont Thomas Lovejoy fait la critique au sujet du réchauffement planétaire : « Je ne vois pas qu'il y ait d'autre conclusion à tirer de tout cela à part le fait que l'on sera confronté à un anéantissement massif, quoi qu'on fasse. Par conséquent, la seule conclusion logique est de faire œuvre de prévention pour éviter le plus possible les modifications climatiques. » La perspective d'un avenir dépourvu d'espoir vient renforcer les vues de la plupart des représentants de la communauté scientifique, qui voient le spectre d'une apocalypse très réelle se profiler dans un avenir pas si lointain. Dans ces scénarios, le responsable de la catastrophe finale est toujours d'ordre spéculatif – sécheresse, mauvaises récoltes, contamination nucléaire, explosion atomique, virus mortels – mais dans tous les cas, une catastrophe sans précédent est considérée comme inévitable. Selon les causes et l'étendue du dommage, l'humanité ou bien se résignera à sa propre extinction, ou bien tirera les leçons du malheur et prendra en main sa destinée de façon constructive en retrouvant le chemin de la communion avec la nature. La science suggère également que, d'un point de vue psychologique, nos moyens de destruction sont si terrifiants, les changements exigés par la survie si extrêmes que tout cela risque d'être trop pour être accepté mentalement et physiquement par les populations. À ce propos, Heidegger observe que le potentiel de destruction massive (la bombe atomique, par exemple, qui peut éliminer des millions de personnes en une seconde) a profondément influencé la psyché universelle et engendré un phénomène qu'il qualifie de « technique dépravée ». On est loin du traditionnel conflit nature – technologie, où les dégâts environnementaux sont considérés comme condamnables mais apparemment réparables et comme le simple résultat d'une négligence collective. Heidegger décrit l'huma-

**Cité de l'avenir**
Iakov Georgievich Chernikhov
Projet, 1931

nité comme hébétée, figée dans un état mental où la technique n'est plus considérée comme un outil obéissant mais plutôt comme un système échappant à tout contrôle. Dans une perspective philosophique, quand la technologie a atteint ce stade dangereux, elle laisse l'homme à un niveau où il est confronté à des problèmes auxquels la pensée technique ne l'avait pas préparé. Il y a là un palier mental de résignation qui, du point de vue psychologique, place les hommes au-delà d'un point de non-retour.

Curieusement, cette sorte de malaise universel pourrait en définitive s'avérer être l'une des forces les plus agissantes dans le développement de l'imagerie architecturale au cours des prochaines décennies. Il est difficile de prédire de quelle façon cela se fera mais on peut affirmer sans grand risque de se tromper que ce que les Gallois appellent « hiraeth », la nostalgie du « retour à la terre », caractérise l'inconscient profond de toutes les civilisations et se traduit en messages que l'on retrouvera dans les édifices et dans la façon dont les gens concevront leur environnement.

Conclure cette discussion sur l'architecture organique et biomorphique à l'Âge de l'Écologie en caractérisant la mentalité universelle de notre époque comme négative ou déprimée serait cependant aberrant. À l'heure actuelle, et contrairement à la résignation fataliste exprimée par Thomas Lovejoy, ou au pessimisme existentiel d'un Heidegger, l'art de construire enregistre parmi les jeunes designers et les étudiants une résurgence d'élans euphoriques. Les conférences sur la technologie, la politique, l'esthétique et la théorie environnementale se multiplient et les générations de designers plus âgés sont peu à peu forcées de reconnaître que des changements majeurs se profilent à l'horizon. Le climat n'est en tout cas ni passif ni résigné ; mais bien sûr, la question est de savoir si les possibilités existantes sont à la mesure de toute cette ferveur idéaliste.

En architecture, la question est toujours la même, à savoir : combien d'idéalisme le champ d'application est-il capable de supporter ? Tout message prophétique a son prix et les pages des encyclopédies sont pleines de missionnaires et de messies – Étienne Boullée, Antonio Sant'Elia, Hugh Ferris, Frederick Kiesler, Iakov Chernikhov, John Hejduk, Peter Cook, Cedric Price, ainsi que des groupements tels qu'Archigram, Archizoom et Superstudio – qui ont poursuivi leurs visions avec une intégrité remarquable mais n'ont eu que rarement l'occasion de construire quoi que ce soit. Les mécanismes de survie au jour le jour de l'architecture continuent à confronter le designer à la nécessité quotidienne de gagner sa vie. Cela signifie en général qu'il n'a le choix qu'entre deux possibilités : ou bien se résigner à prendre un poste d'enseignant dans une université, ou bien accepter la première commande qui se présente pour la réalisation d'un centre commercial ennuyeux ou d'une tour de bureaux anonyme. Dans la gamme ordinaire des possibilités offertes par le monde des affaires ou les adjudications publiques, la question esthétique n'a guère de place, et encore moins une quelconque sympathie pour les initiatives «vertes». Il est bien évident que de telles attitudes commerciales et agressives sont incompatibles avec l'architecture visionnaire, avec laquelle elles ne peuvent qu'entrer en collision. Malgré tout, les visionnaires de l'architecture et de l'écologie ont à notre époque de multiples raisons d'espérer – qu'il leur suffise de penser à la liste prestigieuse de projets réalisés dans les premiers temps de l'ère moderne – en particulier dans l'œuvre de cet idéaliste par excellence que fut Le Corbusier.

En 1923, alors que Le Corbusier proclamait l'avènement de l'«esprit nouveau» en architecture, le technocentrisme semblait être la seule réponse libératrice aux contraintes imposées par la nature. Après tout, le langage visuel séduisant et les nouveaux matériaux issus de la production industrielle, à quoi s'ajoutaient les idées révolutionnaires proposées par la physique moderne, étaient l'antithèse absolue du romantisme et de la science méthodologique caractéristiques du XIX<sup>e</sup> siècle. La technologie était porteuse des possibilités les plus éblouissantes pour l'architecte, donnait l'occasion de développer une nouvelle sensibilité esthétique, écho direct des idéaux socialistes et des inventions du néo-machinisme, à quoi s'ajoutait une base théorique permettant de rationaliser une iconographie qui serait l'incarnation des besoins du peuple et des responsabilités fonctionnelles de l'architecture.

Le savant Francis Bacon (1561–1626) jeta les bases de la révolution moderniste en déclarant que la connaissance scientifique justifiait la suprématie de la technologie sur la nature et que, l'homme étant la seule espèce capable de mettre en œuvre cette option, il s'agissait d'un ordre des choses voulu par Dieu. Après 1850, cette position était restée intacte. Les avantages évidents de l'hypothèse de Bacon pour le développement économique du XX<sup>e</sup> siècle donnèrent à son credo une popularité universelle, et l'un des héritages de sa pensée fut l'alliance de l'architecture et du rêve industriel. Tant que l'illusion du progrès fut exclusivement assimilée à la croissance technologique et industrielle, les formes, les volumes et les espaces caractéristiques du modernisme conservèrent une vigoureuse actualité. Aujourd'hui, c'est l'inverse qui est vrai. La majorité des habitants de la planète, sensibilisés aux problèmes écologiques, considèrent la révolution industrielle comme l'ennemi héréditaire d'un progrès authentique. Car elle a violé sa responsabilité

**Station et aéroport**
Antonio Sant'Elia
Projet, 1913

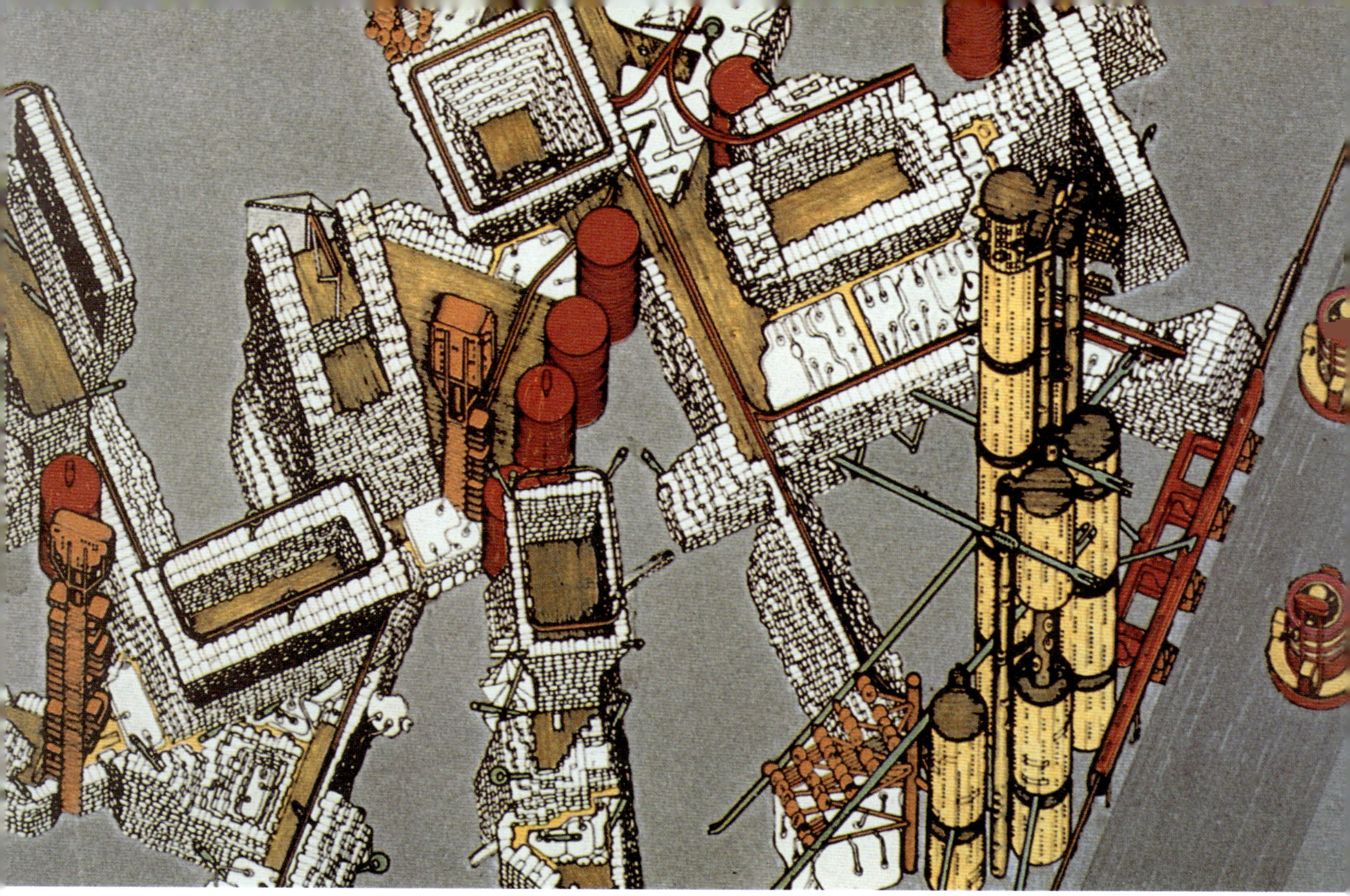

**Plug in City**
Peter Cook
Projet, 1964

**Apartments on Bridges**
Hugh Ferris et
Raymond Hood
New York, New York,
États-Unis
Projet, 1929

éthique fondamentale dans ce que l'éco-psychologue Alan Thein a défini comme l'obligation de chaque génération à « … subvenir à ses besoins sans compromettre les perspectives des générations futures à subvenir à leurs propres besoins ». Il en résulte que la plupart des réalisations architecturales enracinées dans la révolution industrielle peuvent désormais être considérées comme hostiles aux intérêts légitimes des gens qui vivront en 2010. En même temps, la ferveur et l'optimisme qui ont marqué les débuts du néo-machinisme sont bien retombés et ne sont plus que formalisme anémique et académisme poussiéreux. L'idéalisme, la vision, l'inspiration, le sens de l'utile, les contenus péremptoires – toutes ces qualités inhérentes à « l'esprit nouveau » d'un Le Corbusier – ont disparu. Dans ce climat de stagnation, les éco-visionnaires auraient de grandes choses à faire. Tout comme les tâches de progrès qui inspirèrent les modernistes, il y a un travail à accomplir, une demande sociale, économique et morale à laquelle il s'agit de donner une forme praticable et une visibilité convaincante. L'architecture technocentrique du siècle a été couronnée de succès (si l'on ne prend pas en considération ses déficiences environnementales) parce qu'elle a toujours été perçue comme bon marché, efficace, appropriée du point de vue iconographique et répondant à la demande de la clientèle. L'architecture « verte » s'imposera parce qu'elle présente un bon rapport qualité-prix, parce qu'elle est fonctionnelle et esthétique, et parce qu'elle répond aux besoins de la nature.

Les pionniers de l'ère moderne tendaient à donner à leurs objectifs une dimension dramatique excessive en proclamant dans leurs théories et leurs manifestes que « l'architecture allait sauver le monde » : Le Corbusier, en particulier, faisait de l'alternative « architecture ou révolution » un choix de civilisation fondamental, impliquant l'existence d'un lien intrinsèque entre moralité et construction. Dans cette optique, si le monde ne répondait pas à son appel retentissant en faveur d'une nouvelle vision de la ville, les classes dirigeantes sourdes et aveugles seraient condamnées par l'insurrection des masses hostiles revendiquant de meilleures conditions d'habitation (qui, naturellement, seraient conçues selon un design à la Le Corbusier). Les années 20 et 30 du XX$^{e}$ siècle furent grisantes à cet égard, la ferveur passionnée pouvait s'y exprimer sans tenir compte le moins du monde des exigences écologiques (à l'époque, on ne connaissait même pas le mot). Mais à l'heure actuelle, affirmer que l'architecture est source de salut serait considéré comme passablement anachronique. Bien sûr, l'architecture a toujours une mission dyna-

**Maison du garde-champêtres**
Claude-Nicolas Ledoux
Projet, 1792

**Maison du Service des Eaux**
Claude-Nicolas Ledoux
Projet, 1780

**Pavillon de l'Esprit Nouveau**
Le Corbusier
Exposition universelle, Paris, France
1925

mique – en fait, la plus grande de l'histoire de l'humanité – mais on attend des designers confrontés aux défis de notre époque une humble réserve, une analyse sérieuse et une réévaluation réfléchie des fondements philosophiques de leur action. La tâche consiste à chercher des solutions pour un habitat humain face aux prédictions assez convaincantes annonçant une revanche inévitable de la nature.

Il est certain que la nature rectifiera la situation. Elle a toujours suivi son chemin et elle n'a jamais permis que les choses échappent trop longtemps à son contrôle. Considérant ces forces correctrices, certains écologistes pensent sérieusement que l'homo sapiens pourrait bien être l'espèce vivante dont le séjour sur la Terre aura été le plus bref – victime de ses propres agissements suicidaires. Plus optimistes, d'autres partisans d'une réforme écologique parlent de « sauver la Terre » comme si la planète était une sorte de malade que l'on placerait dans un centre de convalescence

pour qu'il y recouvre la santé – et ce, dans son propre intérêt. Or, la Terre n'est pas un patient, et n'a certainement pas besoin d'être « sauvée ». Le seul bénéficiaire réel de tout programme écologique, c'est l'espèce humaine elle-même. Dans cette perspective, le rôle de « gardien » que l'homme prétend s'arroger n'est qu'une version vaguement déguisée des principes anthropocentriques qui sont au cœur de toutes les conduites irresponsables. Il n'y a ici aucun sens réel de la connexité ; on ne trouvera dans cette idée que le petit jeu bien connu de l'opportunisme environnemental qui essaie de voir si notre espèce, aveuglée par ses illusions, arrivera à tromper la nature et à la persuader de nous laisser mener tranquillement notre petit manège ad vitam aeternam.

Le seul biais qui permettrait d'amorcer un changement – en particulier en ce qui concerne l'architecture – serait une révision totale des fondements philosophiques et un engagement profond en faveur d'un contact spirituel et psychologique renouvelé avec la nature. À la base des regrets exprimés à plusieurs reprises dans les pages de ce livre, il y a un doute, un certain scepticisme quant à la possibilité de mettre en place un écocentrisme viable face à tant de réalités conflictuelles. Les systèmes établis, qui contrôlent tous les aspects de la survie humaine et ses interactions sur l'environnement, sont tels qu'il est pratiquement impossible de trouver une issue sans rejeter (ou pour le moins modifier radicalement) la majeure partie de ce qui fait notre confort et qui demande de grandes quantités d'énergie : approvisionnement alimentaire, produits jetables, contrôle des températures, mobilité et technologies de communication. Il est permis de douter que ces exigences enregistrent un recul significatif dans un proche avenir.

En attendant, l'architecture continue à jouer un rôle fondamental en matière de protection et de communication au sein de chaque vision d'avenir responsable du point de vue écologique. La dépendance de l'architecture vis-à-vis des éléments pesants de la technologie de construction compromet toutefois ses objectifs écologiques : réaliser des édifices qui soient des exemples de stratégie « verte » et des témoins de la psyché collective. À elle seule, cette massive présence physique dessert les intérêts de l'environnement ; en outre, la plupart des matériaux de construction sont fabriqués selon des procédés anti-écologiques. Loin de tout contenu psychologique et symbolique, l'architecture paraît toujours impliquée dans la célébration de la virtuosité, qu'il s'agisse de brillamment accoler des édifices ou de manipuler des matériaux industriels. La signification iconographique, lorsqu'elle existe, est aux antipodes de l'écocentrisme.

Certes, une grande partie de la solution passe par la technologie ; mais une technologie qui s'inspire des leçons de la nature, de la façon dont celle-ci résout ses propres problèmes d'ingénierie et utilise ingénieusement l'énergie et les matériaux. Au début du XX^e^ siècle, l'architecte catalan Antonio Gaudí (1852–1926) et, naturellement, Frank Lloyd Wright, se sont révélés les deux observateurs les plus perspicaces des phénomènes naturels. L'un et l'autre ont étudié la croissance des plantes, analysé les surfaces des sols, évalué les changements saisonniers, fait des recherches géologiques et tiré des leçons des processus intercommunicatifs qui permettent à la na-

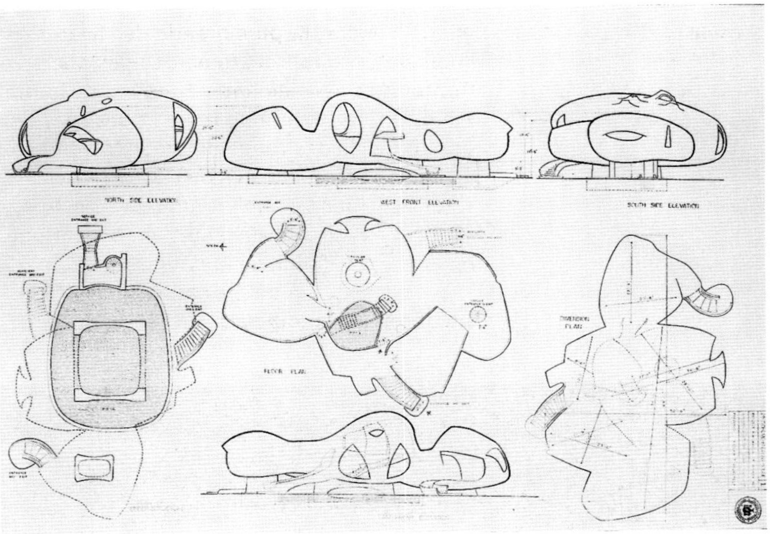

**The Endless House**
Frederick Kiesler
New York, New York,
États-Unis
Projet, 1959

ture de réaliser ses prodiges d'évolution et de pérennité. Leurs réalisations architecturales montrent que ces observations ne se limitaient pas à une admiration nostalgique des merveilles de la nature ou à une analyse pragmatique de ses mécanismes écologiques. Il est bien connu que Gaudí a étudié la complexe physiologie des feuilles, des tiges et des troncs, qui lui ont fourni les modèles des systèmes structurels qu'il a utilisés dans ses constructions. Wright, quant à lui, considérait l'érosion des sols, les formations rocheuses et les influences climatiques comme des facteurs déterminant l'orchestration formelle de son architecture et comme moyen d'établir un dialogue avec le milieu environnant. Gaudí et Wright avaient l'un et l'autre, dès le début du XX$^{e}$ siècle, imaginé un avenir géocentrique ; mais les illusions d'une utopie technologique d'inspiration moderniste à l'attrait plus superficiel ont étouffé leurs voix prophétiques que bien peu d'architectes ont su entendre.

Le présent ouvrage exprimait au début le regret que les idées de Wright connaissent une éclipse et que la majorité des architectes contemporains se montrent indifférents aux conceptions philosophiques inhérentes à la révolution écologique. Ces pages se sont également faites à plusieurs reprises l'écho d'un conflit entre, d'une part, le pessimisme face aux possibilités d'ébranler un tant soit peu une autosatisfaction jugée dangereuse et, d'autre part, un certain optimisme inspiré par une nouvelle vague d'idées, d'inventions et d'engagements. La plupart des textes tels que celui-ci sont censés se terminer sur des visions rassurantes et même grisantes et sur de vastes plans d'action. Mais la date de parution de cet ouvrage, qui coïncide avec le début du millénaire, fait qu'il pose plus de questions qu'il

**Parc Güell, viaduc**
Antonio Gaudí
Barcelone, Espagne
1914

ne fournit de réponses. Poser toutes les questions rarement soulevées par les disciplines du design au cours du XXe siècle, tel est le message premier.

La plus dérangeante de ces questions est celle qui s'attaque aux racines de l'évolution culturelle et théologique depuis l'avènement des grandes religions. Par exemple, comment devons-nous évaluer le succès environnemental de tant de civilisations polythéistes et des cultures aborigènes – où chaque élément de la nature était identifié à son propre esprit divin – par opposition au monothéisme dominant à notre époque? Il existe des preuves solides montrant qu'une distribution des responsabilités parmi les multiples dieux est une vision théologique bien plus féconde, tant du point de vue écologique.

Une autre question abordée dans cet ouvrage est de savoir pourquoi les recherches philosophiques et linguistiques du XXe siècle ont engendré si peu de voix convaincantes puisant leur inspiration, leurs signes et leurs symboles, à la source de l'environnement naturel. C'est le contraire qui est le cas : la majorité des théoriciens les plus brillants se sont servi de tous les fétiches de la société de consommation et du « prêt-à-penser », qui bloquent l'accès à la nature – tout en ignorant la richesse du gisement de symboles géocentrés qui se dissimule derrière cet immense dépotoir. Où sont, sera-t-on tenté de demander, les théoriciens et les interprètes d'un écolangage en gestation ? Où sont les Baudrillard, les Lacan, Foucault, Lévi-Strauss, Barthes, Saussure ou Lyotard qui se feraient les champions d'une nouvelle « signification terrestre » ?

Une troisième question, en relation directe avec l'architecture de l'âge de l'information, serait de savoir pourquoi la plupart des outils sophistiqués proposés par la révolution cybernétique – notamment le design assisté par ordinateur – sont utilisés avant tout pour décrire des édifices stylistiquement enracinés dans les débuts du néo-machinisme. Une partie de la réponse réside manifestement dans le fait que, dans les années 20 du XXe siècle, les constructivistes russes ne disposaient pas de ce luxe que sont les logiciels modernes pour articuler leurs complexes innovations formelles ; et c'est ainsi que les architectes actuels se sentent pour ainsi dire obligés d'achever le travail. À la différence des œuvres précoces des constructivistes les architectes travaillant sur le DAO peuvent sans problèmes décrire et ériger les configurations les plus exotiques. Mais il semble tout de même curieusement régressif de ressusciter des idées datant des années 20 pour la simple raison qu'il est enfin possible de leur donner forme. Et enfin, pourquoi trouve-t-on si peu d'architectes capables d'établir le rapport conceptuel et esthétique pourtant évident entre les systèmes intégrés proposés par Internet et leurs parallèles écologiques au sein de la nature ?

Toutes ces questions révèlent la nécessité de développer en architecture une iconographie « éconumérique » visionnaire. En intégrant des idées issues de sources tant informatiques qu'écologiques, on pourrait développer une imagerie qui ferait écho aux modifications (évolutives ou mutatives) rencontrées dans la nature et à la circulation interactive de données que permettent les moyens de communication électroniques. Pour exprimer cela de façon imagée, ce processus se rapproche davantage de la tentative de capter le fugace passage du vent dans les branches d'un arbre

**« Vivre avec l'ordinateur »**
États-Unis
années 90

que de celle qui consiste à exprimer les pesantes mécaniques de la technologie de construction. Davantage de la quête d'une architecture invisible ou virtuelle que de la célébration du poids et de la densité de matériaux industriels.

Mais cette façon de considérer l'architecture comme une extension de la réalité virtuelle a aussi ses dangers. Étant donné la tendance de presque toute la technologie de notre siècle à isoler les gens dans un univers artificiel, sorte d'ersatz de la nature, comment l'isolement que favorisent les moyens modernes de télécommunications peut-il aider l'humanité à retrouver la proximité de son environnement? On peut bien sûr argumenter en disant que cette capacité de communiquer instantanément un message écologique à l'ensemble de la communauté planétaire n'a jamais existé auparavant et qu'il faut lui laisser le temps de prouver sa valeur éducative unique « sur le terrain ». Les adversaires rétorquent qu'un isolement permanent devant un écran – quel que soit le contenu altruiste des messages transmis – représente la forme absolue du divorce avec l'environnement et ne fait qu'aggraver l'aliénation des hommes, de plus en plus radicalement coupés de leurs racines naturelles. La solitude cybernétique ne serait rien d'autre qu'une forme de pathologie cyberspatiale, notre espèce ayant réussi à créer un « univers couveuse » dangereusement isolé venant remplacer la réalité.

Les conflits inhérents à ces questions semblent ne pas avoir de solution pour l'instant. En fin de compte, toute cette construction que nous imaginons être notre réalité doit être réévaluée du point de vue du retour à la nature (certains observateurs optimistes prétendent que nous ne l'avons jamais quittée – mais la question n'est pas là). Reste une ultime énigme : est-il trop tard et la nature désire-t-elle même nous voir revenir? Sous réserve que nous le puissions – avec le fardeau de nos perspectives faussées sur la planète, pourrions-nous accepter les sacrifices qui s'imposent? Sommes-nous préparés à le faire? Scientifiquement parlant, l'espèce humaine n'a jamais été aussi bien informée qu'aujourd'hui sur le fonctionnement de l'environnement et sur les moyens de sa préservation. Néanmoins, si l'ensemble de la communauté mondiale s'avère incapable de comprendre, sur le plan social et psychologique, la valeur inestimable de l'eau, de l'air, de la terre, cette science ne suffit pas à assurer notre survie. Sans un renversement radical des priorités économiques et politiques au cours des deux décennies à venir, les prophéties effrayantes annonçant la fin du monde pourraient se réaliser. Notre espèce déclinera et disparaîtra, en dépit de toutes les bases de données et des intentions écologiques les plus nobles. Le défi n'est finalement pas de « comprendre » la nature ; il consiste à réapprendre, et ce sur le plan intuitif, organique, cosmologique, comment vivre aux conditions qu'elle nous fixe.

Dans la nature, tout peut être perçu comme une confusion entre « sembler » et « devenir ». C'est un contexte où chaque hypothèse peut se muer en sa propre question ; chaque manifestation d'un quelconque schéma peut conduire à une illusion et chaque tentative pour imposer un ordre humain peut produire l'effet inverse et engendrer un désordre encore plus grand. En même temps, la nature manifeste une structure et une symétrie rigoureuses, même si elles sont parfois incompréhensibles, et les infractions aux lois naturelles sont sévèrement punies. Certains niveaux de coopération avec l'environnement appellent apparemment une réponse favorable ; cependant, lorsqu'il s'agit d'établir une iconographie architecturale pertinente et reposant sur l'écologie, les gageures font incontestablement appel aux domaines les plus complexes de la gymnastique intellectuelle et exigent la recherche de voies permettant de relier l'expérience esthétique aux conditions d'indétermination et de chance. Mais la notion de chaos elle-même s'enracine dans cette idée très humaine qu'il y a là quelque chose à ordonner – idée qui fait partie de l'illusion que nous imposent les limites de notre raison. « Gardons-nous de dire qu'il existe des lois de la nature, faisait observer Nietzsche. Il n'y a que des nécessités ; il n'y a personne qui

commande, personne qui doive obéir, personne qui puisse transgresser quoi que ce soit. Si l'on réalise qu'il n'y a ni buts ni objectifs, on réalise en même temps qu'il n'y a aucune chance : car c'est seulement dans un monde d'objectifs que le mot ‹chance› a une signification. »

La nature est primaire, métamorphique et d'une ambiguïté infinie. Elle est riche d'associations et elle est la source universelle de symboles dans l'art. C'est une source regénérative de contenus, qui élimine les redondances et communique en permanence de nouvelles informations. À travers son infinie complexité, la nature est une force instructive et inspiratrice, qui peut faire avancer le langage architectural et confirmer le droit inaliénable de l'humanité à essayer de sauver sa place sur la planète avant qu'il ne soit trop tard. La mission qui échoit maintenant à l'architecture, comme à tous les engagements humains, est de retrouver ces traces ténues de communion avec la nature, traces qui ont été perdues pendant la plus grande partie du XX$^{e}$ siècle. En ce nouveau millénaire, la tâche d'une architecture écologiquement responsable sera d'établir des liens entre la technologie environnementale, les idées philosophiques fondées sur l'écologie et leur traduction dans un nouveau langage visuel.

**Jardin du Palais Royal de Katsura**
Kobori Ershu
Kyoto, Japon
1625–50

# Bibliographie


**Ausebel**, Kenny, Restoring the Earth: Visionary Solutions from the Bioneers. Tiburon, California: H.J. Kramer,1997.

**Barnett**, Diana Lopez, A Primer in Sustainable Building. Snowmass, Colorado: The Rocky Mountain Institute,1995.

**Barrie**, David, Architecture for a New Age of Nuclear Waste and Decommissioning. Peterborough, Great Britain: BBC, Cymru/ Wales,1995.

**Bayley**, Stephen, Taste: The Secret Meaning of Things. New York: Pantheon Books,1991.

**Behling**, Sophia and Stefan, Sol Power. Munich, New York: Prestel,1996.

**Berger**, John J., Restoring the Earth: How Americans are Working to Renew Our Damaged Environment. New York: Alfred A. Knopf,1986.

**Bourdon**, David, Designing the Earth: The Human Impulse To Shape Nature. New York: Harry N. Abrams, Inc., 1995.

**Brown**, Lester, State of the World, 1999: A Worldwatch Institute Report on Progress Toward a Sustainable Society. New York: W.W. Norton,1999.

**Buchanan**, Peter, Overview, Emilio Ambasz: Inventions – The Reality of the Ideal. New York, Rizzoli, 1992.

**Buzzelli**, David T. and Lash, Jonathan, Sustainable America: A New Consensus. Washington D.C.: U.S. Government Printing Office, 1996.

**Carmody**, John and Raymond Sterling, Earth-Sheltered Housing Design. New York: Van Nostrand Reinhold Company, 1985.

**Carson**, Rachel, Silent Spring. New York: Houghton Mifflin Company, 1962. (Introd. by Al Gore, 1994)

**Calthorpe**, Peter, The Next American Metropolis. Princeton, New Jersey: The Princeton Architectural Press, 1993.

**Clocker**, Robert and O'Brien, James, Ed., Thresholds 14. Cambridge, Massachusetts: MIT Press, 1997.

**Croft**, David B., Australian People and Animals in Today's Dreamtime. New York: Prager Publishers, 1991.

**Cronon**, William, Ed., Uncommon Ground: Rethinking the Human Place in Nature. New York: W.W. Norton & Co., 1996.

**Davern**, Jeanne M., Lewis Mumford: Architecture as a Home for Man. New York: Architectural Record Books, 1975.

**Dethier**, Jean, Down to Earth. New York: Facts on File, Inc., 1983.

**Ferkiss**, Victor, Nature, Technology, and Society: Cultural Roots of the Current Environmental Crisis. New York: New York University Press, 1993.

**Francis**, Mark, Community Open Spaces. Washington D.C.: Island Press, 1984.

**Friedman**, Stephen, Environments: Notes and Selections on Objects, Spaces, and Behavior. Monterey, California: Brooks Cole Publishing Co., 1974.

**Gottlieb**, Robert, Forcing the Spring: The Transformation of the American Environmental Movement. Washington, D.C., Island Press, 1993.

**Gutheim**, Frederick, In the Cause of Architecture – Frank Lloyd Wright: Essays by Frank Lloyd Wright for Architectural Record 1908–1952. New York: Architectural Record, A Mc Graw-Hill Publication, 1975.

**Hawken**, Paul, The Ecology of Commerce: A Declaration of Sustainability, New York: Harpers Collins Publishers, 1993.

**Hayes**, Jack, Ed., Cutting Energy Costs: The 1980 Book of Agriculture. Washington, D.C.: U.S. Department of Agriculture, 1980.

**James**, Peter, and Nick **Thorpe**, Ancient Inventions: Wonders of the Past. New York: Ballantine Books, 1994.

**Kapelos**, George Thomas, Interpretations of Nature. Kleinburg, Ontario: McMichael Canadian Art Collection, 1994.

**Kaufman**, Edgar, Selections, Frank Lloyd Wright: Writings and Buildings. New York: Penguin Group, 1960.

**Kiesler**, Frederick, Inside the Endless House: Art, People, and Architecture – A Journal. New York: Simon & Schuster, 1966.

**Kroll**, Lucien, BioPsychoSocioEco: Ecologies Urbaines. Nivelles, Belgium, L'Harmattan, 1996.

**Levy**, Matthys and Mario **Salvadori**, Why Buildings Fall Down. New York: W.W. Norton,1992.

**Lobell**, John, The Little Green Book. Boulder, Colorado: Shambhala, 1981.

**Lynch**, Kevin, Wasting Away, San Francisco: Sierra Club Books, 1990.

**Makower**, Joel, The E Factor: The Bottom-Line Approach to Environmentally Responsible Business. New York: Times Books, Tilden Press, 1993.

**Marras**, Amerigo, Ed., ECO-TEC: The Architecture of the In-Between. New York: Princeton Architectural Press, 1999.

**Matilsky**, Barbara C., Fragile Ecologies: Contemporary Artists' Interpretations and Solutions. New York: Rizzoli, 1992

**McHarg**, Ian, Design with Nature. New York: John Wiley and Sons, 1992

**Michell**, John, The Earth Spirit: Its Ways, Shrines, and Mysteries. London: Thames and Hudson, 1975.

**Mills**, Stephanie, Whatever Happened to Ecology? San Francisco: Sierra Club Books, 1989.

**Mitchell**, C. Thomas and Wu, Jungmei, Living Design: The Daoist Way of Building. New York: McGraw-Hill, 1998.

**Myers**, Dr. Norman, Ed., GAIA: An Atlas of Planet Management. London: Gaia Books Limited, 1993.

**Naar**, Jon, This Land is Your Land. New York: Harper Collins, 1992.

**Noever**, Peter, Die Grube/The Pit. Vienna: Aedes, 1991.

**Omedeo Salé**, Letitia and Serena, Architectura & Nature. Milan: Mazzotta, 1994.

**Pearson**, David, Earth to Spirit: In Search of Natural Architecture. San Francisco: Chronicle Books, 1994.

**Pfeiffer**, Bruce Brooks, and Gerald **Nordland**, Frank Lloyd Wright in the Realm of Ideas. Carbondale and Edwardsville, Illinois: Southern Illinois Press, 1988.

**Pilatowicz**, Grazyna, Eco-Interiors: A Guide to Environmentally Conscious Interior Design. New York: John Wiley and Sons, 1995.

**Potteiger**, Martin and Jamie **Purinton**, Landscape Narratives: Design Practices for Telling Stories. New York, Singapore, Toronto: John Wiley and Sons, 1998.

**Roberts**, Leslie, Ed., World Resources 1996–97. New York: Oxford University Press, 1996.

**Romm**, Joseph J., Lean and Clean Management. New York, Tokyo, London: Kodansha International Inc., 1994.

**Roodman**, David , Building Revolution – How Ecology and Health Concerns are Transforming Construction. New York: Worldwatch Paper #124, March, 1995.

**Roszak**, Theodore, Ed., Ecopsychology: Restoring the Earth, Healing the Mind. San Francisco: Sierra Club Books, 1995.

**Roszak**, Theodore, The Voice of the Earth: An Exploration of Ecopsychology. New York: Simon and Schuster, 1992.

**Solar Design Associates**, Photovoltaics in the Built Environment. Washington D.C.: Department of Energy, 1997.

**Sprague**, Paul E., Frank Lloyd Wright and Madison: Eight Decades of Artistic and Social Interaction. Madison, Wisconsin: Elvehjem Museum of Art, 1990.

**Thayer**, Robert L., Gray World, Green Heart: Technology, Nature, and the Sustainable Landscape. New York: John Wiley and Sons, 1994.

**Thompson**, William Irwin, Gaia: A Way of Knowing. San Francisco: Lindisfarne Press, 1987.

**Toy**, Maggie, Ed., The Architecture of Ecology. London: Architectural Design Magazine Press, 1997.

**Van der Ryn**, Sim, Sustainable Communities: a New Design Synthesis for Cities, Suburbs, and Towns. San Francisco: Sierra Club Books, 1986.

**Van der Ryn**, Sim, The Toilet Papers: Recycling Waste and Conserving Water. Sausalito, California: The Ecological Design Press, 1995.

**Vassilikos**, Vassilis, And Dreams Are Dreams. New York: Seven Stories Press, 1996.

**Wall**, Derek, Green History: A Reader in Environmental Literature, Philosophy, and Politics. London: Routledge, 1994.

**Weiner**, Jonathan, The Next Hundred Years: Shaping the Fate of the Living Earth. New York: Bantam Books, 1990.

**Zeiher**, Laura C., The Ecology of Architecture. New York: Whitney Library of Design, 1996.

# Index

## Lieux



## Personnes

## Crédits

Toutes les reproductions qui ne sont pas indiquées ici nous ont été fournies par l'auteur.

**g.** = à gauche | **d.** = à droite | **h.** = en haut | **c.** = centre | **b.** = en bas

**page 6/7** © Tschanz-Hofmann/ Helga Lade Fotoagentur **page 7 + 8** © FLC/VG Bild-Kunst, Bonn 2000 **page 10 c.** © SITE Environmental Design **page 10 b.** © Venturi, Scott Brown and Associates **page 13 h. + b.** © SITE Environmental Design **page 14 + 17 b.** © Rem Koolhaas **page 18 h.** Doris Herlinger © P.S.K **page18 c. + b.** © SITE Environmental Design **page 19** © Jannes Linders **page 22** © National Gallery, London **page 23** © Christopher Little **page 24 h. + b.** © Scott Frances/ESTO **page 25 h.** © SITE Environmental Design **page 25 b.** © Corbis Images, London **page 27** © Greenpeace/Beltra **page 29 h. + b.** © SITE Environmental Design **page 30** © Clive Shirley/Greenpeace **page 31** © Chip Vinai/Greenpeace **page 33** © SITE Environmental Design **page 34** © Musei Civici, Como **page 36** © SITE Environmental Design **page 39 h. + b.** © Hans Hinz **page 40** © Suzan Wines **page 41** © Dass/Helga Lade Fotoagentur **page 43 h.** © Caroline Keller **page 44** © Kriz Kizak **page 48** © SITE Environmental Design **page 49** © Georg Gerster **page 51 h.** Rota © Neg. no. 328150, courtesy the Library of the American Museum of Natural History, New York **page 52 b. – 53 b.** © SITE Environmental Design **page 54** © The Library of Congress, Washington **page 55 h. + b.** © SITE Environmental Design **page 58 – 59 b.** © SITE Environmental Design **page 60** © Astrofoto/AAO **page 61** © Hilgert/Helga Lade Fotoagentur **page 62/63** © Ezra Stoller/ ESTO **page 63 b.** © Judith Bromley **page 64** © SITE Environmental Design **page 65 h. + b.** © Bastin & Evrard **page 66** © SITE Environmental Design **page 67** © Malcolm Wells **page 68** © Rocky Mountain Institute, Colorado **page 69 – 73 b.** © Emilio Ambasz & Associates **page 74 – 76** © Gerald Zugmann **page 77 h. – 79** © Gustav Peichl **page 80** © Steve Badanes/Jersey Devil **page 81 – 82 b.** © Alan Weintraub **page 83 – 85** © Bill Sanders **page 86 h. + b.** © Ushida Findlay Partnership **page 87 – 91 h.** © Katsuhisa Kida **page 91 b.** © Ushida Findlay Partnership **page 92 – 95 b.** © Arthur Quarmby/One 17 AD **page 96 h. – 97 b.** © Peter Vetsch **page 98 – 100 b.** © Charles Jencks **page 101 h.** © Richard Waite **page 101 b.** © Charles Jencks **page 103 h. – 104** © Peter Blundell Jones **page 105 h. + b.** © Gianni Pettena **page 106 h. – 107 b.** © Studio Hollein/Arch. Sina Baniahmad **page 108** © Siegfried Mayska **page 109 h. + b.** © Franz Hubmann **page 111 h. + b.** © Peter Aaron/Esto **page 112 – 119** © SITE Environmental Design **page 120 h. – 121 b.g. + d.** © David Arkin **page 122 + 123** © Van der Ryn Architects **page 124 – 129 b.** © Timothy Hursley **page 130 + 131** © Hans Schlupp/architekturphoto **page 132** © Herzog & Partner **page 133 h. – 135** © Richard Schenkirz **page 136 h. + b.** © Herzog & Partner **page 137 h. + b.** © Stephane Couturier/ Archipress **page 138 h.** © Georges Fessy **page 138 b.** © Jourda et Perraudin **page 139 h. + b.**© Georges Fessy **page 140** © Jourda et Perraudin **page 141** Foto: © Deidi von Schaewen; © Jean Nouvel/VG Bild-Kunst, Bonn 2000 **page 142 – 145 b.** Foto: © Philippe Ruault © Jean Nouvel/VG Bild-Kunst, Bonn 2000 **page 146 – 148 b.** Reiner Blunck © LOG ID **page 149 – 151 b.** © Ralph Richter/architekturphoto **page 152 h. – 154 b.** © Pliny Fisk III/CMPBS **page 155** © Greg Hursley **page 156 h. – 157 h.** © association Sens Espace Europe **page 157 b.** © Gilles Ehrmann **page 158 – 160** © Lothar Schmid **page 161 – 162 b.** © Dick Busher **page 163** Michael Jensen © Olson/Sundberg Architects **page 165** © Jones Studio **page 166 – 171** © Scott Frances/ESTO **page 172 – 173 b.** Charles Callister, Jr. © California Redwood Association **page 174 – 177** © Obie Bowman Architect **page 178 – 179 h. + b.** © Peter Aaron/ESTO **page 180 – 181 b.** © ed architectes **page 182** V. Uettwiller © ed architectes **page 183** Gilles Cruypenynck © ed architectes **page 184 – 187 b.** © Troy West **page 188 – 191 b.** © Stanley Saitowitz **page 192 h. – 193 b.** © Matteo Vercelloni **page 194 – 197** © Jeffrey Miles **page 198 h. – 199** © Donna Goodman **page 200** Stephen White © branson coates **page 201** Why Not Associates © branson coates **page 202 h. – 203 b.** © Francois Roche, 1994, 1995 **page 204 – 209** © Laszlo Lugosi Lugo **page 210 – 213** © Michael Sorkin Studio **page 214** © The Office of Zaha Hadid **page 216 h.** © SITE Environmental Design **page 216 b.** © Paschall/Taylor **page 217 h.** Foto: Courtesy Dimitris Daskalopoulos Collection, Athens; © Marcel Duchamp/VG Bild-Kunst, Bonn 2000 **page 219 g.** © Ralph Richter/architekturphoto **page 219 d.** John Stephens © J. Paul Getty Trust **page 220 h.** © Gianfranco Gorgoni **page 220 c. g. + c. d.** © Estate of Gordon Matta-Clark **page 220 b.** © SITE Environmental Design **page 221 h.** © Paschall/Taylor **page 221 b.** © Rheinisches Bildarchiv, Cologne **page 222 g.** Foto: Courtesy Fondazione Arturo Schwarz; © Marcel Duchamp/VG Bild-Kunst, Bonn 2000 **page 222 d.** © Jochen Littkemann **page 223- 225** © SITE Environmental Design **page 229** © Musei Civici, Como **page 230 h.** © Peter Cook **page 232** Foto: Musée des arts décoratifs, Fonds Albert Lévy, Paris; © FLC/VG Bild-Kunst, Bonn 2000 **page 233** © Österreichische Friedrich und Lillian Kiesler-Privatstiftung, Vienne **page 234 – 237** © SITE Environmental Design

## Remerciements

Je désirerais exprimer ma profonde gratitude à toutes les personnes et à toutes les institutions qui ont œuvré pour que cet ouvrage puisse voir le jour.

Ce livre n'aurait pas été possible sans la générosité de la fondation Samuel H. Kress, la Graham Foundation for Advanced Studies in the Fine Arts, la section Design Arts de la fondation National Endowment for the Arts. Je remercie personnellement Marilyn Perry et Lisa Ackermann, de la fondation Kress, et Carter Manny de la fondation Graham, qui m'encouragent et me soutiennent depuis plus d'une décennie et qui m'ont donné la possibilité d'explorer certains domaines alternatifs – et quelquefois périlleux – de l'architecture.

Cet ouvrage n'aurait pas pu exister sans l'appui de Philip Jodidio, directeur de la rédaction et rédacteur en chef de «Connaissance des Arts», qui a su convaincre les éditions Taschen de le placer en tête de leurs projets. Ses profondes connaissances du sujet de l'architecture verte ont accompagné cette publication du début à la fin.

Mes remerciements vont, bien entendu, à ma magnifique équipe de recherche – Seth Cornell, qui s'est penché sur les aspects historiques de la question, et Kristin Rahn, qui a consacré ses multiples talents aux architectes contemporains. Merci également à Kriz Kizak-Wines, mon épouse, pour ses travaux de recherche, le dévouement qu'elle apporte à la cause écologique, la patience inépuisable avec laquelle elle accueille mes excentricités et le stoïcisme dont elle a fait preuve lors de nombreuses nuits blanches passées à finir ce texte.

Un remerciement tout particulier va à Denise Lee et Zuzanna Karczenwska, les jeunes talents architecturaux de SITE. Leur présence quotidienne a toujours été une source de joie et d'optimisme et leurs encouragements m'ont aidé à rester obstinément collé derrière mon écran d'ordinateur.

Ma gratitude s'adresse également à Kathleen Wright, chargée de la correspondance, à Sarah Ferguson, qui s'est occupée de la documentation photographique, et à Max Böhler, qui a sauvé toute l'affaire au moment critique en rassemblant le matériel visuel éparpillé.

Je désirerais exprimer mes remerciements à chacun des architectes contemporains dont l'œuvre est mentionnée dans ces pages. Ils ont manifesté une admirable compréhension pour les objectifs de ce livre, n'ont jamais été avares de leur temps et ont généreusement fermé les yeux sur les nombreux délais d'achèvement qui m'ont été nécessaires.

Toute ma considération va à Marion Hauff, qui, par son remarquable design, a su saisir et traduire à la perfection par son graphisme l'esprit de mon ouvrage. Merci aux directrices de publication des éditions Taschen – Silvia Kinkel, Dr Angela Pfotenhauer, Dr Susanne Klinkhamels, Dr Nicola Senger et Caroline Keller – qui, au cours des dernières années, avec une inébranlable constance, ont mené ce projet à bien.

Pour finir, le voudrais exprimer ma durable gratitude à Sydney et Frances Lewis, dont le patronnage exceptionnel a permis les débuts de ma carrière et du studio SITE dans les années soixante-dix, à David Bermant, qui soutient mon œuvre et mes convictions depuis plus de vingt ans, et à Malcom Knapp, dont les coups de téléphone quotidien et les conseils judicieux m'ont permis de garder la foi.